本書系國家社科基金重大招標項目（16ZDA175）階段性成果、中國博士後科學基金第 71 批面上資助項目 (2022M712142) 階段性成果。

法藏敦煌
《淨土五會念佛誦經觀行儀》
寫卷兩種校錄

侯成成 著

Collation of Two Manuscript Copies of
The Ritual of Reciting Buddhist Scriptures and Meditation in the Pure Land Fivefold Gathering from Dunhuang in the French Collection

中國社會科學出版社

圖書在版編目(CIP)數據

法藏敦煌《淨土五會念佛誦經觀行儀》寫卷兩種校錄 / 侯成成著. -- 北京：中國社會科學出版社，2024.6.
ISBN 978-7-5227-4257-1

Ⅰ. B946.8

中國國家版本館 CIP 數據核字第 2024TZ6841 號

出 版 人	趙劍英	
選題策劃	宋燕鵬	
責任編輯	王正英	宋燕鵬
責任校對	李 碩	
責任印製	李寡寡	

出　　版	中國社會科學出版社
社　　址	北京鼓樓西大街甲 158 號
郵　　編	100720
網　　址	http://www.csspw.cn
發 行 部	010-84083685
門 市 部	010-84029450
經　　銷	新華書店及其他書店

印　　刷	北京明恒達印務有限公司
裝　　訂	廊坊市廣陽區廣增裝訂廠
版　　次	2024 年 6 月第 1 版
印　　次	2024 年 6 月第 1 次印刷

開　　本	710×1000　1/16
印　　張	17.5
插　　頁	2
字　　數	235 千字
定　　價	98.00 元

凡購買中國社會科學出版社圖書，如有質量問題請與本社營銷中心聯繫調換
電話：010-84083683
版權所有　侵權必究

前　言

　　在傳統的中國民間社會，宗教往往有著巨大的影響力。時至今日，依然可以見到一些有著濃郁宗教情感的老者，當內心糾結亦或遇到困惑之際，他也許不會向自己的親朋子女傾訴心聲、尋求開導，但大概率的會走進祠廟堂觀向神祇禱告，祈求神靈護佑、心願得償。在中國個別歷史時期的某些特定區域範圍內，宗教甚至是一隻"無形的手"，它與世俗政權這支"有形的手"一起，共同主導著民眾的思想與生活。而在中國众多的宗教門類中，佛教是最為常见的一种。自东汉末期，佛教传入中国以後，它就逐漸地落地生根，通過與中華優秀傳統文化之間的交流與融合，而衍生出許多中國化派別。因專修往生阿彌陀佛淨土法門而得名的净土宗，就是其中之一。

　　淨土宗奉東晉廬山慧遠為初祖，因慧遠曾與人結立"白蓮社"，發願往生西方淨土，所以又名"蓮宗"。它的實際開創者，是初唐僧人善導。此宗以《阿彌陀經》、《觀無量壽經》、《無量壽經》和《往生論》為主要經典，以念佛為手段，以往生西方淨土為目的，創立以後長盛不衰。中唐時期由南岳沙門法照纂輯的佛教儀軌書《淨土五會念佛誦經觀行儀》，乃後世淨土宗大德與信眾作念佛法會時所依唱贊之本。該書原有上、中、下三卷，但中國歷代大藏經皆未能予以收錄，其他各類傳世佛教文獻亦未見載記，屬於久佚文獻。令人感到欣喜的是，法國國家圖書館藏敦煌漢文文獻中，卻見有兩件《淨土五會念佛誦經觀行儀》殘卷，它們分別編號 P. 2066、P. 2250。

這兩件敦煌殘卷，分別保留了《淨土五會念佛誦經觀行儀》卷中的全部內容以及卷下的部分內容，共計存見《寶鳥讚》、《維摩讚》、《涅槃讚》、《般舟讚》、《觀經十六觀讚》、《阿彌陀經讚》、《依無量壽觀經讚》、《依阿彌陀經讚》、《歎散花供養讚》、《淨土五會讚》等各種淨土讚文三十九篇。這些讚文出自淨邁、慈愍、善導、法照、神英、靈振等眾僧之手，是印度佛讚與中國古代讚體文學合流的結果，不論在文學與文體上，還是在歷史與宗教上，都有較大的研究價值。尤其是，P. 2066、P. 2250 兩件殘卷，是以原生態手寫紙本形式，真切地再現了唐五代時期中國淨土宗修行實踐的過程與現場，愈益顯其珍貴。

莫高窟藏經洞（現編號 16 窟）發現至今已逾 120 余年，敦煌學也已經成為一門國際顯學。儘管如此，對於這兩件法藏敦煌《淨土五會念佛誦經觀行儀》殘卷的研究，卻依然整體薄弱。迄今為止，不僅未見綜合性專題研究，即便對於單篇讚文的探討，也是寥寥。也許有學者會認為，這一現狀可能是文獻校理滯後導致的。這種推測，符合學理。"整理"是最基礎的研究，是為下一步理論研討創造前提。如果沒有可靠的文字釋錄本，相應的理論研究也就無從談起。因此，要推動法藏敦煌《淨土五會念佛誦經觀行儀》殘卷的研究走向縱深，必須要從文字校勘做起。

實際上，早在二十世紀初，日本學者高楠順次郎等人在編修《大正新修大藏經》（以下簡稱《大正藏》）時，高楠順次郎的學生矢吹慶輝先生，就根據自己在法國拍攝到的無底版黑白照片對 P. 2066、P. 2250 兩件殘卷作了釋文。《大正藏》是目前所見唯一實現全文本電子檢索的《大藏經》，被全世界佛學研究者所共同使用。但《大正藏》對於敦煌文獻的使用卻非常有限，而且校勘上也存在著較多疏漏。而對於 P. 2066、P. 2250 兩件殘卷的校理，正是其例。對校敦煌原卷照片就會發現，《大正藏》中的相應句讀與錄文在在有誤！

《大正藏》第八十五冊，匯集了矢吹慶輝對於敦煌佛教文獻的校理成果。其中不足，已是共識。方廣錩等佛教學者也有專文詳解，此處不贅。針對《大正藏》第八十五冊校勘上的種種缺陷，已故敦煌學家於淑健先生投入了巨大精力予以修正。尤其是，他和黃征先生合力完成的《敦煌本古佚與疑偽經校注——以〈大正藏〉第八十五冊為中心》（鳳凰出版社，2017年）一書，以《大正藏》第八十五冊古佚与疑伪经为对象，在全面调查所据敦煌原卷及相关写卷的基础上，采用对校、本校、他校、理校等方法，对192号珍稀佛典逐字、逐句、逐篇地重新进行了全面校理。用力之深，令人感歎！於、黃二位學者的工作，已然為學界提供了一份相對可靠的錄文。但這也並不意味著，已經盡善盡美、沒有改進空間了。

敦煌文獻的校錄整理屬專門之學，校錄的體例與方法也見人見智。前文述及的黃征先生，正是敦煌語言文字研究名家，同時也是敦煌文獻校理方面的權威之一，著作等身，吾輩仰望。他在所著《浙藏敦煌文獻校錄整理》（上海古籍出版社，2012年）中提出并踐行了"原文直錄"（或曰"原文實錄"）的校勘理念，即原卷怎樣就怎樣錄。原卷如果是簡化字就錄簡化字，如果是古字就錄古字，原卷是俗字就錄俗字，而不加刻意改變。比如，關於繁簡字，黃先生在是書《前言》中言："以往的敦煌文獻校錄，基本上把古人慣用的簡化字都改成了現在通行的繁體字，這其實是很不科學的"，應該"改變這種落後方法，盡可能照錄原文。"對於俗字、借音字、古今字、音譯字，黃先生也有闡發："古今字可注不可改，借音字可校不可刪，音譯字記音不必統一用字。"此一觀點，認同者眾。

不過，如果用此"原文直錄"之理念審視《大正藏》與《敦煌本古佚與疑偽經校注——以〈大正藏〉第八十五冊為中心》等已有校錄成果，就會發現，對於 P. 2066、P. 2250 兩件敦煌殘卷，依然非常有必要再作校理。寫卷中的大量簡化字和俗字，被泛泛地錄為通行繁體字，古字被肆意改為今字，借音字被盲目刪除掉。讀者在閱讀使用時所見文本，與真實的寫卷風貌之間還有較大差距，這顯然不利於敦煌殘卷學術價值的發掘。因此，筆者不揣淺陋，嘗試運用"原文直錄"之理念，對 P. 2066、P. 2250 兩種法藏敦煌《淨土五會念佛誦經觀行儀》寫卷進行校錄整理，不當之處，祈請方家指正！

侯成成
2024 年 5 月 11 日於嘉興京杭運河畔

凡　例

一、本書系為法國國家圖書館藏 P. 2066、P. 2250 兩件敦煌《淨土五會念佛誦經觀行儀》寫卷的文字校錄本，分上、下兩編，上編為 P. 2066 寫卷校錄整理，下編為 P. 2250 寫卷校錄整理。附編一、二，則是本書撰寫期間延展出的兩篇小文章。

二、每編的校錄整理，均包括"寫本基本情況"、"寫卷原件影印本"以及"錄文和校勘"等三項內容。其中，"寫本基本情況"部分，重點敘述寫本編號、收藏地點、參考圖版與寫本狀況，而所謂"寫本狀況"，指的是寫卷的文本內容、整體樣貌，以及製作、使用、裱補等各類時間信息和場所信息。

三、書中所見相關敦煌寫卷原件影印本，除中國文化遺產研究院藏敦煌劉向《說苑》殘片是據《中國文化遺產研究院藏西域文獻遺珍》一書中的彩色圖版影印以外，P. 2066、P. 2250 等其他敦煌寫卷的原件影印本，均是以從 IDP 網站上下載到的彩色照片為據。"IDP"，為"国际敦煌项目：丝绸之路在线"网站的英文缩写，具體網址為：http://idp.nlc.cn/。

四、錄文的格式採用兩種辦法，對有必要保存原格式的，以忠實原件為原則，按原件格式釋錄；沒有必要保存原格式的，則採用自然行釋錄。錄文的文字採用原文直錄，即原文怎樣就怎樣錄，俗體字、繁簡字、借音字、古今字、音譯詞通通照原卷實錄。由於敦煌文獻中的俗字千變萬化，有些俗字至今仍然無法實現電腦直接輸入。所以，對於電腦無法輸入之俗字，錄為通行繁體字，而將原形圖片剪貼、處理后，粘貼到校勘記中，並加以說明。

五、本書關注寫卷的完整性，對寫卷的全部內容逐一校理。比如，P. 2066 號寫卷前後抄寫有《唐咸通六年僧福威牒》、《淨土五會念佛誦經觀行儀卷中》兩組文書。《唐咸通六年僧福威牒》雖然篇幅短小，但卻是 P. 2066 號寫卷的有機組成部分。它的存在，能夠直觀地反映出中古時期的敦煌人士，對於廢棄官文書進行再利用的態度與方式。本書對這兩組文書都作了校錄，從而使得全卷內容能夠完整地呈現給讀者，而不是割裂的、單一的。

六、P. 2066、P. 2250 兩件寫卷所載之贊文作品，往往與其他敦煌寫卷重出互見，所以校錄時會廣泛參校相應敦煌寫卷。同時，日本學者高楠順次郎等人在二十世紀集體編纂的《大正新修大藏經》，以及當代學者於淑健、黃征兩位先生合著之《敦煌本古佚與疑偽經校注——以〈大正藏〉第八十五冊為中心》，都已經對 P. 2066、P. 2250 兩件寫卷中的《淨土五會念佛誦經觀行儀》文本作了校錄，故而這兩部著作也是重要參校本，不可忽視。校本的使用情況，會在贊文的第一條校記中說明，請讀者重視。

七、中唐淨土宗僧法照編纂的《淨土五會念佛誦經觀行儀》，其文本內容不僅有眾多贊文作品，還有佛經與咒語，所以在錄文的點讀上，筆者也花費了較多精力。本書點讀時，主要根據語言邏輯以及上下文內容來進行，同時還會適當照顧咒語、贊文的句讀和行款。

八、P. 2066 號敦煌寫卷，實際上是由兩件獨立寫卷前後連綴而成，系為經過二次製作而產生的新寫卷。其中，《唐咸通六年僧福威牒》寫卷首殘尾全，而《淨土五會念佛誦經觀行儀卷中》寫卷則首尾完整；而 P. 2250 號敦煌寫卷則與之不同，屬單一寫卷，所抄皆為《淨土五會念佛誦經觀行儀卷下》之內容，但該件寫卷尾端殘缺，且斷痕筆直，顯系裁剪所致。對於兩件寫卷的相應殘

凡　例　3

缺位置，書中會用（前缺）（後缺）予以表示。

九、寫卷因殘損而造成的闕字，用□表示，缺少幾個字，用幾個□。不能確知缺幾個字的，上缺用▭表示，中缺用▭表示，下缺用▭表示，一般佔三格，但特殊情況，會適當延長。殘字，加方框予以標示，並在校記中加以說明。誤字，徑錄，但在校記中註明本字。衍文，加以保留而在校記中分析。補字，徑行補入文中，並出校說明。脫文，加補脫符號"［　］"而據校本補出應有之文，並出校說明。寫卷中有重文、刪除、倒乙、換行等特殊符號者，逕行改正，並出校說明。

十、上編對於 P. 2066 的校勘，以及下編對於 P. 2250 的校勘，體例下同，但各自成編，故而會出現同一字形，上下編並行出現的情況。特此說明，請讀者知曉。

十一、本書校錄所涉及到的敦煌西域文獻，在標明其出處時，使用學界通用的略寫中文詞與縮寫英文詞，主要有：

1."S"，英國國家圖書館藏敦煌文獻斯坦因編號。

2."P"，法國國家圖書館藏敦煌文獻伯希和編號。

3."Дx"，俄羅斯聯邦科學院東方文獻研究所藏敦煌文獻編號。

4."Ф"，俄羅斯聯邦科學院東方文獻研究所藏敦煌文獻弗魯格 編號。

5."羽"，日本杏羽書屋藏敦煌文獻羽田亨編號。

6."北大"，北京大學藏敦煌文獻編號。

7."BD"，中國國家圖書館藏敦煌文獻編號。

8."ZSD"，中國書店藏敦煌文獻編號。

9."上博"，上海市博物館藏敦煌文獻編號。

10."上圖"，上海市圖書館藏敦煌文獻編號。

11."津藝"，天津市藝術博物館藏敦煌文獻編號。

12."浙藏"，《浙藏敦煌文獻》所收敦煌文獻編號。

13. "甘藏", 《甘肅省藏敦煌文獻》所收敦煌文獻編號, 其中:
  (1) "敦研", 敦煌研究院藏敦煌文獻編號;
  (2) "甘博", 甘肅省博物館藏敦煌文獻編號;
  (3) "甘圖", 甘肅省圖書館藏敦煌文獻編號;
  (4) "敦博", 敦煌市博物館藏敦煌文獻編號;
  (5) "西北師範大學", 西北師範大學藏敦煌文獻編號。
14. "南文院", 南京師範大學文學院藏敦煌文獻編號。
15. "文研院", 中國文化遺產研究院藏敦煌文獻編號。

目　錄

上編　P.2066《淨土五會念佛誦經觀行儀卷中》寫卷校錄

一　寫卷基本情況 ································ (3)
　　寫本編號 ···································· (3)
　　收藏地點 ···································· (3)
　　參考圖版 ···································· (3)
　　寫本狀況 ···································· (3)

二　P.2066《淨土五會念佛誦經觀行儀卷中》原件
　　影印本 ······································ (5)

三　錄文和校勘 ·································· (23)
　　佛說阿弥陁經 ································ (23)
　　寶鳥讚 ······································ (28)
　　第八，讚佛得益門 ···························· (28)
　　觀經十六觀讚 ································ (29)
　　阿弥陁經讚 ·································· (31)
　　維摩讚 ······································ (32)
　　涅槃讚 ······································ (33)
　　般舟讚 ······································ (33)
　　道場讚 ······································ (34)

无量壽佛讚 …………………………………………… (35)
觀世音讚 ……………………………………………… (35)
大勢至菩薩讚 ………………………………………… (36)
出家樂讚 ……………………………………………… (36)
淨土樂讚 ……………………………………………… (37)
請觀世音菩薩讚 ……………………………………… (39)
六根讚 ………………………………………………… (39)
歸西方讚 ……………………………………………… (45)
西方禮讚文 …………………………………………… (45)
歸西方贊 ……………………………………………… (48)
第九，化生利物門 …………………………………… (48)
第十，迴向發願門 …………………………………… (48)

下編　P.2250《淨土五會念佛誦經觀行儀卷下》寫卷校錄

一　寫卷基本情況 …………………………………… (131)
寫本編號 ……………………………………………… (131)
收藏地點 ……………………………………………… (131)
參考圖版 ……………………………………………… (131)
寫本狀況 ……………………………………………… (131)

二　P.2250《淨土五會念佛誦經觀行儀卷下》原件影印本 …………………………………………………… (134)

三　錄文和校勘 ……………………………………… (156)
依《無量壽觀經》讚 ………………………………… (156)
依《阿彌陁經》讚 …………………………………… (158)
歎散花供養讚 ………………………………………… (160)

淨土五會讚	（161）
極樂五會讚	（161）
歎五會妙音讚	（162）
極樂欣猒讚	（162）
極樂莊嚴讚	（166）
猒此娑婆願生淨土讚	（167）
歸向西方讚	（168）
念佛之時得見佛讚	（168）
挍量坐禪念佛讚	（168）
高聲念佛讚	（169）
極樂寶池讚	（169）
六道讚	（170）
歎弥陁觀音勢至讚	（171）
西方十五願讚	（171）
極樂連珠讚	（172）
歸西方讚	（174）
四十八願讚	（175）
隨心歎西方讚	（176）
西方雜讚	（177）

附編一　中國文化遺産研究院所藏敦煌本劉向《說苑》
　　　　殘片考 …………………………………………（234）

附編二　中唐淨土宗僧釋法照生平事蹟新探 ……………（244）

主要參考文獻 ………………………………………………（258）

後　記 ………………………………………………………（264）

上　編

❖❖❖❖❖❖❖❖

P. 2066《淨土五會念佛誦經觀行儀卷中》寫卷校錄

一　寫卷基本情況

1. **寫本編號**：P. 2066
2. **收藏地點**：法國國家圖書館
3. **參考圖版**：

（1） International Dunhuang Project（國際敦煌項目，簡稱 IDP）。

（2）中國敦煌文獻庫（http：//db. ersjk. com）。

（3）《法國國家圖書館藏敦煌西域文獻》第 4 冊，第 117—131 頁。

（4）《敦煌寶藏》第 113 冊，第 113—375 頁。

4. **寫本狀況**：

P. 2066 寫本為卷子裝，存 872 行，首尾完整，中間略有殘損，卷首污漬較多，上端亦偶有污漬，楷書，墨色濃。28.3—28.8 釐米 × 1291.6 釐米，由 34 紙粘合而成。存"唐咸通六年僧福威牒"、"淨土五會念佛誦經觀行儀卷中"兩組內容。前者為先，占 1 紙，唐耕耦《敦煌社會經濟文獻真跡釋錄》第五輯（1990 年）、周紹良《全唐文新編》卷九二〇（2000 年）已有校錄，原卷為廢棄的官文書，首端與下端均有明顯的裁剪痕跡，卷背首端縱向大字楷書"歸西方贊一部"六字；後者為末，占 33 紙，高楠順次郎《大正藏》卷八五《古逸部》（1934 年）以及于淑健、黃征《敦煌本古佚與疑偽經校注——以〈大正藏〉第八十五冊為中心》（2017

年）有校錄，原卷有烏絲欄，首尾均題"淨土五會念佛誦經觀行儀卷中"，且首題下署名"南嶽沙門法照撰"，卷背天頭的中間位置，橫向楷書的"念佛贊"三字。

　　寫卷正面"淨土五會念佛誦經觀行儀卷中"部分的書寫筆跡，與寫卷背面首端所書"歸西方贊一部"六字有異，與背面天頭所書"念佛贊"三字相同。綜考寫本樣態可知，P.2066號寫卷，系為二次製作的結果，具體過程似為：敦煌某寺院僧人在一張有烏絲欄的精美紙張上，虔誠地抄寫了"淨土五會念佛誦經觀行儀卷中"內容。該僧人抄寫完畢后，又隨手在紙背天頭橫書"念佛贊"三字。此件寫卷，後來輾轉流傳到了另外一位僧人手中。而這位接手者也非常珍視這件寫卷。為了更好地保存此件寫卷，他對官府業已廢棄的"唐咸通六年僧福威牒"殘紙加以利用，將其進行裁剪后，粘貼在"淨土五會念佛誦經觀行儀卷中"寫卷的卷首，作為牽引紙。待《唐咸通六年僧福威牒》殘紙與《淨土五會念佛誦經觀行儀卷中》寫卷被粘連在一起後，這位接手者又在新形成的寫卷背面之首端，縱向楷書"歸西方贊一部"六字作為題簽。至此，一件新的寫本製作完成。這是一份敦煌寺院保存的淨土法會上所用儀軌文獻。

二 P.2066《淨土五會念佛誦經觀行儀卷中》原件影印本

圖01　P.2066號寫卷收束時樣貌

6　上編　P. 2066《淨土五會念佛誦經觀行儀卷中》寫卷校錄

圖 02　《唐咸通六年僧福威牒》殘紙背面

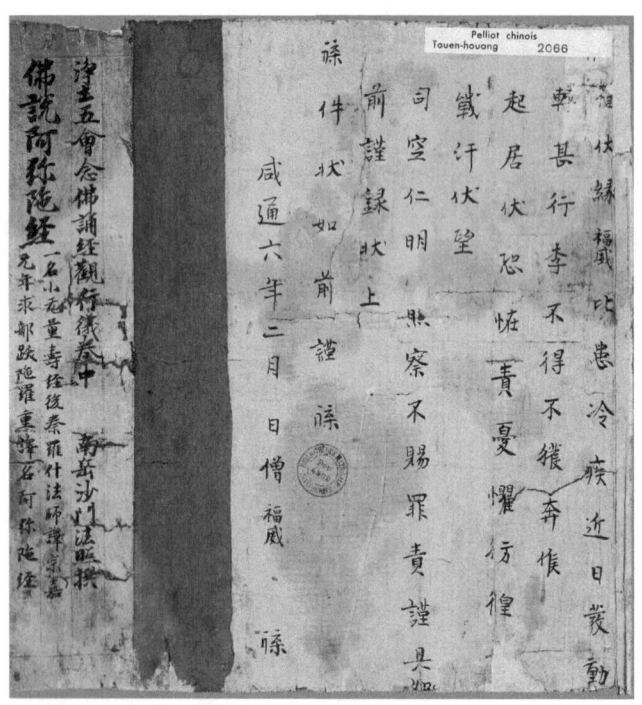

圖 03　《唐咸通六年僧福威牒》殘紙正面

二　P. 2066《淨土五會念佛誦經觀行儀卷中》原件影印本

圖04　《淨土五會念佛誦經觀行儀卷中》寫卷正面

圖05　《淨土五會念佛誦經觀行儀卷中》寫卷正面

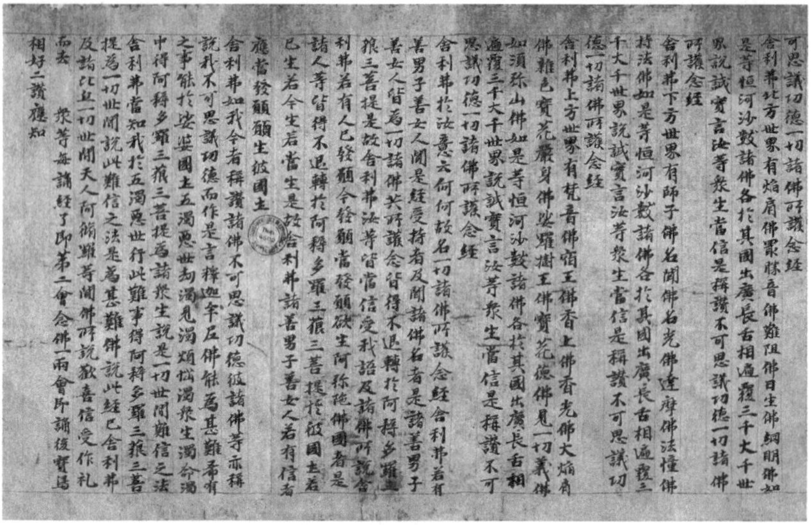

圖06　《淨土五會念佛誦經觀行儀卷中》寫卷正面

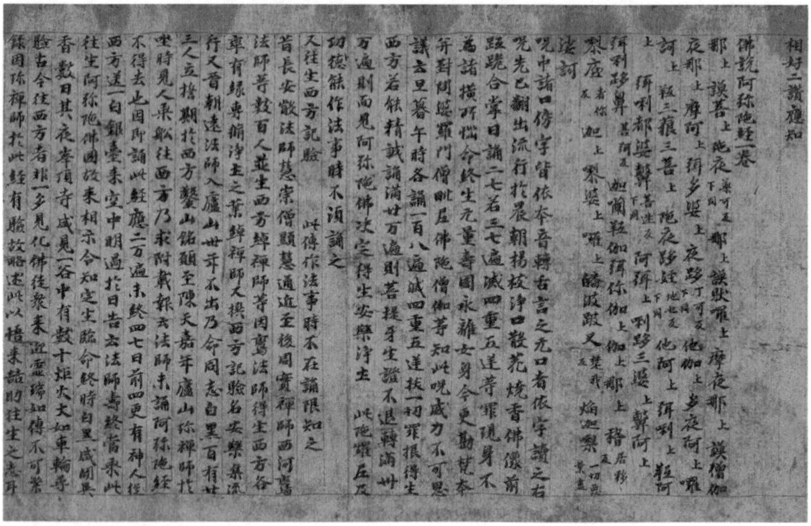

圖07　《淨土五會念佛誦經觀行儀卷中》寫卷正面

二　P. 2066《淨土五會念佛誦經觀行儀卷中》原件影印本

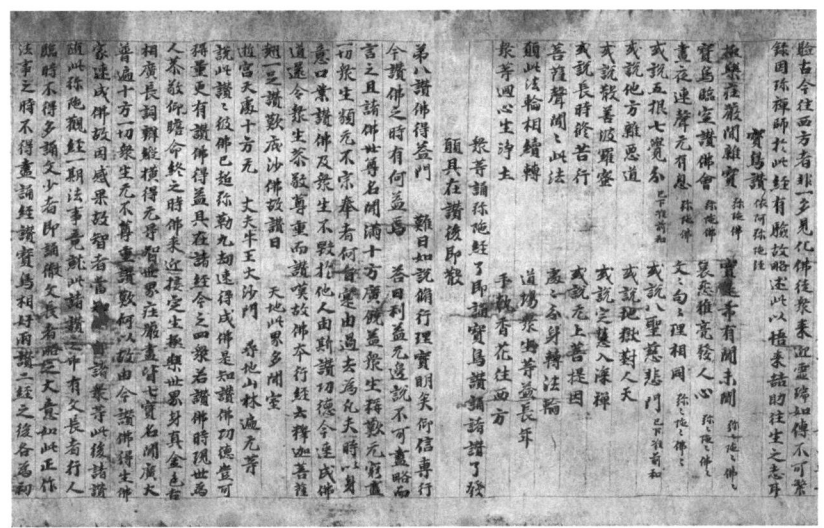

圖08　《淨土五會念佛誦經觀行儀卷中》寫卷正面

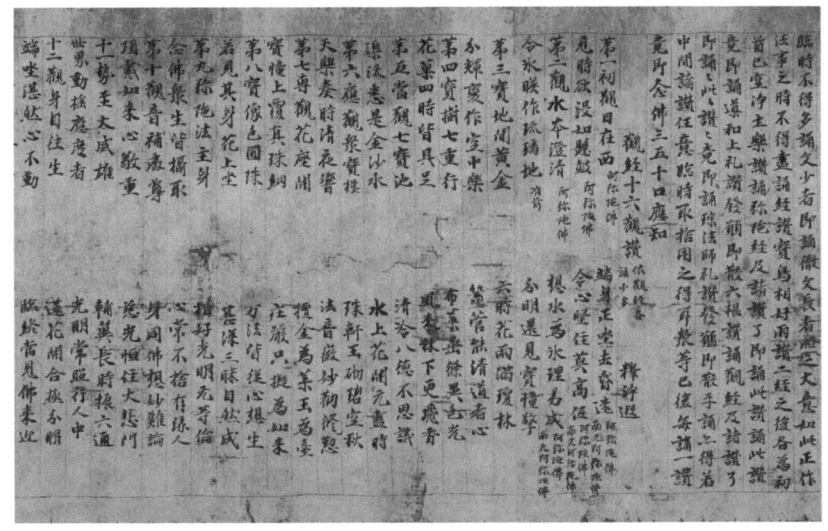

圖09　《淨土五會念佛誦經觀行儀卷中》寫卷正面

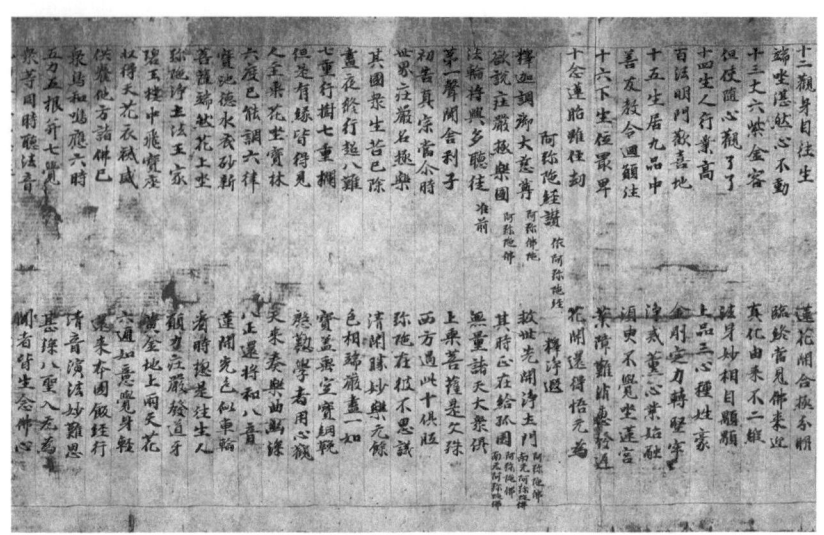

图 10　《净土五会念佛诵经观行仪卷中》写卷正面

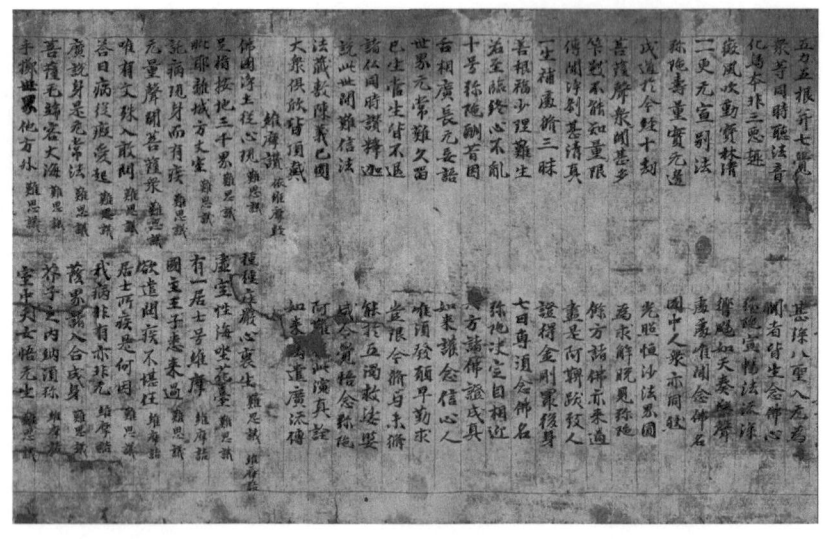

图 11　《净土五会念佛诵经观行仪卷中》写卷正面

二　P.2066《淨土五會念佛誦經觀行儀卷中》原件影印本

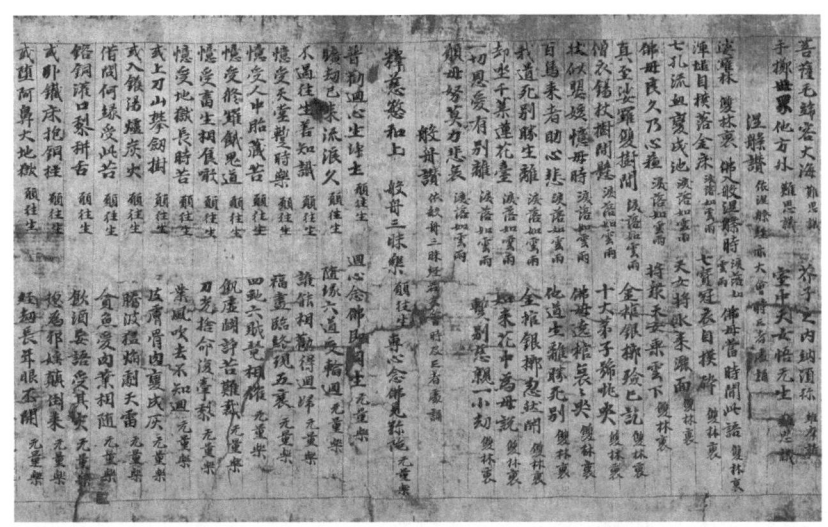

圖12　《淨土五會念佛誦經觀行儀卷中》寫卷正面

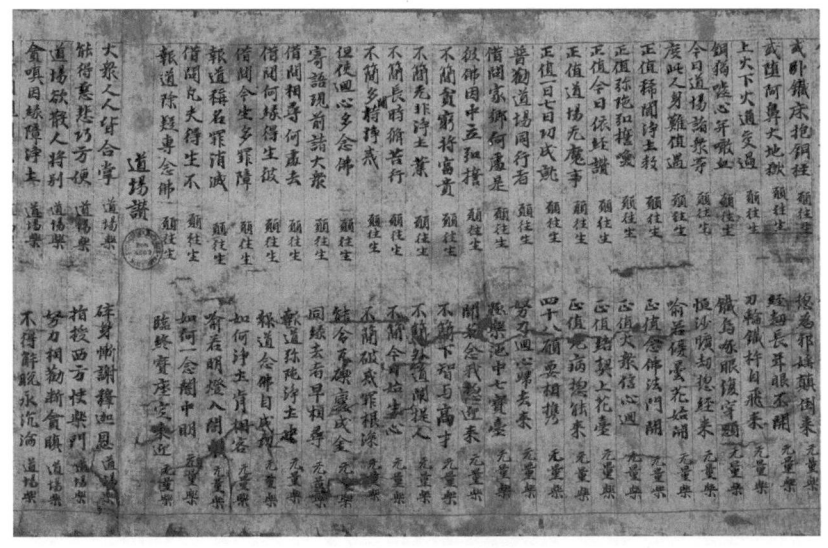

圖13　《淨土五會念佛誦經觀行儀卷中》寫卷正面

12　上編　P. 2066《淨土五會念佛誦經觀行儀卷中》寫卷校錄

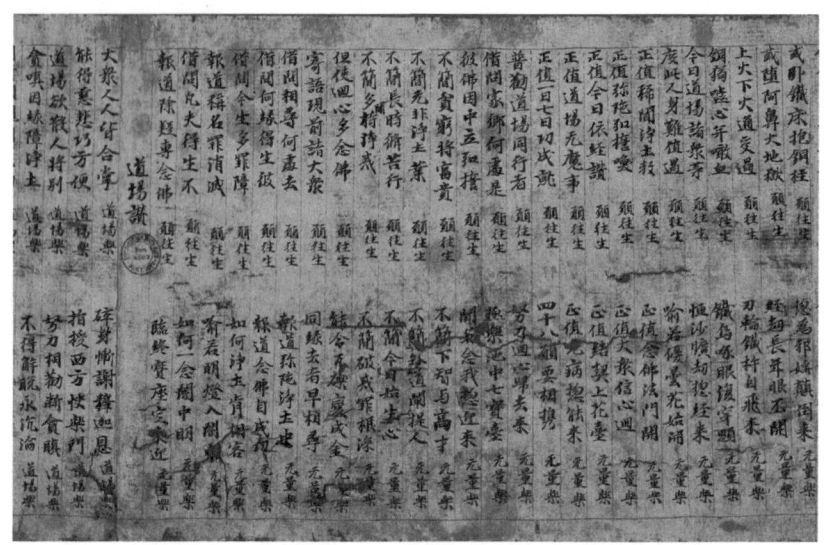

圖14　《淨土五會念佛誦經觀行儀卷中》寫卷正面

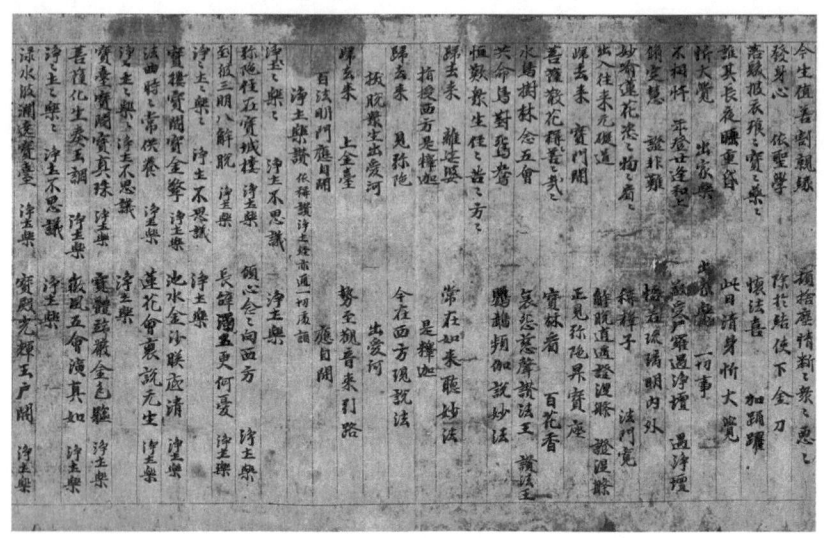

圖15　《淨土五會念佛誦經觀行儀卷中》寫卷正面

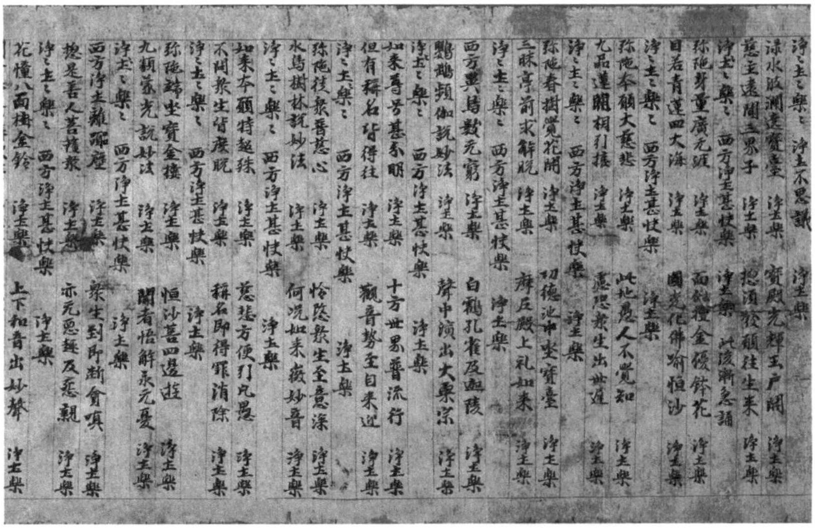

二 P. 2066《淨土五會念佛誦經觀行儀卷中》原件影印本　　13

圖16　《淨土五會念佛誦經觀行儀卷中》寫卷正面

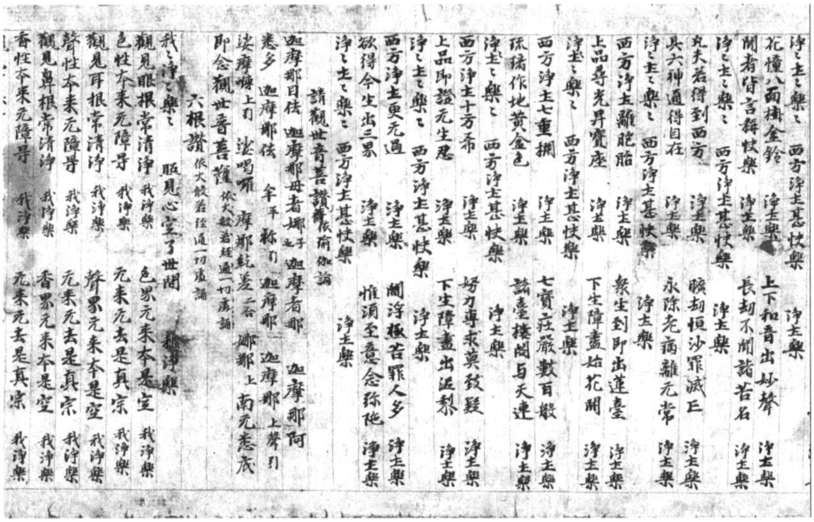

圖17　《淨土五會念佛誦經觀行儀卷中》寫卷正面

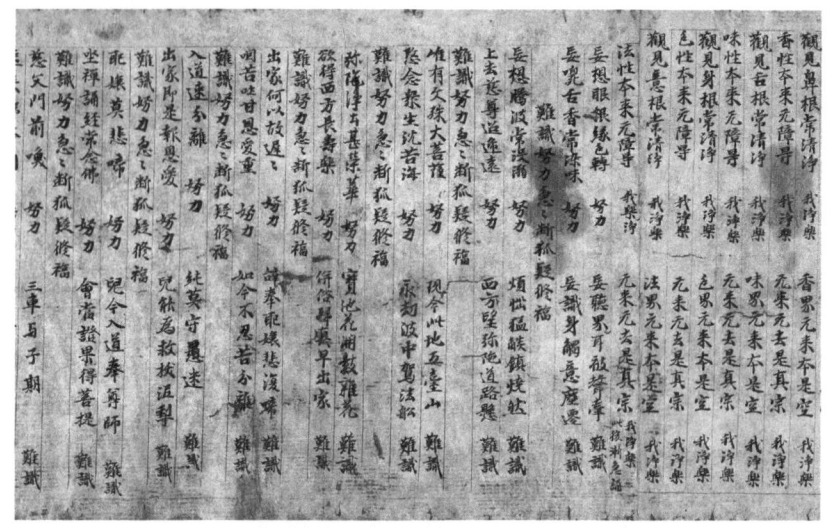

圖 18 《淨土五會念佛誦經觀行儀卷中》寫卷正面

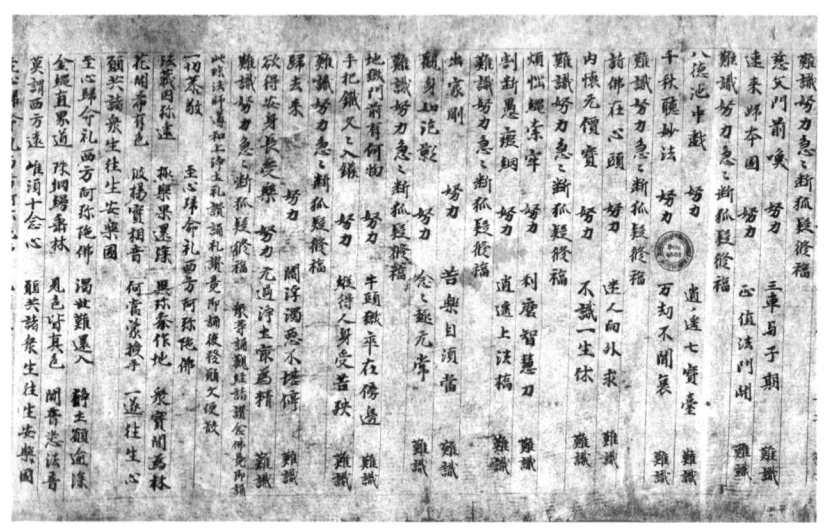

圖 19 《淨土五會念佛誦經觀行儀卷中》寫卷正面

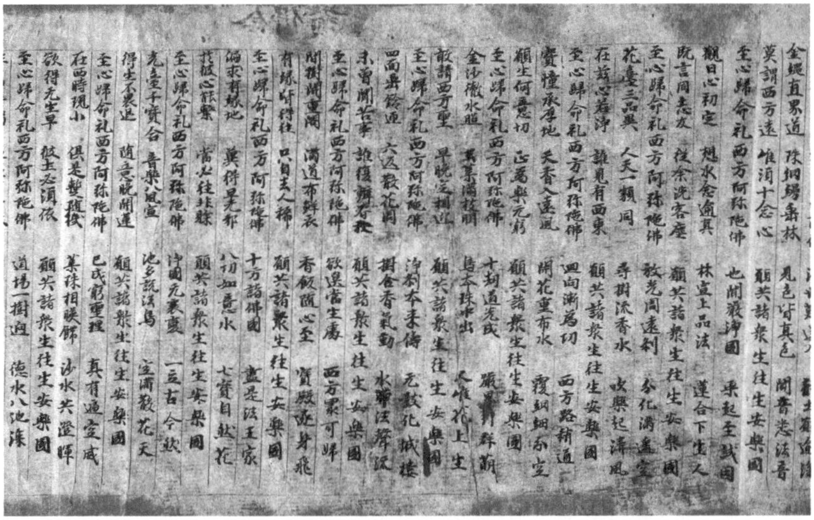

二 P. 2066《淨土五會念佛誦經觀行儀卷中》原件影印本

圖20 《淨土五會念佛誦經觀行儀卷中》寫卷正面

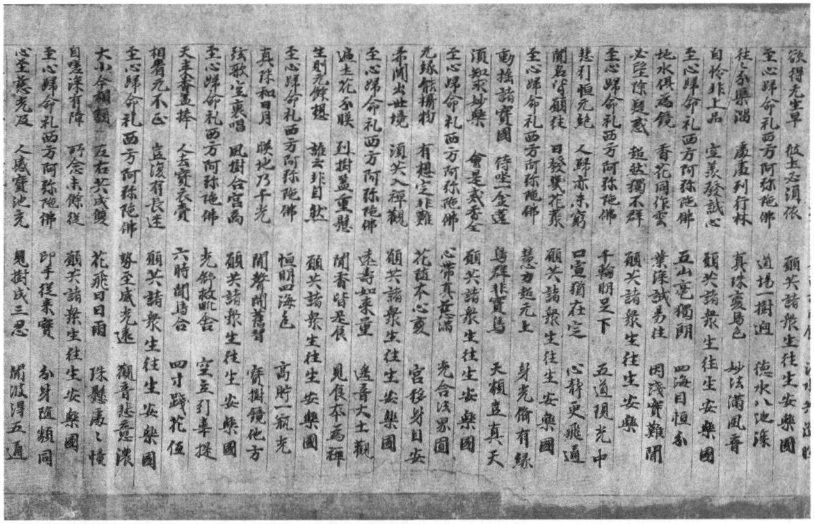

圖21 《淨土五會念佛誦經觀行儀卷中》寫卷正面

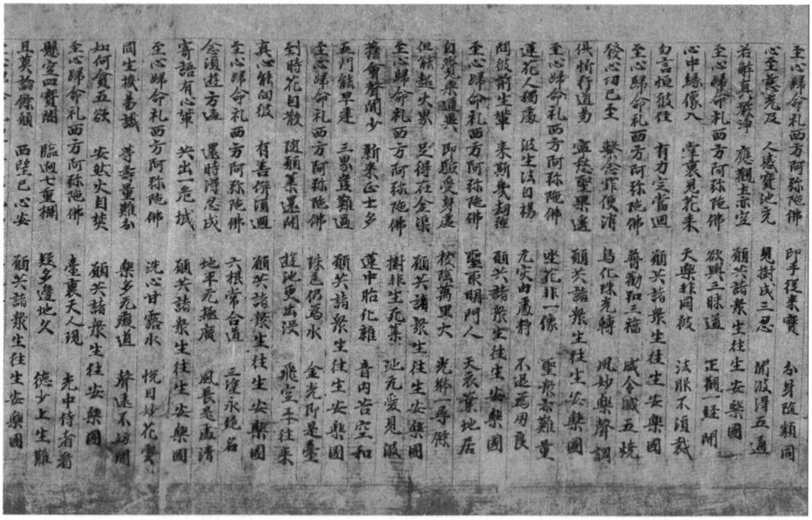

16　上編　P. 2066《淨土五會念佛誦經觀行儀卷中》寫卷校錄

圖22　《淨土五會念佛誦經觀行儀卷中》寫卷正面

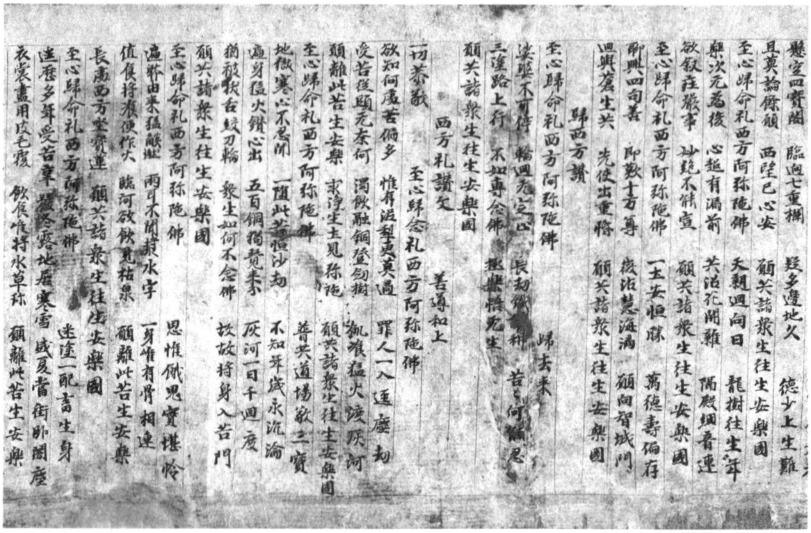

圖23　《淨土五會念佛誦經觀行儀卷中》寫卷正面

二　P.2066《淨土五會念佛誦經觀行儀卷中》原件影印本　　17

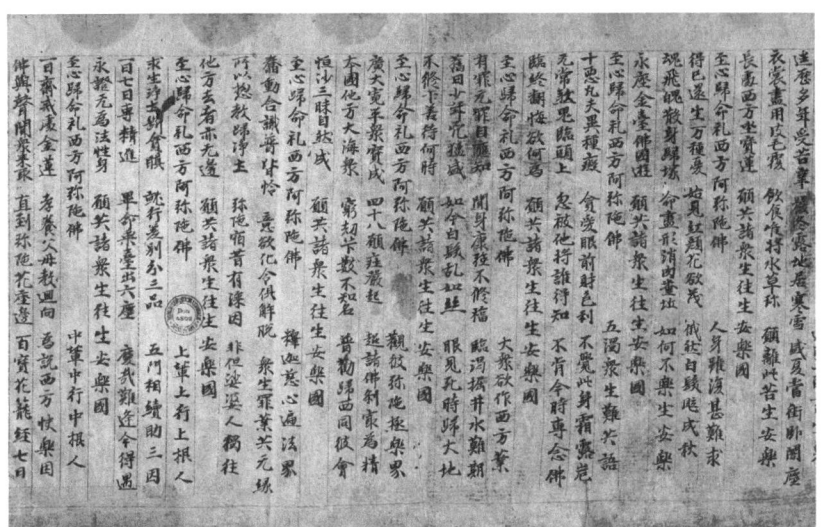

圖24　《淨土五會念佛誦經觀行儀卷中》寫卷正面

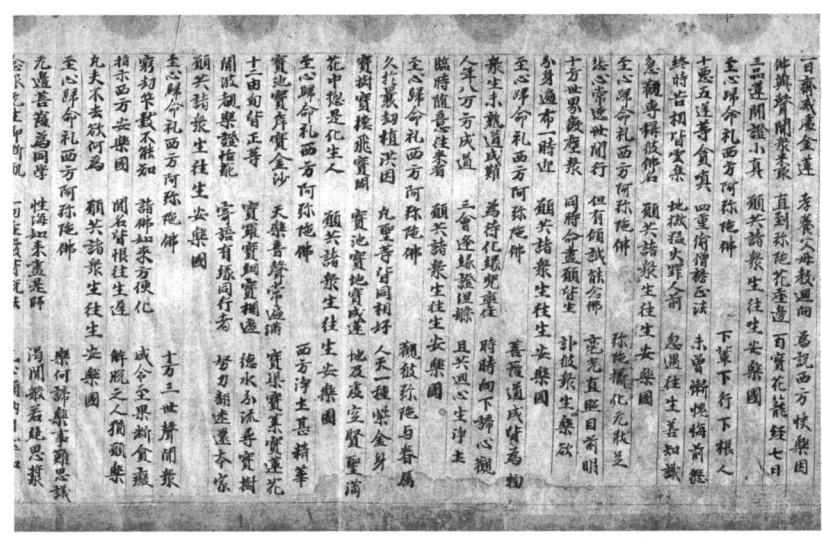

圖25　《淨土五會念佛誦經觀行儀卷中》寫卷正面

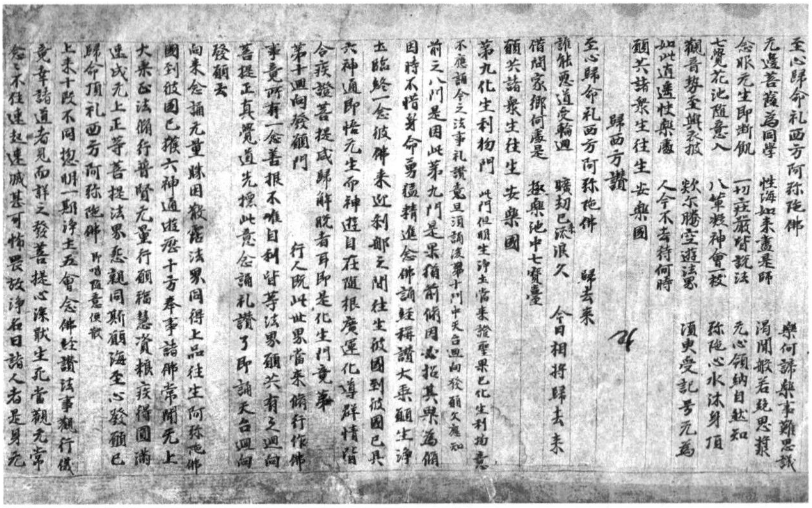

18　上編　P. 2066《淨土五會念佛誦經觀行儀卷中》寫卷校錄

圖 26　《淨土五會念佛誦經觀行儀卷中》寫卷正面

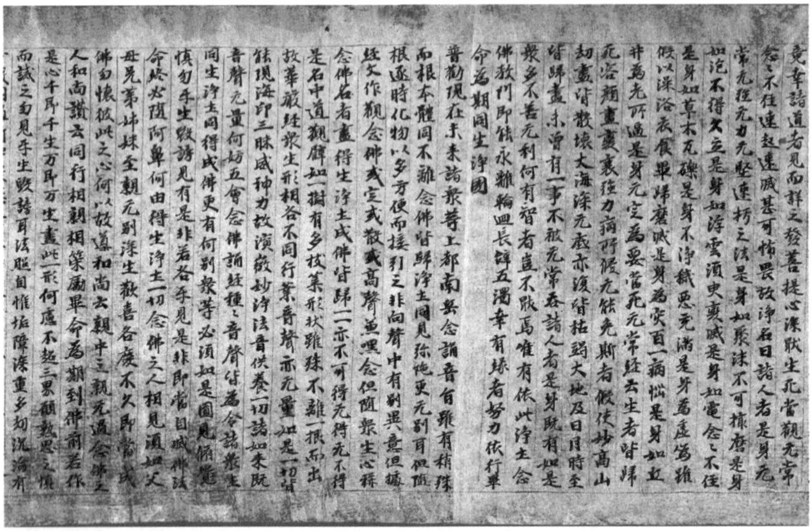

圖 27　《淨土五會念佛誦經觀行儀卷中》寫卷正面

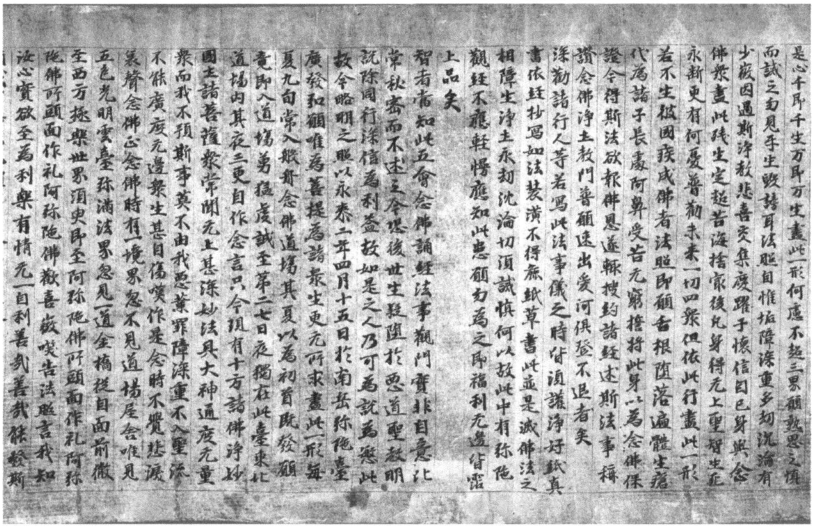
是心千劫千生万劫万生盡此一形何處不超三界願熟思之慎
而試之勿見手生毀謗耳法照自惟垢障深重多劫沉淪有
少微因遇斯淨教悲喜交集慶躍手懷信因已身與念
佛衆盡此殘生定超苦海捨命後凡身得无上聖智生死
永斷更有何憂普勸未來一切四衆但依此行盡此一形
若不生彼國疾成佛者法照即願舌根墮落遍體生瘡
代爲諸子長處阿鼻受苦无窮捨將此身以爲念佛保
證令得斯法欲報佛恩遂輒披約諸經述斯法事稱
讚念佛淨土教門普願速出愛河俱登不退者矣
深勸諸行人等若寫此法事儀之時皆須護淨好紙真
書依經抄寫如法裝潢不得麁紙草書此並是滅佛法之
相障生淨土永劫沉淪切須誡慎何以故此中有彌陀
觀經不應輕慢應知此患願勿爲之即福利无邊皆霑
上品矣
智者當知此五會念佛誦經法事觀門實非自意比
常秋審而不述之令恐後世生疑墮於惡道聖教明
說除同行深信爲利益故如是之人乃可爲說爲悲此
教今略明之照以永泰二年四月十五日於南岳彌陀臺
廣發弘願唯爲菩提爲諸衆生更无所求盡此一形每
夏九旬常入般舟念佛道場其夏以爲初首既發願
竟即入道場勇猛虔誠至第二七日夜獨在此臺東北
道場內其夜三更自作念言只今現有十方諸佛淨妙
國土諸菩薩衆常聞无上甚深妙法具大神通度无量
衆而我不預斯事莫不由我惡業罪障深重不入聖流
不能廣度无邊衆生甚自傷嘆作是念時不覺悲淚
哀聲念佛正念佛時有一境界忽不見道場屋舍唯見
五色光明雲臺彌滿法界忽見一道金橋從自面前徹
至西方極樂世界須臾即至阿彌陀佛所頭面作礼阿彌
陀佛所頭面作礼阿彌陀佛歡喜微笑告法照言我知
汝心實欲至爲利樂有情无一自利善哉善哉能發斯

圖 28　《淨土五會念佛誦經觀行儀卷中》寫卷正面

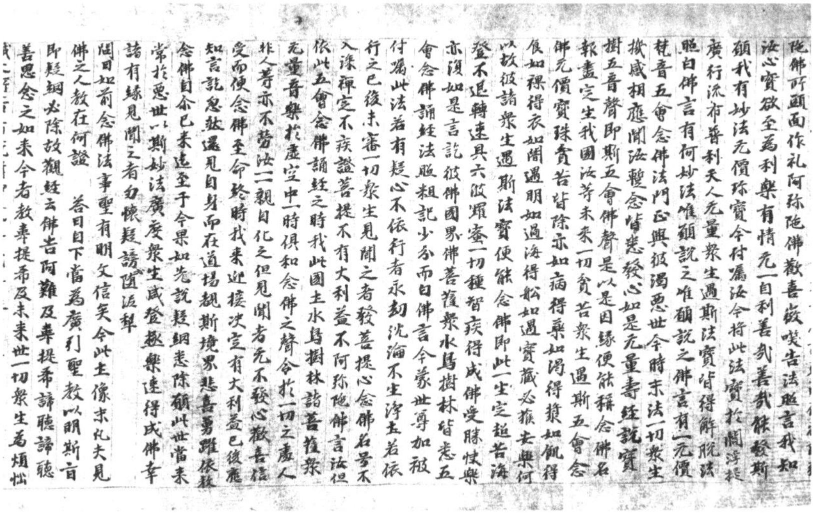
陀佛所頭面作礼阿彌陀佛歡喜微笑告法照言我知
汝心實欲至爲利樂有情无一自利善哉善哉能發斯
願我有妙法无價珍寶今付囑汝今將此法寶於閻浮提
廣行流布普利天人无量衆生遇斯法寶皆得解脫法
照白佛言有何妙法唯願說之唯願說之佛言有一无價
梵音五會念佛法門正興彼濁惡世今時末法一切衆生
機感相應聞汝纔念皆悉發心如是无量壽經說寶
樹五音聲即斯五會佛聲是以是因緣便能稱念佛名
報盡定生我國汝等未來一切貧苦衆生遇斯五會念
佛无價寶珠貧苦皆除亦如病得藥如渴得漿如飢得
食如裸得衣如闇遇明如渡海得船如遇寶藏必獲安樂何
以故彼諸衆生遇斯法寶便能念佛即此一生定超苦海
登不退轉速具六波羅蜜一切種智疾得成佛受勝快樂
亦復如是言訖彼佛國界佛菩薩衆水鳥樹林皆悉五
會念佛誦經法照粗記少分而白佛言今蒙世尊加被
付囑此法若有疑心不依行者永劫沉淪不生淨土若依
行之已後未審一切衆生見聞之者發菩提心念佛名号不
入深禪定不疾證菩提不有大利益不阿彌陀佛言汝但
依此五會念佛誦經之時我此國土水鳥樹林諸菩薩衆
无量音樂於虛空中一時俱和念佛之聲令於一切之處人
非人等亦不勞汝一一親自化之但見聞者无不發心歡喜信
受而便念佛至命終時我來迎接決定有大利益已後應
知言訖忽然還見自身而在道場覩斯境界悲喜踴躍依教
念佛自尒已來迄至于今果如先說疑網悉除願此世當來
常於惡世以斯妙法廣度衆生咸登極樂速得成佛幸
諸有緣見聞之者勿懷疑謗墮泥犁
問曰如前念佛法事聖有明文信矣今此土像末凡夫見
佛之人教在何證　答曰曰下當爲廣引聖教以明斯旨
即疑網必除故觀經云佛告阿難及韋提希諦聽諦聽
善思念之如來今者教韋提希及未來世一切衆生爲煩惱

圖 29　《淨土五會念佛誦經觀行儀卷中》寫卷正面

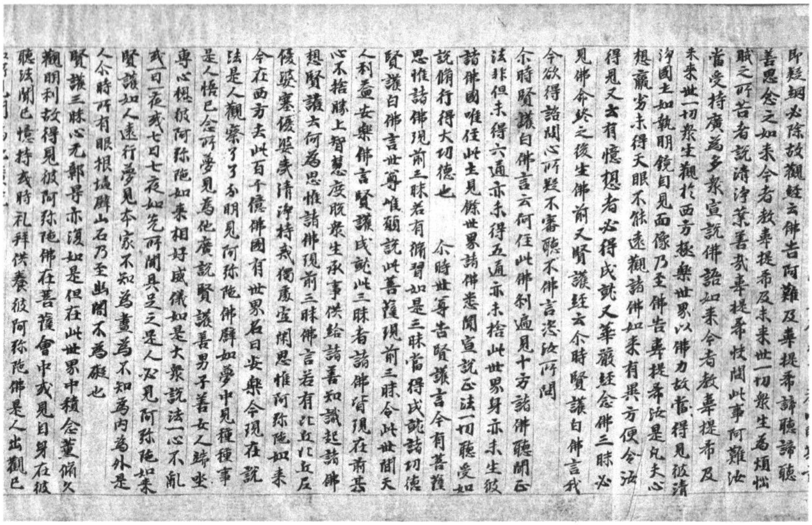

圖30　《淨土五會念佛誦經觀行儀卷中》寫卷正面

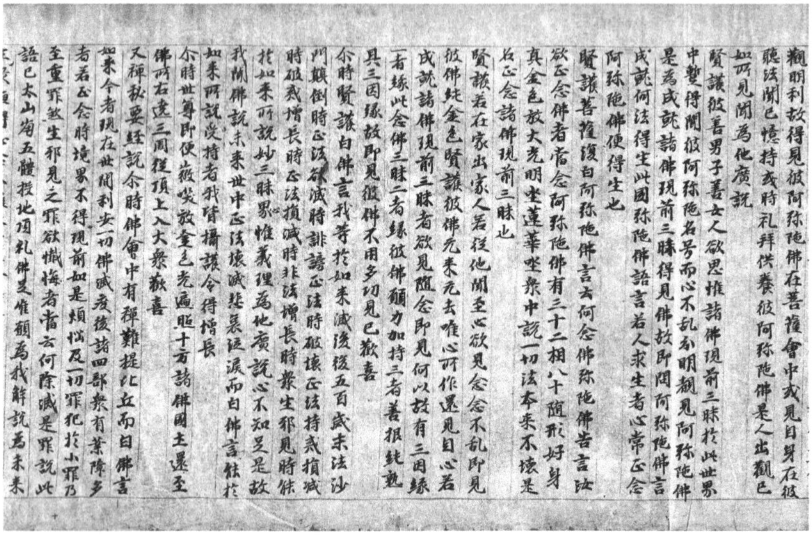

圖31　《淨土五會念佛誦經觀行儀卷中》寫卷正面

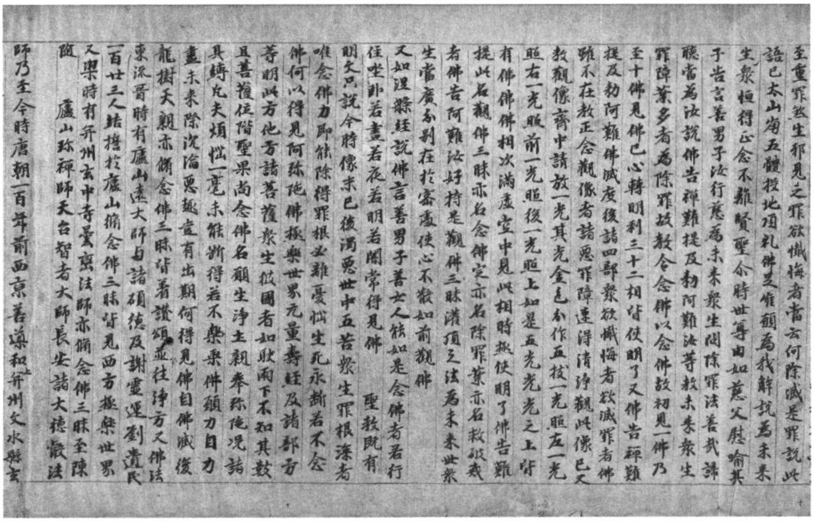
至重罪煞生邪見之罪欲懺悔者當云何除滅是罪說此
語已太山崩五體投地頂礼佛足唯願為我解說為未來
生衆恒得正念不離賢聖尒時世尊由如慈父慰喻其
子告言善男子汝行慈為未來衆生問除罪法善哉諦
聽當為汝說佛告禪難提及勅阿難汝等教未來衆生
罪障業多者為除罪故教令念佛以念佛故初見一佛乃
至十佛見佛已心轉明利三十二相皆使明了又佛告禪難
提及勅阿難佛滅度後諸四部衆欲懺悔者欲滅罪者佛
雖不在教正念觀像者諸惡罪障速得清淨觀此像已又
教觀像齊中請放一光其光金色亦作五枝一光照左一光
照右一光照前一光照後一光照上如是五光光之上皆
有佛佛佛相次滿虛空中見此相時極使明了佛告難
提此名觀佛三昧亦名念佛定亦名除罪業亦名救破戒
者佛告阿難汝好持是觀佛三昧讚須之法為未來世衆
生當廣分别在於審處使心不散如前觀佛
又如涅槃經說佛言善男子善女人能如是念佛者若行
住坐卧若晝若夜若明若闇常得見佛　聖教既有
明文只說今時像末已後濁惡世中五苦衆生罪根深者
唯念佛力即能除得罪根必離憂惱生死永斷若不念
佛何以得見阿弥陀佛極樂世界无量壽經及諸部方
等明此方他方諸菩薩衆生假國者如耿雨下不知其數
且菩薩位階聖果尚念佛名願生淨土親奉弥陀况諸
具縛凡夫煩惱一毫未能斷得若不樂求佛願力自力
盡未來際沈淪惡趣豈有出期何得見佛自佛滅後
龍樹天親亦脩念佛三昧皆著讚頌並往淨方又佛法
東流晉時有廬山遠大師与諸碩德及謝靈運劉遺民
一百廿三人結搆於廬山脩念佛三昧皆見西方極樂世界
又梁時有并州玄中寺曇鸞法師亦脩念佛三昧至陳
隨　廬山珎禪師天台智者大師長安諸大德懺法
師乃至今時唐朝一百年前西京善導和上并州文水縣玄

圖 32　《淨土五會念佛誦經觀行儀卷中》寫卷正面

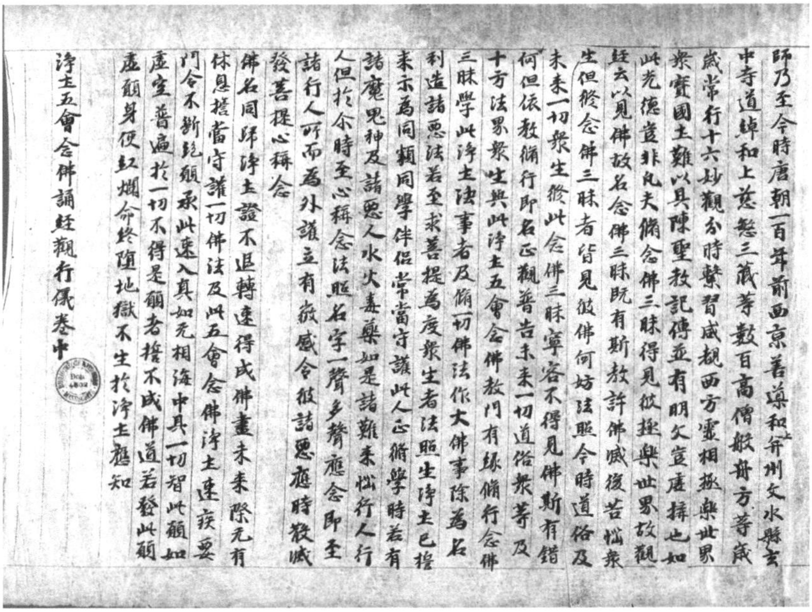
師乃至今時唐朝一百年前西京善導和上并州文水縣玄
中寺道綽和上慈愍三藏等數百高僧般舟方等歲
歲常行十六妙觀分時繫習咸覩西方靈相極樂世界
衆寶國土難以具陳聖教記傳並有明文豈虛捧也如
此光德豈非凡夫脩念佛三昧得見彼極樂世界故觀
經云以見佛故名念佛三昧既有斯教許佛滅後苦惱衆
生但發念佛三昧者皆見彼佛何妨法照今時道俗及
未來一切衆生發此念佛三昧寧容不得見佛斯有錯
何但依教脩行即名正觀普告未來一切道俗衆等及
十方法界衆生與此淨土五會念佛教門有緣脩行念佛
三昧學此淨土法事者及脩一切佛法作大佛事除為名
利造諸惡法若至求菩提為度衆生者法照生淨土已誓
未亦為同願同學伴侶常當守護此人正脩學時若有
諸魔鬼神及諸惡人水火毒藥如是諸難來惱行人行
人但於尒時至心稱念法照名字一聲多聲應念即至
諸行人所而為外護立有威感令彼諸惡應時殺滅
發菩提心稱念
佛名同歸淨土證不退轉速得成佛盡未來際无有
休息普當守護一切佛法及此五會念佛淨土速疾要
門令不斷絕願承此速入真如无相海中具一切智此願如
虛空普遍於一切不得是願者誓不成佛道若發此願
虛願身便紅爛命終墮地獄不生於淨土應知
淨土五會念佛誦經觀行儀卷中

圖 33　《淨土五會念佛誦經觀行儀卷中》寫卷正面

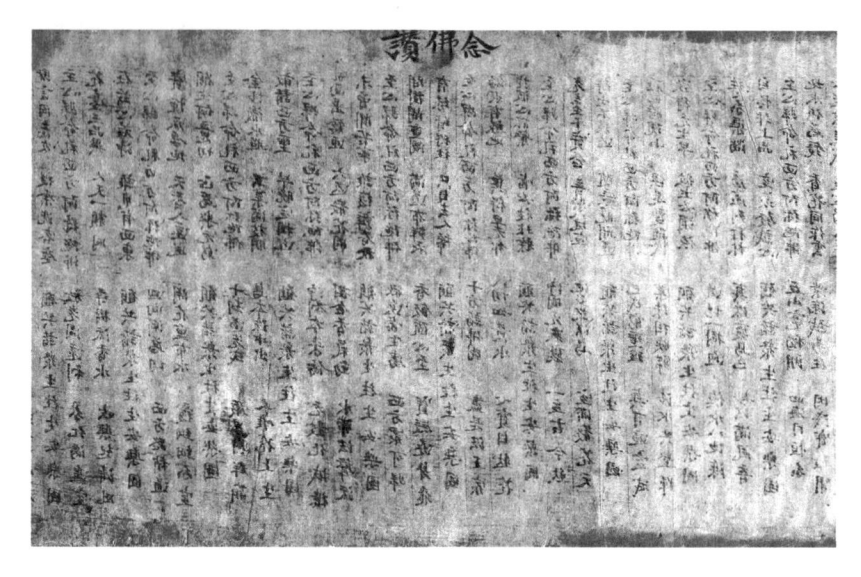

圖 34　《淨土五會念佛誦經觀行儀卷中》寫卷背面之雜寫

三 錄文和校勘

錄文：

（前缺）

福[1]，伏緣福威比患冷疾[2]，近日發動[3]
轉甚[4]，行李不得，不獲奔候[5]
起居。伏恐悚則[6]，憂懼彷徨，□□
戰汗。伏望[7]
司空仁明　照察，不賜罪責，謹具如
前，謹錄狀上。牒件狀如前，謹牒[8]。
咸通六年二月　日僧福威　　牒。

淨土五會念佛誦經觀行儀卷中[9]
南岳沙門法照撰[10]

佛說阿彌陀經[11]

（一名《小无量壽經》[12]，後秦羅什法師譯[13]。宗嘉元年，求那跋陀重譯[14]，名《阿彌陀經》。）

如是我聞：一時，佛在舍衛國祇樹給孤獨園[15]，與大比丘眾千二百五十人俱[16]，皆是大阿羅漢，眾所知識[17]。

長老舍利弗、摩訶目揵連、摩訶迦葉、摩訶迦旃延、摩訶俱絺羅、離波多、周利槃陀迦[18]、難陀[19]、阿難陀、羅睺羅、憍梵波提、賓頭盧頗羅堕[20]、迦留陀夷[21]、摩訶劫賓那[22]、薄拘羅、阿㝹樓馱、如是等諸大弟子[23]，并諸菩薩摩訶薩[24]，文殊師利法王子[25]、阿逸多菩薩、軋陀訶提菩薩[26]、常精進菩薩，與如是等諸大菩薩，及釋提桓因等无量諸天大衆俱[27]。

尒時[28]，佛告長老舍利弗：

"從是西方過十万億佛土[29]，有世界名曰'極樂'[30]。其土有佛，号'阿弥陀'[31]，今現在說法。舍利弗！彼土何故名為'極樂'？其國衆生无有衆苦[32]，但受諸樂，故名'極樂'。

又，舍利弗！極樂國土，七重欄楯、七重羅網[33]、七重行樹，皆是四寶周匝圍繞[34]，是故彼國名曰'極樂'。

又，舍利弗！極樂國土有七寶池，八功德水充滿其中[35]，池底純以金沙布地[36]。四邊階道，金、銀、瑠璃、頗梨合成。上有樓閣，亦以金、銀、瑠璃、頗梨、車渠[37]、赤珠、馬瑙而嚴飾之[38]。池中蓮華，大如車輪，青色青光[39]，黃色黃光，赤色赤光，白色白光，微妙香潔[40]。舍利弗！極樂國土成就如是功德莊嚴[41]。

又，舍利弗！彼佛國土，常作天樂，黃金為地，晝夜六時而雨曼陀羅花[42]。其國衆生，常以清旦，各以衣裓盛衆妙花[43]，供養他方十万億佛；即以食時，還到本國，飯食經行。舍利弗！極樂國土成就如是功德莊嚴。

復次，舍利弗！彼國常有種種奇妙雜色之鳥[44]——白鵠、孔雀、鸚鵡、舍利、迦陵頻伽、共命之鳥。是諸衆鳥，晝夜六時，出和雅音，其音演暢五根[45]、五力、七菩提分[46]、八聖道分，如是等法。其土衆生，聞是音已[47]，皆悉念佛、念法、念僧[48]。舍利弗！汝勿謂：'此鳥實是罪報所生[49]。'所以者何？彼佛國土无三惡趣[50]。舍利弗！其佛國土，尚无三惡道之名[51]，何況有實[52]？是諸衆鳥，皆是阿弥陀佛欲令法音宣流[53]，變化所作[54]。

舍利弗！彼佛國土，微風吹動諸寶行樹，及寶羅網[55]，出微妙音，譬如百千種樂[56]，同時俱作。聞是音者，皆自然生念佛[57]、念法、念僧之心。舍利弗！其佛國土成就如是功德莊嚴。

舍利弗！於汝意云何[58]？彼佛何故号'阿弥陁'？舍利弗！彼佛光明无量[59]，照十方國，无所鄣礙[60]，是故号為'阿弥陁'。又，舍利弗！彼佛壽命，及其人民，无量无邊阿僧祇劫[61]，故名'阿弥陁'。舍利弗！阿弥陁佛成佛已来[62]，於今十劫。又，舍利弗！彼佛有无量无邊聲聞弟子，皆阿羅漢，非是筭數之所能知[63]；諸菩薩亦如是。舍利弗！彼佛國土成就如是功德莊嚴。

又，舍利弗！極樂國土，衆生生者，皆是阿鞞跋致[64]。其中多有一生補處[65]，其數甚多，非是筭數所能知之[66]，但可以无量无邊阿僧祇劫說。舍利弗！衆生聞者，應當發願，願生彼國。所以者何？得與如是諸上善人，俱會一處。舍利弗，不可以少善根福德因緣[67]，得生彼國。舍利弗！若有善男子[68]、善女人，聞說阿弥陁佛，執持名号，若一日、若二日、若三日、若四日、若五日、若六日、若七日，一心不亂[69]。其人臨命終時，阿弥陁佛與諸聖衆，現在其前。是人終時，心不顛倒[70]，即得往生阿弥陁佛極樂國土。舍利弗！我見是利，故說此言。若有衆生聞是說者，應當發願，生彼國土。

舍利弗！如我今者，讚歎阿弥陁佛不可思議功德[71]。東方亦有阿閦鞞佛、須弥相佛、大須弥佛、須弥光佛、妙音佛，如是等恒河沙数諸佛，各於其国，出廣長舌相，遍覆三千大世界，說誠實言：'汝等衆生，當信是《稱讚不可思議功德一切諸佛所護念經》[72]。'

舍利弗！南方世界有日月燈佛、名聞光佛、大焰肩佛、須弥燈佛[73]、无量精進佛，如是等恒河沙數諸佛，各於其國，出廣長舌相，遍覆三千大千世界，說誠實言：'汝等衆生，當信是《稱讚不可思議功德一切諸佛所護念經》。'

舍利弗！西方世界有无量壽佛、无量相佛、无量幢佛[74]、大光佛、大明佛、寶相佛、淨光佛，如是等恒河沙等數諸佛[75]，各於其國，出廣長舌相，遍覆三千大世界，說誠實言：'汝等衆生，當信是《稱讚不可思議功德一切諸佛所護念經》。'

舍利弗！北方世界有焰肩佛、最勝音佛、難阻佛、日生佛、網明佛，如是等恒河沙數諸佛，各於其國，出廣長舌相，遍覆三千大千世界，說誠實言：'汝等衆生，當信是《稱讚不可思議功德一切諸佛所護念經》[76]。'

舍利弗！下方世界有師子佛、名聞佛、名光佛、達摩佛、法幢佛、持法佛，如是等恒河沙數諸佛，各於其國，出廣長舌相，遍覆三千大千世界，說誠實言：'汝等衆生[77]，當信是《稱讚不可思議功德一切諸佛所護念經》。'

舍利弗！上方世界有梵音佛、宿王佛、香上佛、香光佛、大焰肩佛、雜色寶花嚴身佛、娑羅樹王佛、寶花德佛、見一切義佛、如須弥山佛，如是等恒河沙數諸佛，各於其國，出廣長舌相，遍覆三千大千世界，說誠實言：'汝等衆生，當信是《稱讚不可思議功德一切諸佛所護念經》。'

舍利弗！於汝意云何？何故名'一切諸佛所護念經'？舍利弗！若有善男子、善女人，聞是經受持者，及聞諸佛名者，是諸善男子、善女人，皆為一切諸佛共所護念，皆得不退轉於阿耨多羅三藐三菩提[78]。是故，舍利弗！汝等皆當信受我語，及諸佛所說。

舍利弗！若有人已發願、今發願、當發願，欲生阿弥陁佛國者。是諸人等，皆得不退轉於阿耨多羅三藐三菩提，於彼國土，若已生、若今生、若當生。是故，舍利弗！諸善男子、善女人，若有信者，應當發願，願生彼國土。

舍利弗！如我今者，稱讚諸佛不可思議功德。彼諸佛等，亦稱說我不可思議功德，而作是言：'釋迦牟尼佛[79]，能為甚難希有之

三　錄文和校勘　　27

事，能於娑婆國土，五濁惡世——劫濁、見濁、煩惱濁[80]、衆生濁、命濁中，得阿耨多羅三藐三菩提，為諸衆生，說是一切時間難信之法。'舍利弗！當知我於五濁惡世，行此難事，得阿耨多羅三藐三菩提，為一切時間說此難信之法，是為甚難！"

佛說此經已，舍利弗及諸比丘，一切世間天、人、阿脩羅等[81]，聞佛所說，歡喜信受[82]，作礼而去。

衆等每誦經了，即第二會[83]。念佛一兩會，即誦後《寶鳥》、《相好》二讚。應知。

佛說阿弥陁經一卷

那(上)謨菩(上)陁夜(藥可反下同)[84]、那(上)謨馱囉(上)摩夜[85]、那(上)謨僧伽夜、那(上)摩阿(上)弭多婆(上)夜、跢(丁可反下同)他伽(上)多夜、阿(上)囉訶(上)羝三藐三菩(上)陁夜[86]、跢姪(地也反下同)他、阿(上)弭唎(上)羝、阿(上)弭唎都、婆鼙(菩迷反下同)、阿(上)弭唎跢三婆(上)鼙[87]、阿(上)弭唎跢鼻(菩弭反)、迦嚫羝、伽弭你伽(上)伽(上)那(上)稽(居移反)嚟底(者你反)[88]、迦(上)嚟婆(上)囉(上)燔[89]、波跛叉(楚我反)[90]、焰迦嚟(一切惡業盡)[91]、娑訶[92]。

呪中諸口傍字，皆依本音轉舌言之。无口者，依字讀之。右呪先已翻出流行。於晨朝楊枝淨口，散花燒香，佛像前距跪合掌，日誦二七、若三七遍，滅四重、五逆等罪[93]，現身不為諸橫所惱，命終生无量壽國，永離女身。今更勘梵本，并對問婆羅門僧、毗尼[94]、佛陁、僧伽等，知此呪威力不可思議，云旦、暮、午時，各誦一百八遍，滅四重、五逆，拔一切罪根[95]，得生西方。若能精誠誦滿廿万遍[96]，則菩提牙生[97]，證不退轉。滿卅万遍[98]，則面見阿弥陁佛，決定得生安樂淨土[99]。此陁羅尼及功能[100]，作法事時，不須誦之。

又往生西方記驗：此傳作法事時不在誦限，知之。

昔長安叡法師[101]、慧崇、僧顯、慧通，近至後周實禪師、西河鸞法師等數百人，並生西方。綽禪師等，因鸞法師得生西方，各率有緣，專脩淨土之業[102]。綽禪師又撰西方記驗，名《安樂集》流行。又晉朝遠法師，入廬山卅年不出[103]，乃命同志白黑百有廿三人，立誓期扵西方[104]，鑿山銘願。至陳天嘉年，廬山琢禪師[105]，扵坐時見人乘船往西方[106]，乃求附載。報云："法師未誦《阿弥陁經》，不得去也。"因即誦此經，應二万遍[107]。未終四七日前，四更，有神人從西方送一白銀臺來，空中明過扵日，告云："法師壽終，當乘此往生阿弥陁佛國。故來相示，令知定生。"臨命終時，白黑咸聞異香數日。其夜，峰頂寺[108]，咸見一谷中有數十炬火，大如車輪。尋驗古今，往西方者非一，多見化佛徒衆來迎，靈瑞如傳，不可繁錄。因琢禪師扵此經有驗，故略述此，以悟來喆[109]，助往生之志耳[110]。

寶鳥讚 依《阿弥陁經》[111]

極樂莊嚴間雜寶^{弥陁佛}[112]，實是希有聞未聞^{弥陁佛，弥陁佛}[113]。
寶鳥臨空讚佛會^{弥陁佛}[114]，哀怨雅亮發人心^{弥陁佛，弥陁佛}[115]。
晝夜連聲无有息^{弥陁佛}[116]，文文句句理相同^{弥陁佛，弥陁佛}[117]。
或說五根七覺分^{已下准前和}[118]，或說八聖慈悲門^{已下准前和}[119]，
或說他方雜惡道[120]，或說地獄對人天[121]，
或說散善波羅蜜[122]，或說定慧入深禪[123]，
或說長時修苦行[124]，或說无上菩提因[125]。
菩薩聲聞聞此法[126]，處處分身轉法輪[127]。
願此法輪相續轉[128]，道場衆生等益長年[129]。

衆等迴心生淨土，手執香花往西方。

衆等誦《弥陁經》了，即誦《寶鳥讚》。誦諸讚了，發願，具在讚後，即散。

第八[130]，讚佛得益門

難曰："如說脩行，理實明矣[131]，仰信專行[132]。今讚佛之

時，有何益焉？"答曰："利益无邊，說不可盡，略而言之。且諸佛世尊[133]，名聞滿十方，廣饒益衆生[134]，稱歎无窮盡。一切衆生類[135]，无不宗奉者，何旨？寔由過去為凡夫時[136]，以身、意、口業讚佛及衆生，不毀扵他人。由斯讚功德，今速成佛道，還令衆生恭敬尊重而讚嘆。"故《佛本行經》云："釋迦菩薩翹一足[137]，讚歎底沙佛故。"讚曰："天地此界多聞室，逝宮天處十方无。丈夫牛王大沙門，尋地山林遍无等。"

说此讚、讚彼佛已[138]，超弥勒九劫[139]，速得成佛。是知讚佛功德，豈可稱量？更有讚佛得益，具在諸经。今之四衆，若讚佛時，現世為人恭敬瞻仰[140]，命終之時，佛來迎接，定生極樂世界，身真金色，舌相廣長，詞辯縱橫，得无㝵智[141]。世界莊嚴，盡皆七寳。名聞廣大，普遍十方[142]。一切衆生，无不尊重讚歎。何以故？由今讚佛，得生佛家，速成佛故，因感果故。智者當知。

白諸衆等[143]：此後諸讚，隨此《弥陁》、《觀經》一期法事竟。就此諸讚之中，有文長者，行人臨時不得多誦；文少者即誦徹，文長者略之。大意如此。正作法事之時，不得盡誦經讚。《寳鳥》、《相好》兩讚，二經之後，各為初首已空[144]。《淨土樂讚》，誦《弥陁經》及諸讚了，即誦此讚。誦此讚竟，即誦《導和上礼讚》[145]，發願即散[146]。《六根讚》，誦《觀經》及諸讚了，即誦此讚。誦此讚竟[147]，即誦《琮法師礼讚》，發願即散。平誦亦得[148]。若中間諸讚，任意臨時取捨用之得耳。衆等已後，每誦一讚竟，即念佛三、五、十口[149]。應知。

觀經十六觀讚 依觀經各誦少多[150]　　釋淨邁

第一初觀日在西 阿弥陀佛，端身正坐去昏迷 阿弥陀佛 南无阿弥陀佛。

見時欲沒如懸皷 阿弥陀佛[151]，令心堅住莫高低 阿弥陀佛 南无阿弥陀佛[152]。

第二觀水本澄清 阿弥陀佛，想水為氷理易成 阿弥陀佛 南无阿弥陀佛[153]。

令氷暎作琉璃地 准前[154]，分明還見寳幢擎[155]。

第三寶地間黃金，六時花雨滿瓊林。
分輝變作空中樂[156]，簫管能清道者心。
第四寶樹七重行[157]，布業垂條異色光[158]。
花菓四時皆具足[159]，風來林下更飛香。
第五當觀七寶池，清冷八德不思議。
渠流悉是金沙水[160]，水上花開无盡時。
第六應觀眾寶樓，珠軒玉砌碧空秋[161]。
天樂奏時清夜響[162]，法音微妙勸懃修[163]。
第七專觀花座開[164]，檀金為葉玉為臺[165]。
寶幢上覆真珠網[166]，莊嚴只擬為如來[167]。
第八寶像色圓珠[168]，万法皆從心想生。
若見其身花上坐[169]，甚深三昧自然成。
第九弥陁法主身[170]，相好光明无等倫[171]。
念佛眾生皆攝取[172]，心常不捨有緣人。
第十觀音補處尊[173]，身同佛想妙難論[174]。
頂戴如來心敬重[175]，慈光恒住大悲門。
十一勢至大威雄[176]，輔翼長時振六通[177]。
世界動搖應度者[178]，光明常照行人中[179]。
十二觀身自往生，蓮花開合極分明[180]。
端坐湛然心不動，臨終當見佛來迎。
十三丈六紫金容[181]，真化由來不二縱[182]。
但使隨心觀了了，法身妙相自顒顒[183]。
十四生人行業高，上品三心種姓豪。
百法明門歡喜地[184]，金剛定力轉堅牢。
十五生居九品中[185]，淨戒熏心業始融[186]。
善友教令迴願往[187]，須臾不覺坐蓮宮[188]。
十六下生位最卑[189]，業障難消惠發遲[190]。
十念蓮胎雖住劫[191]，花開還得悟无為[192]。

阿弥陁經讚^{依阿弥陁經[193]}

釋淨邁[194]

釋迦調御大慈尊^{阿弥陁佛[195]}，救世先開淨土門^{阿弥陁佛 南无阿弥陁佛[196]}。

欲說莊嚴極樂國^{阿弥陁佛 南无阿弥陁佛[197]}，其時正在給孤園。

法輪將興多聽徒^{准前[198]}，無量諸天大衆俱[199]。

第一聲聞舍利子，上乘菩薩是文殊。

初告真宗當尒時，西方過此十俱胝[200]。

世界莊嚴名"極樂"，弥陁在彼不思議[201]。

其國衆生苦已除，清閑勝妙樂无餘[202]。

晝夜修行超八難，色相端嚴盡一如。

七重行樹七重欄，寶盖垂空寶網鞔[203]。

但是有緣皆得見[204]，慇懃學者用心觀。

人至乘花坐寶林[205]，天來奏樂曲幽深。

六度已能調六律，八正還將和八音。

寶池德水底砂新，蓮開光色似車輪。

菩薩端然花上坐，看時總是往生人[206]。

弥陁淨土法王家，願力莊嚴發道牙[207]。

碧玉樓中飛寶座，黃金地上雨天花[208]。

收得天花衣裓盛[209]，六通如意覺身輕[210]。

供養他方諸佛已[211]，還來本國飯經行。

衆鳥和鳴應六時[212]，清音演法妙難思。

五力五根幷七覺[213]，甚深八聖入无為[214]。

衆等同時聽法音，聞者皆生念佛心。

化鳥本非三惡趣，弥陁宣暢法流深。

微風吹動寶林清，響颺如天奏樂聲。

一一更无宣別法，處處唯聞念佛名。

弥陁壽量實无邊[215]，國中人衆亦同然[216]。

成道扵今經十劫，光照恒沙法界圓[217]。
菩薩聲聞衆甚多[218]，為求解脫見弥陁[219]。
笇數不能知限量[220]，餘方諸佛亦來過。
傳聞淨刹甚清真[221]，盡是阿鞞跋致人。
一生補處脩三昧，證得金剛最後身。
善根福少理難生[222]，七日專須念佛名。
若至臨終心不亂[223]，弥陁決定自相迎。
十号弥陁酬昔因，六方諸佛證成真[224]。
舌相廣長无妄語[225]，如來護念信心人。
世界无常難久留，唯須發願早勤求。
已生當生皆不退，豈限今脩与未脩。
諸仏同時讚釋迦[226]，能扵五濁救娑婆。
說此世間難信法，咸令覺悟念弥陁。
法藏敷陳義已圓，阿難從此演真詮[227]。
大衆俱欣皆頂戴，如來囑遣廣流傳[228]。

維摩讚^{依維摩經[229]}

佛國淨圡從心現^{難思議[230]}，種種莊嚴心裏生^{難思議 維摩詰[231]}。
足指按地三千界^{難思議}，虛空性海坐花臺^{難思議[232]}。
毗耶離城方丈室^{難思議[233]}，有一居士号維摩^{維摩詰}。
託病現身而有疾^{難思議}，國主王子悉來過^{難思議[234]}。
无量聲聞菩薩衆^{難思議}，欲遣問疾不堪任^{維摩詰[235]}。
唯有文殊入敢問^{難思議[236]}，居士所疾是何因？^{難思議}
答曰：病從癡愛起^{難思議}，我病非有亦非无^{維摩詰[237]}。
廣說身是无常法^{難思議}，蔭界諸入合成身^{難思議[238]}。
菩薩毛端容大海^{難思議}，芥子之內納須弥^{維摩詰}。
手擲世界他方外^{難思議}，室中天女悟无生^{難思議}。

三　錄文和校勘　33

涅槃讚[239]依《涅槃經》，亦大會時亡者處誦[240]

娑羅林[241]，雙林裏[242]，佛入般涅槃時^{淚落如雲[243]}。
佛母當時聞此語^{雙林裏[244]}，渾搥自撲落金床^{淚落如雲雨[245]}[246]。
七寶冠衣自撲碎^{雙林裏[247]}，七孔流血變成池^{淚落如雲雨}。
天女將水來灑面^{雙林裏}，佛母良久乃心蘇^{[248]淚落如雲雨[249]}。
將衆天女乘雲下^{雙林裏[250]}，真至娑羅雙樹間^{淚落如雲雨[251]}。
金棺銀槨殮已訖^{雙林裏}，僧衣錫杖樹間懸^{淚落如雲雨[252]}。
十大第子號咷哭^{雙林裏[253]}，狀似嬰孩憶母時^{淚落如雲雨[254]}。
佛母遶棺哀哀哭^{雙林裏[255]}，百鳥來者助心悲^{淚落如雲雨[256]}。
他道生離勝死別^{雙林裏[257]}，我道死別勝生離^{淚落如雲雨[258]}。
金棺銀槨忽然開^{雙林裏[259]}，却坐千業蓮花臺^{淚落如雲雨[260]}。
如來花中為母說^{雙林裏}，一切恩愛有別離^{淚落如雲雨}。
蹔別慈親一小劫^{雙林裏[261]}，願母努力莫悲哀^{淚落如雲雨[262]}。

般舟讚[263]依《般舟三昧經》，若大會時及亡者處誦[264]

釋慈愍和上[265]

般舟三昧樂^{願往生[266]}，專心念佛見彌陁^{无量樂[267]}。
普勸迴心生淨玊，迴心念佛即同生^{无量樂[268]}。
不遇往生善知識^{願往生[269]}，誰能相勸得迴歸^{无量樂[270]}？
憶受天堂蹔時樂^{願往生[271]}，福盡臨終現五衰^{无量樂[272]}。
憶受人中胎藏苦^{願往生[273]}，四蛇六賊競相催^{无量樂[274]}。
憶受修羅餓鬼道^{願往生[275]}，飢虛鬪諍苦難裁^{无量樂[276]}。
憶受畜生相食噉^{願往生}，刀光捨命復牽黎^{无量樂[277]}。
憶受地獄長時苦^{願往生[278]}，業風吹去不知迴^{无量樂}。
或上刀山攀劍樹^{願往生[279]}，皮膚骨肉變成灰^{无量樂[280]}。
或入鑊湯爐炭火^{願往生[281]}，騰波猛焰劇天雷^{无量樂}。
借問何緣受此苦^{願往生}？貪魚愛肉業相隨^{无量樂}。

鎔銅灌口黎耕舌^{願往生[282]}，飲酒妄語受其灾^{无量樂[283]}。
或臥鐵床抱銅柱^{願往生[284]}，總為邪婬顛倒來^{无量樂[285]}。
或墮阿鼻大地獄^{願往生[286]}，經劫長年眼不開^{无量樂}。
上火下火通交過^{願往生[287]}，刀輪鐵杵自飛來^{无量樂[288]}。
銅狗嚙心并噉血^{願往生[289]}，鐵烏啄眼復穿顋^{无量樂[290]}。
今日道場諸衆等^{願往生}，恒沙曠劫總經來^{无量樂}。
度此人身難值遇^{願往生[291]}，喻若優曇花始開^{无量樂[292]}。
正值稀聞淨土教^{願往生}，正值念佛法門開^{无量樂}。
正值弥陁弘誓喚^{願往生[293]}，正值大衆信心迴^{无量樂}。
正值今日依經讚^{願往生[294]}，正值結契上花臺^{无量樂[295]}。
正值道場无魔事^{願往生}，正值无病總能來^{无量樂[296]}。
正值一日七日功成就^{願往生[297]}，四十八願要相携^{无量樂[298]}。
借問家鄉何處是^{願往生[299]}？極樂池中七寶臺^{无量樂}。
彼佛因中立弘誓^{願往生}，聞名念我總迎來^{无量樂}。
不簡貧窮將富貴^{願往生[300]}，不簡下智与高才^{无量樂[301]}。
不簡无非淨土業^{願往生[302]}，不簡外道闡提人^{无量樂}。
不簡長時脩苦行^{願往生[303]}，不簡今日始生心^{无量樂}。
不簡多聞持淨戒^{願往生[304]}，不簡破戒罪根深^{无量樂}。
但使迴心多念佛^{願往生}，能令瓦礫變成金^{无量樂}。
寄語現前諸大衆^{願往生}，同緣去者早相尋^{无量樂}。
借問相尋何處去^{願往生}，報道弥陁淨土中^{无量樂[305]}。
借問何緣得生彼^{願往生}，報道念佛自成功^{无量樂}。
借問今生多罪障^{願往生}，如何淨土肯相容^{无量樂[306]}。
報道稱名罪消滅^{願往生}，喻若明燈入闇中^{无量樂[307]}。
借問凡夫得生不^{願往生[308]}，如何一念闇中明^{无量樂[309]}。
報道除疑專念佛^{願往生[310]}，臨終寶座定來迎^{无量樂[311]}。

道場讚[312]

大衆人人皆合掌^{道場樂}，碎身慚謝釋迦恩^{道場樂[313]}。

能得慈悲巧方便^{道場樂[314]}，指授西方快樂門^{道場樂[315]}。
道場欲散人將別^{道場樂}，努力相勸斷貪瞋^{道場樂}。
貪瞋因緣障淨土^{道場樂}，不得解脫永沉淪^{道場樂[316]}。
同行相親相策勵^{道場樂[317]}，畢命為期到佛前^{道場樂[318]}。
願此法輪相續轉^{道場樂}，道場衆等益長年^{道場樂}。
我等咸同受快樂^{道場樂[319]}，見聞隨喜亦皆然^{道場樂}。
衆等迴心生淨土^{道場樂}，手執香花往西方^{道場樂[320]}。

无量壽佛讚^{依《无量壽經》，通一切處誦得[321]}

巍巍阿弥陁[322]，顏容紫金英[323]。身相三十二，爪足下安平。
姿好八十種，光曜常照明。梵音超三千，妙響哀鸞聲。
巍巍阿弥陁，國土甚清明。悉純黃金色，无四惡女名。
池水流相注，寶樹五音聲。歌歎无常苦[324]，聞皆得无生[325]。
巍巍阿弥陁，衆善王中英[326]。國土妙安樂，无不願往生。
佛與菩薩衆，飜飛俱往迎。忽然七寶池，蓮花中長成[327]。
巍巍阿弥陁，威德妙无侶。軀體真金色[328]，光耀十方土[329]。
其聞得覩遇，永拔生死苦。我今稽首礼[330]，无上衆生父[331]。

誦此讚竟，即念"觀世音菩薩"一二十聲，便誦後《觀音勢至讚》。

觀世音讚^{依《觀世音經》，通一切處誦得[332]}

衆生被困厄[333]，无量苦逼身。觀音妙智力，能救世間苦。
乃至諍訟經官處[334]，怖畏軍陣中。念彼觀音力，衆怨悉退散。
妙音觀世音，梵音海潮音。勝彼世間音，是故須常念。
念念勿生疑，觀世音淨聖。於苦惱死厄[335]，能為作依怙[336]。
具一切功德，慈眼視衆生。福聚海无量，是故應頂礼[337]。

誦此讚了，即念"大勢至"一二十聲，即誦[338]。

大勢至菩薩讚 上念了即誦，依《无量壽觀經》[339]

大勢至菩薩，神通自在[340]，與觀音等无差。觀音勢至二大士，常侍弥陁佛左右。觀音頂戴弥陁佛，勢至冠中有寶瓶。瓶內光明甚无量，常放照曜苦衆生。慈悲喜捨常接物[341]，諸有所作不唐捐。故我遥頂礼[342]。

出家樂讚 依《出家功德經》，通一切處誦[343]

出家樂，出家樂，无始起，樂諸著[344]。

今生值善割親緣[345]，頓捨塵情斷衆惡[346]，斷衆惡[347]。

發身心，依聖學，除扵結使下金刀[348]，落髮披衣殞寶藥[349]，殞寶藥[350]。

懷法喜[351]，加踊躍，誰其長夜睡重昏[352]？此日清身忻大覺，忻大覺。

出家樂、出家樂[353]，一切事，不相忏[354]。

年登廿逢和上[355]，敬受尸羅遇淨壇[356]，遇淨壇[357]。

修定慧，證非難，悟若琉璃明內外[358]，妙喻蓮花恣物看[359]，恣物看[360]。

稱釋子，法門寬[361]，出入往來元礙道，解脫逍遥證涅槃[362]，證涅槃[363]。

歸去來，寶門開，正見弥陁昇寶座[364]，菩薩散花稱善哉[365]，稱"善哉"[366]。

寶林看，百花香[367]，水鳥樹林念五會，哀怨慈聲讚法王[368]、讚法王[369]。

共命鳥，對鴛鴦[370]，鸚鵡頻伽說妙法，恒歎衆生住苦方，住苦方[371]。

歸去來，離娑婆，常在如來聽妙法，指授西方是釋迦[372]，是釋迦[373]。

三　錄文和校勘　37

歸去來，見弥陁，今在西方現說法，拔脫衆生出愛河[374]，出愛河[375]。

歸去來，上金臺，勢至觀音來引路，百法明門應自開，應自開[376]。

淨土樂讚 依《稱讚淨土經》，亦通一起處誦[377]

淨土樂[378]，淨土樂[379]，淨土不思議，淨土樂！

弥陁住在寶城樓，淨土樂。傾心念念向西方[380]，淨土樂。

到彼三明八解脫，淨土樂。長辞五濁更何憂[381]，淨土樂。

淨土樂[382]，淨土樂[383]，淨土不思議，淨土樂！

寶樓寶閣寶金擎，淨土樂。池水金沙暎底清[384]，淨土樂。

法曲時時常供養[385]，淨土樂。蓮花會裏說无生[386]，淨土樂。

淨土樂[387]，淨土樂[388]，淨土不思議，淨土樂！

寶臺寶閣寶真珠[389]，淨土樂。寶體端嚴金色軀[390]，淨土樂。

菩薩化生奏玉調[391]，淨土樂。微風五會演真如，淨土樂。

淨土樂[392]，淨土樂[393]，淨土不思議，淨土樂！

渌水波瀾遶寶臺[394]，淨土樂。寶殿光輝玉戶開[395]，淨土樂。

慈主遠聞三界子，淨土樂。總須發願往生來[396]，淨土樂。

淨土樂[397]，淨土樂[398]，西方淨土甚快樂，淨土樂！（此後漸急誦[399]）

弥陁身量廣无涯，淨土樂。面似檀金優钵花[400]，淨土樂。

目若青蓮四大海[401]，淨土樂。圓光化佛喻恒沙[402]，淨土樂。

淨土樂[403]，淨土樂[404]，西方淨土甚快樂，淨土樂！

弥陁本願大慈悲[405]，淨土樂。此地愚人不覺知，淨土樂。

九品蓮開相引接[406]，淨土樂。慮恐衆生出世遲[407]，淨土樂。

淨土樂[408]，淨土樂[409]，西方淨土甚快樂，淨土樂！

弥陁春樹覺花開，淨土樂。功德池中坐寶臺[410]，淨土樂。

三昧亭前求解脫[411]，淨土樂。摩尼殿上礼如來[412]，淨土樂。

淨土樂[413]，淨土樂[414]，西方淨土甚快樂，淨土樂！
西方異鳥數无窮[415]，淨土樂。白鶴孔雀及迦陵[416]，淨土樂。
鸚鵡頻伽說妙法，淨土樂。聲中演出大乘宗，淨土樂。
淨土樂[417]，淨土樂[418]，西方淨土甚快樂，淨土樂！
如來尊号甚分明，淨土樂。十方世界普流行，淨土樂。
但有稱名皆得往，淨土樂。觀音勢至自來迎，淨土樂。
淨土樂[419]，淨土樂[420]，西方淨土甚快樂，淨土樂！
弥陁徒衆普慈心[421]，淨土樂。怜愍衆生至意深[422]，淨土樂。
水鳥樹林說妙法，淨土樂。何況如來微妙音，淨土樂。
淨土樂[423]，淨土樂[424]，西方淨土甚快樂，淨土樂！
如來本願特超殊，淨土樂。慈悲方便引凡愚，淨土樂。
不問衆生皆度脫，淨土樂。稱名即得罪消除，淨土樂。
淨土樂[425]，淨土樂[426]，西方淨土甚快樂，淨土樂！
弥陁端坐寶金樓，淨土樂。恒沙菩［薩］四邊遊[427]，淨土樂。
九類蒙光說妙法，淨土樂。聞者悟解永无憂，淨土樂。
淨土樂[428]，淨土樂[429]，西方淨土甚快樂，淨土樂！
西方淨土離聊塵[430]，淨土樂。衆生到即斷貪嗔，淨土樂。
總是善人菩薩衆，淨土樂。亦无惡趣及怨親，淨土樂。
淨土樂[431]，淨土樂[432]，西方淨土甚快樂，淨土樂！
花幢八面掛金鈴[433]，淨土樂。上下和音出妙聲，淨土樂。
聞者皆言稱快樂，淨土樂。長劫不聞諸苦名，淨土樂。
淨土樂[434]，淨土樂，西方淨土甚快樂，淨土樂！
凡夫若得到西方，淨土樂。曠劫恒沙罪滅亡，淨土樂。
具六神通得自在，淨土樂。永除老病離无常，淨土樂。
淨土樂[435]，淨土樂，西方淨土甚快樂，淨土樂！
西方淨土離胞胎，淨土樂。衆生到即出蓮臺，淨土樂。
上品尋光昇寶座[436]，淨土樂。下生障盡始花開，淨土樂。
淨土樂[437]，淨土樂[438]，西方淨土甚快樂，淨土樂！

西方淨土七重欄，淨土樂。七寶莊嚴數百般，淨土樂。
琉璃作地黃金色[439]，淨土樂。諸臺樓閣与天連[440]，淨土樂。
淨土樂[441]，淨土樂[442]，西方淨土甚快樂，淨土樂！
西方淨土十方希，淨土樂。努力專求莫致疑[443]，淨土樂。
上品即證无生忍[444]，淨土樂。下生障盡出泥黎[445]，淨土樂。
淨土樂[446]，淨土樂[447]，西方淨土甚快樂，淨土樂！
西方淨土更无過，淨土樂[448]。閻浮極苦罪人多，淨土樂。
欲得今生出三界，淨土樂。惟須至意念弥陁，淨土樂[449]。
淨土樂[450]，淨土樂[451]，西方淨土甚快樂，淨土樂！

請觀世音菩薩讚 依《瑜伽論》[452]

迦摩那目佉，迦摩那母者娜中也[453]，迦摩者那，迦摩那阿[454]，悉多[455]，迦摩那佉，牟平祢引[456]，迦摩那，迦摩那上聲引[457]，娑摩囉上引[458]，娑喝囉[459]，摩那纥差二合[460]，娜那上[461]，南无悉底[462]，即念"觀世音菩薩"依《大般若經》，通一切處誦[463]。

六根讚 依《大般若經》，通一切處誦[464]。

我淨樂，我淨樂[465]，照見心空了世間[466]，我淨樂[467]。
觀見眼根常清淨[468]，我淨樂。色界元來本是空[469]，我淨樂。
色性本來无障㝵[470]，我淨樂。无來无去是真宗[471]，我淨樂。
觀見耳根常清淨[472]，我淨樂。聲界元來本是空[473]，我淨樂。
聲性本來无障㝵[474]，我淨樂。无來无去是真宗，我淨樂。
觀見鼻根常清淨[475]，我淨樂。香界元來本是空[476]，我淨樂。
香性本來无障㝵[477]，我淨樂。无來无去是真宗，我淨樂。
觀見舌根常清淨，我淨樂。味界元來本是空[478]，我淨樂。
味性本來无障㝵[479]，我淨樂。无來无去是真宗，我淨樂。
觀見身根常清淨，我淨樂。色界元來本是空[480]，我淨樂。
色性本來无障㝵[481]，我淨樂。无來无去是真宗，我淨樂。

觀見意根常清淨，我淨樂。法界元來本是空[482]，我淨樂。

法性本來无障导[483]，我淨樂。无來无去是真宗，我淨樂（此後漸急誦）。

妄想眼根緣色轉[484]，努力。妄聽耳界被聲牽[485]，難識。

妄嗅舌香常染味[486]，努力。妄識身觸意塵遷[487]，難識。

難識[488]！努力！急急斷狐疑修福[489]！

妄想騰波常沒溺[490]，努力。煩惱猛燄鎮燒然[491]，難識。

上去慈尊迢遞遠[492]，努力。西望弥陁道路懸[493]，難識。

難識！努力！急急斷狐疑修福[494]！

唯有文殊大菩薩[495]，努力。現今此地五臺山，難識。

愍念衆生沈苦海，努力。永劫波中駕法船[496]，難識。

難識！努力！急急斷狐疑修福[497]！

弥陁淨圡甚榮華[498]，努力。寶池花開數雜花[499]，難識。

欲得西方長壽樂[500]，努力。併俗歸真早出家[501]，難識。

難識[502]！努力！急急斷狐疑修福！

出家何以故遲遲[503]，努力。辞奉耶孃悲復啼[504]，難識。

咽苦吐甘恩愛重[505]，努力。如今不忍苦分離[506]，難識。

難識[507]！努力！急急斷狐疑修福[508]！

入道速分離[509]，努力。純莫守愚迷[510]，難識。

出家即是報恩愛[511]，努力。兒能為救拔泥犁，難識。

難識！努力！急急斷狐疑修福[512]！

耶孃莫悲啼，努力。兒今入道奉尊師，難識。

坐禪誦經常念佛，努力。會當證果得菩提，難識。

難識！努力！急急斷狐疑修福[513]！

慈父門前喚[514]，努力。三車与子期[515]，難識。

速來歸本國[516]，努力。正值法門開，難識。

難識！努力！急急斷狐疑修福[517]！

八德池中戲[518]，努力。逍遥七寶臺[519]，難識。

千秋聽妙法，努力。万劫不聞哀[520]，難識。

難識！努力！急急断狐疑修福[521]！

諸佛在心頭，努力。迷人向外求，難識。

內懷无價寶[522]，努力。不識一生休，難識。

難識[523]！努力！急急断狐疑修福[524]！

煩惱繩索牢[525]，努力。利磨智慧刀[526]，難識。

割斷愚癡網[527]，努力。逍遥上法橋[528]，難識。

難識[529]！努力！急急断狐疑修福[530]！

出家剛［□□］[531]，努力。苦樂自須當[532]，難識。

觀身如泡影[533]，努力。念念趣无常[534]，難識。

難識[535]！努力！急急断狐疑修福[536]！

地獄門前有何物[537]，努力。牛頭獄卒在傍邊[538]，難識。

手把鐵叉叉入鑊[539]，努力。縱得人身受苦殃[540]，難識。

難識[541]！努力！急急断狐疑修福[542]！

［□□□□］歸去來[543]，努力！閻浮濁惡不堪停，難識。

欲得安身長受樂，努力。无過淨土寂為精[544]，難識。

難識！努力！急急断狐疑修福[545]！（衆等誦《觀經》諸讚、念佛竟，即誦此琮法師、導和上《淨土礼讚》；誦《礼讚》竟，即誦後發願文，便散。）

一切恭敬。至心歸命，礼西方阿弥陁佛[546]。法藏因弥遠，極樂果還深。異琮參作地[547]，衆寶間為林。花開希有色，波揚實相音。何當蒙授手，一遂往生心？願共諸衆生，往生安樂國。

至心歸命，礼西方阿弥陁佛。濁世難還入，淨土願逾深[548]。金繩直界道，陈網縵垂林[549]。見色皆真色，聞者悉法音。莫謂西方遠，唯須十念心。願共諸衆生，往生安樂國。

至心歸命，礼西方阿弥陁佛。也聞嚴淨國，乘起至誠因。觀日心初定，想水念逾真。林宣上品法，蓮合下生人。既言同志友[550]，從余洗客塵[551]。願共諸衆生，往生安樂國。

至心歸命，礼西方阿弥陁佛。放光周遠刹[552]，分化滿遥空[553]。花臺三品異，人天一類同。尋樹流香水，吹樂起清風。在兹心若淨，誰見有西東？願共諸衆生，往生安樂國。

至心歸命，礼西方阿弥陁佛。迴向漸為功，西方路稍通。寶幢承厚地[554]，天香入遠風。開花重布水，覆網細分空。願生何意切，正為樂无窮。願共諸衆生，往生安樂國。

至心歸命，礼西方阿弥陁佛。十劫道先成，嚴界引群萌[555]。金沙徹水照，玉葉滿枝明。鳥本珠中出，人唯花上生。敢請西方聖，早晚定相迎。愿共諸衆生，往生安樂國。

至心歸命，礼西方阿弥陁佛。淨刹本來儔，无數化城樓。四面垂鈴匝，六返散花周。樹含香氣動[556]，水帶法聲流。未曾聞苦事，誰復辨春秋。愿共諸衆生，往生安樂國。

至心歸命，礼西方阿弥陁佛。欲選當生處，西方最可歸。間樹開重閣，滿道布鮮衣。香飯隨心至，寶殿逐身飛。有緣皆得往，只自去人稀。願共諸衆生，往生安樂國。

至心歸命，礼西方阿弥陁佛。十方諸佛國，盡是法王家。偏求有緣地[557]，冀得早无邪[558]。八功如意水，七寶自然花。扵彼心能繫[559]，當必往非賖[560]。願共諸衆生，往生安樂國。

至心歸命，礼西方阿弥陁佛。淨國无衰變，一立古今然。光臺千寶合，音樂八風宣。池多說法鳥，空滿散花天。得生不畏退[561]，隨意晚開蓮[562]。願共諸衆生，往生安樂國。

至心歸命，礼西方阿弥陁佛。已成窮聖理，真有遍空威。在西時現小，俱是蹔隨機[563]。葉珠相暎飾[564]，沙水共澄暉。欲得无生早[565]，彼土必須依。願共諸衆生，往生安樂國。

至心歸命，礼西方阿弥陁佛。道場一樹逈[566]，德水八池深。往往分渠溜[567]，處處列行林。真珠變鳥色，妙法滿風音。自怜非上品，空羨發誠心。願共諸衆生，往生安樂國。

至心歸命，礼西方阿弥陁佛。五台毫獨朗，四海目恒分。地水俱為鏡，香花同作雲。業深誠易往，因淺實難聞。必望除疑惑，超然獨不群。願共諸衆生，往生安樂［國］[568]。

至心歸命，礼西方阿弥陁佛。千輪明足下，五道現光中。悲引恒无絕[569]，人歸亦未窮。口宣猶在定，心靜更飛通。聞名皆願往，日發幾花蘂[570]。願共諸衆生，往生安樂國。

至心歸命，礼西方阿弥陁佛。慧力超无上，身光倄有緣[571]。動摇諸寶國[572]，侍坐一金蓮[573]。鳥群非實鳥，天類豈真天。須知求妙藥，會是戒香全。願共諸衆生，往生安樂國。

至心歸命，礼西方阿弥陁佛。心帶真慈滿，光含法界圓。无緣能攝物，有想定非難。花隨本心變，宮移身自安。希聞出世境，須共入禪觀[574]。願共諸衆生，往生安樂國。

至心歸命，礼西方阿弥陁佛。遠壽如來量，遥音大士觀[575]。遍土花分暎[576]，烈數盖重懸[577]。聞香皆是食，見食本為禪。生則无餘想，誰云非自然？願共諸衆生，往生安樂國。

至心歸命，礼西方阿弥陁佛。恒明四海色，高貯一瓶光。真陳和日月[578]，暎地乃千光[579]。聞聲開舊習，寶樹鏡他方。弦歌空裏唱[580]，風樹合宮商。願共諸衆生，往生安樂國。

至心歸命，礼西方阿弥陁佛。光舒救毗舍[581]，空立引韋提。天來香盖捧[582]，人去寶衣赍。六時聞鳥合，四寸踐花低。相看无不正，豈復有長迷。願共諸衆生，往生安樂國。

至心歸命，礼西方阿弥陁佛。势至威光遠[583]，觀音悲意濃。大小今相類，左右共成雙。花飛日日雨，珠懸處處憧[584]。自嗟深有障，所念未餘從。願共諸衆生，往生安樂國。

至心歸命，礼西方阿弥陁佛。印手從來實[585]，分身隨類同。心至慈光及，人感寶池充[586]。見樹成三忍，聞波得五通。若解真嚴淨，應觀土亦空。願共諸衆生，往生安樂國。

至心歸命，礼西方阿弥陁佛。欲與三昧道，正觀一經開。心中緣像入，掌裏見花來。天樂非同彼，法服不須裁。勿言恒彼住，有力定當迴。願共諸衆生，往生安樂國。

　　至心歸命，礼西方阿弥陁佛。普勸弘三福，咸令滅五燒[587]。發心功已至，繫念罪便消。鳥化珠光轉，風妙樂聲調。俱忻行道易，寧愁聖果遥[588]？願共諸衆生，往生安樂國。

　　至心歸命，礼西方阿弥陁佛。坐花非一像[589]，聖衆亦難量。蓮花人獨處，波生法自揚。无灾由處靜，不退為用良。問彼前生輩[590]，來斯幾劫強？願共諸衆生，往生安樂國。

　　至心歸命，礼西方阿弥陁佛。聖取明門人[591]，天衣業地居。自覺乘通異，即驗受身虛。枝陰萬里火[592]，光躰一尋餘[593]。但能超火界，足得在金渠。願共諸衆生，往生安樂國。

　　至心歸命，礼西方阿弥陁佛。樹非生死葉，池无愛見波。舊會聲聞少，新來正士多。蓮中胎化雜，音內苦空和。五門能早建，三界豈難過？願共諸衆生，往生安樂國。

　　至心歸命，礼西方阿弥陁佛。珠色仍為水，金光即是臺。到時花自散，隨願葉還開。遊池更出沒，飛空平往來。真心能向彼，有善併須迴。願共諸衆生，往生安樂國。

　　至心歸命，礼西方阿弥陁佛。六根常合道，三塗永絕名。念須遊方遍，還時得忍成。地平无極廣，風長是處清。寄語有心輩，共出一危城。願共諸衆生，往生安樂國。

　　至心歸命，礼西方阿弥陁佛。洗心甘露水，悅目妙花雲[594]。同生機易識，等壽量難分。樂多无癡道，聲遠不妨聞。如何貪五欲，安然火自焚？願共諸衆生，往生安樂國。

　　至心歸命，礼西方阿弥陁佛。臺裏天人現，光中侍者看。懸空四寶閣，臨迊七重欄。疑多邊地久，德少上生難。且莫論餘願，西望已心安[595]。願共諸衆生，往生安樂國。

　　至心歸命，礼西方阿弥陁佛。天親迴向日，龍樹往生年。樂次无為後，心超有漏前。共沼花開雜[596]，隔殿細音連。欲敘莊嚴事，妙絕不能宣。愿共諸衆生，往生安樂國。

至心歸命，礼西方阿弥陁佛。一圡安恒勝，萬德壽偏存。聊興四句善，即歎十方尊。微沾慧海滴，願向智城門。迴與蒼生共，先使出重惛。愿共諸衆生，往生安樂國。

歸西方讚[597]

至心歸命，礼西方阿弥陁佛。歸去來[598]，娑婆不可停。輪迴无定止[599]，長劫鐵犁耕[600]。苦苦何能忍[601]，三塗路上行。不如專念佛，極樂悟无生[602]。愿共諸衆生，往生安樂國。

西方禮讚文

善導和上[603]

一切恭敬，至心歸念[604]，礼西方阿弥陁佛。欲知何處苦偏多，惟有泥犁更莫過。罪人一人逕塵劫[605]，受苦從頭无奈何[606]。渴飲融銅登劍樹，飢飡猛火渡灰河[607]。願離此苦生安樂，求生淨圡見弥陁[608]。願共諸衆生，往生安樂國。

至心歸命，礼西方阿弥陁佛。普共道場敬三寶，地獄寒心不忍聞。一墮此苦恒沙劫，不知年歲永沉淪[609]。遍身猛火鑽心出，五百銅狗競來分。灰河一日千迴度，猶被拔舌絞刀輪。衆生如何不念佛，故故將身入苦門？願共諸衆生，往生安樂國。

至心歸命，礼西方阿弥陁佛。思惟餓鬼實堪怜，遍躰由來猛燄燃[610]。兩耳不聞"漿水"字，一身唯有骨相連。值食將飡便作火，臨河欲飲見枯泉。願離此苦生安樂，長處西方坐寶蓮[611]。願共諸衆生，往生安樂國。

至心歸命，礼西方阿弥陁佛。迷塗一配畜生身，遙歷多年受苦辛[612]。嚴冬露地居寒雪，盛夏當街臥闇塵[613]。衣裳盡用皮毛覆，飲食唯將水草珎[614]。願離此苦生安樂，長處西方坐寶蓮[615]。願共諸衆生，往生安樂國。

至心歸命，礼西方阿弥陁佛。人身雖復甚難求，得已還生万種憂[616]。始見紅顏花欲茂[617]，俄然白髮颯成秋[618]。魂飛魄散身歸塚[619]，命盡形消肉糞坵[620]。如何不樂生安樂，永座金臺佛國遊？願共諸衆生，往生安樂國。

至心歸命，礼西方阿弥陁佛。五濁衆生難共語，十惡凡夫異種癡。貪愛眼前財色利，不覺此身霜露危[621]。无常煞鬼臨頭上[622]，忽被他將誰得知？不肯今時專念佛，臨終翻悔欲何為。願共諸衆生，往生安樂國。

至心歸命，礼西方阿弥陁佛。大衆欲作西方業，有罪无罪自應知。聞身康強不修福，臨渴掘井水難期。舊日少年兇猛盛，如今白髮乱如絲[623]。眼見死時歸大地，不修十善待何時？願共諸衆生，往生安樂國。

至心歸命，礼西方阿弥陁佛。觀彼弥陁極樂界，廣大寬平衆寶成。四十八願莊嚴起，超諸佛刹寂為精[624]。本國他方大海衆，窮劫笇數不知名[625]。普勸歸西同彼會，恒沙三昧自然成。願共諸衆生，往生安樂國。

至心歸命，礼西方阿弥陁佛。釋迦慈心遍法界，蠢動含識普皆怜[626]。意欲化令俱解脫，衆生罪業共无緣。所以總教歸淨圡，弥陁宿昔有深因[627]。非但娑婆人獨往，他方去者亦无邊。願共諸衆生，往生安樂國。

至心歸命，礼西方阿弥陁佛。上輩上行上根人，求生淨圡斷貪瞋[628]。就行差別分三品，五門相續助三因。一日七日專精進，畢命乘臺出六塵。慶哉難逢今得遇[629]，永證无為法性身。願共諸衆生，往生安樂國。

至心歸命，礼西方阿弥陁佛。中輩中行中根人，一日齋戒處金蓮。孝養父母教迴向，為說西方快樂因[630]。佛與聲聞衆來取，直到弥陁花座邊。百寶花籠經七日，三品蓮開證小真。願共諸衆生，往生安樂國。

至心歸命，礼西方阿弥陁佛。下輩下行下根人，十惡五逆等貪嗔。四重偷僧謗正法，未曾慚愧悔前愆[631]。終時苦相皆雲集，地獄猛火罪人前。忽遇往生善知識[632]，急勸專稱彼佛名[633]。願共諸眾生，往生安樂國。

至心歸命，礼西方阿弥陁佛。弥陁攝化无猒足，悲心常遍世間行。但有傾誠能念佛，毫光直照目前明。十方世界微塵眾，同時命盡願皆生。訃彼眾生心樂欲[634]，分身遍布一時迎。願共諸眾生，往生安樂國。

至心歸命，礼西方阿弥陁佛。菩薩道成皆為物，眾生未熟道成難。為待化緣兜率往[635]，時時向下諦心觀。人年八万方成道[636]，三會逢緣證涅槃。且共迴心生淨土，臨時隨意往來看。願共諸眾生，往生安樂國。

至心歸命，礼西方阿弥陁佛。觀彼弥陁与眷属[637]，久扵曩劫植洪因[638]。凡聖等皆同相好，人天一種紫金身。寶樹寶樓飛寶閣，寶池寶地寶成蓮。地及虛空賢聖滿，花中總是化生人。願共諸眾生，往生安樂國。

至心歸命，礼西方阿弥陁佛。西方淨土甚精華，寶池寶岸寶金沙。天樂音聲常遍滿，寶渠寶葉寶蓮花。十二由旬皆正等，寶羅寶網寶欄遮。德水分流尋寶樹，聞波覩樂證恬葩[639]。寄語有緣同行者，努力翻迷還本家。願共諸眾生，往生安樂國。

至心歸命，礼西方阿弥陁佛。十方三世聲聞眾，窮劫筭數不能知[640]。諸佛如來方便化，咸令至果斷貪癡[641]。指示西方安樂國，聞名皆恨往生遲[642]。解脫之人猶願樂，凡夫不去欲何為？願共諸眾生，往生安樂國。

至心歸命，礼西方阿弥陁佛。樂何諦樂事，難思議[643]。无遍菩薩為同學，性海如來盡是師。渴聞般若絕思漿，念服无生即斷飢。一切莊嚴皆說法，无心領納自然知。七覺花池隨意入，八輩凝神會一枝。弥陁心水沐身頂，觀音勢至與衣披。欻尔騰空遊法界[644]，須臾受記号无為[645]。如此逍遙快樂處[646]，人今不去待何時。願共諸衆生，往生安樂國。

歸西方贊[647]

至心歸命，礼西方阿弥陁佛。歸去來，誰能惡到受輪迴，曠劫已來流浪久[648]，今日相將歸去來。借問家鄉何處是，極樂池中七寶臺。願共諸衆生，往生安樂國。

第九，化生利物門 [649] 此門但明生淨土當來證聖果已 [650]、化生利物意，不應誦今之法事。禮讚竟，旦須誦後第十門中《天台迴向發願文》[650]。應知。

前之八門是因，此第九門是果。猶前脩因[651]，必招其果。為脩因時[652]，不惜身命，勇猛精進，念佛誦經，稱讚大乘，願生淨土，臨終一念，彼佛來迎，刹那之間，往生彼國。到彼國已，具六神通，即悟无生，而神遊自在，隨根廣運，化導群情，皆令疾證菩提，咸歸解脫者耳。即是化生門竟[653]。

第十，迴向發願門

行人既此世界，當來脩行[654]，作佛事竟，所有一念善根，不唯自利，皆等法界，願共有之，迴向菩提正真覺道。先標此意[655]，念誦礼讚了，即誦《天台迴向》。發願云："向來念誦无量勝因，散霑法界，同得上品，往生阿弥陁佛國。到彼國已，獲六神通[656]，遊歷十方，奉事諸佛，常聞无上大乘正法，脩行普賢无量行願福慧資粮[657]，疾得圓滿，速成无上正等菩提。法界怨親，同斯願海。"至心發願已，歸命頂礼西方阿弥陁佛。即唱：隨意。便散。

上來十段不同[658]，總明一期淨土五會念佛經讚法事觀行儀竟。幸諸道者，見而詳之，發菩提心，深厭生死。當觀无常，念念不住[659]，速起速滅，甚可怖畏。故《淨名》曰："諸人者！是身无常、无强、无力、无堅、速朽之法[660]。是身如聚沫，不可撮磨[661]。是身如泡，不得久立。是身如浮雲，須臾變滅。是身如電，念念不住[662]。是身如草木瓦礫。是身不淨，穢惡充滿。是身為虛偽[663]，雖假以澡浴衣食，畢歸磨滅。是身為灾，百一病惱。是身如丘井，為老所逼。是身无定，為要當死。"《无常經》云："生者皆歸死，容顔盡變衰，強力病所侵[664]，无能免斯者。假使妙高山，劫盡皆散壞[665]。大海深无底，亦復皆枯竭，大地及日月，時至皆歸盡，未曾有一事[666]，不被无常吞[667]。"諸人者！是身既有如是衆多不善无利，何有智者豈不厭焉？唯有依此淨土，念佛教門，即能永離輪迴，長辞五濁[668]。幸有緣者努力依行，畢命為期，同生淨國。

普勸現在、未來諸衆等，上都南岳念誦者音旨雖有稍殊，而根本體同，不離念佛皆歸淨土、同見弥陁，更无別耳。但隨根逐時化物，以多方便而接引之，非向聲中有別異意。但據經文，作觀念佛，或定或散，或高聲兼嘿念[669]，但隨衆生心。稱念佛名者，盡得生淨土，成佛皆歸一，一亦不可得，无得无不得。是名"中道觀"。譬如一樹有多枝葉，形狀雖殊，不離一根而出。故《華嚴經》："衆生形相各不同，行業音聲亦无量，如是一切皆能現，海印三昧威神力。"故演微妙淨法音，供養一切諸如來。既音聲无量，何妨五會念佛誦經種種音聲[670]？皆為令諸衆生同生淨土，同得成佛，更有何別？衆等必須如是圓見脩覺[671]，慎勿互生毀謗[672]，見有是非。若各互見是非，即當自滅佛法，命終必墮阿鼻[673]，何由得生淨土？一切念佛之人，相見須如父母、兄第[674]、姊妹至親无別[675]，深生歡喜，各慶不久即當成佛，勿懷彼此之心。何以故？導和尚云："親中之親，无過念佛之人。"和尚讃云："同行相親相策勵，畢命為期到佛前。"若作是心，千即千生，万即万生[676]，盡此一形，何慮不超三界？願熟思之，慎而誡之，勿見互生毀謗耳。

法照自惟垢障深重，多劫沉淪[677]，有少微因，遇斯淨教，悲喜交集，慶躍于懷，信自己身[678]，與念佛衆，盡此殘生[679]，定超苦海。捨㝛後凡身[680]，得无上聖智。生死永断，更有何憂？普勸未來一切四衆，但依此行，盡此一形，若不生彼國、疾成佛者，法照即願：舌根墮落，遍體生瘡，代為諸子，長處阿鼻，受苦无窮。誓將此身以為念佛保證[681]。今得斯法，欲報佛恩，遂輒搜約諸經[682]，述斯法事，稱讚念佛淨土教門，普願速出愛河，俱登不退者矣。

深勸諸行人等，若寫此法事儀之時[683]，皆須護淨好紙真書，依經抄寫，如法裝潢。不得麁紙草書，此並是滅佛法之相，障生淨土，永劫沈淪，切須誠慎。何以故？此中有《弥陁觀經》，不應輕慢[684]。應知此患，願勿為之，即福利无邊，皆霑上品矣。

智者當知，此五會念佛誦經法事觀門，實非自意，比常秘密而不述之[685]。今恐後世生疑，墮扵惡道[686]。聖教明說，除同行深信，為利益故。如是之人，乃可為說。為愍此故，今略明之："照以永泰二年四月十五日[687]，扵南岳弥陁臺[688]，廣發弘願，唯為菩提，為諸衆生，更无所求。盡此一形，每夏九旬，常入般舟念佛道場。其夏以為初首。既發願竟，即入道場，勇猛虔誠[689]。

至第二七日夜，獨在此臺東北道場內，其夜三更，自作念言：'只今現有十方諸佛淨妙國土，諸菩薩衆常聞无上甚深妙法，具大神通度[690]，无量衆。而我不預斯事，莫不由我惡業罪障深重，不入聖流，不能廣度无邊衆生。'甚自傷嘆。作是念時，不覺悲淚，哀聲念佛。正念佛時，有一境界，忽不見道場屋舍，唯見五色光明雲臺，弥滿法界。忽見一道金橋，從自面前，徹至西方極樂世界。須臾即至阿弥陁佛所，頭面作礼。阿弥陁佛所，頭面作礼[691]。阿弥陁佛歡喜微唉[692]，告法照言：'我知汝心，實欲至為利樂有情，无一自利。善哉善哉！能發斯願。我有妙法，无價珎寶[693]，今付囑汝[694]。今將此法寶，扵閻浮提[695]，廣行流布，普利天人。无量衆生，遇斯法寶，皆得解脫。'法照白佛言：'有何妙法？唯願說之，唯願說之。'佛言：'有一无價梵音五會念佛法門，正與彼濁惡世。今時末法一切衆生，機感相應，聞汝蹔念[696]，皆悉發心。如是《无量壽經》說寶樹五音聲，即斯五會佛聲是。以是因緣，便能稱念佛名，報盡定生我國。汝等未來一切貧苦眾生，遇斯五會念佛无價寶珠，貧苦皆除。亦如病得藥，如渴得漿，如飢得食，如裸得衣[697]，如闇遇明，如過海得船，如遇寶藏必獲安樂。何以故？彼諸眾生，遇斯法寶，便能念佛，即此一生，定超苦海，登不退轉，速具六波羅蜜、一切種智，疾得成佛，受勝快樂，亦復如是。'言訖，彼佛國界，佛菩薩眾，水鳥樹林，皆悉五會念佛誦經。法照粗記少分，而白佛言：'今蒙世尊加被，付囑此法。若有疑心，不依行者，永劫沈淪，不生淨土。若依行之已後，未審一切眾生見聞之者[698]，發菩提心，念佛名号不[699]？入深禪定不？疾證菩提不？有大利益不？'阿彌陁佛言：'汝但依此五會念佛誦經之時，我此國土水鳥樹林，諸菩薩眾，无量音樂，扵虛空中[700]，一時俱和念佛之聲。令扵一切之處[701]，人非人等，亦不勞汝一一親自化之，但見聞者，无不發心，歡喜信受，而便念佛。至命終時，我來迎接，決定有大利益[702]，已後應知。'言訖，忽然還見自身而在道場。覩斯境界，悲喜勇躍，依教念佛。自尒已來[703]，迄至于今，果如先說，疑網悉除。願此世、當來，常扵惡世[704]，以斯妙法，廣度眾生，咸登極樂，速得成佛。幸諸有緣見聞之者，勿懷疑謗，必墮泥犁[705]。"

問曰，如前念佛法事，聖有明文，信矣！今此土像末凡夫見佛之人，教在何證？

答曰，自下當為廣引聖教，以明斯旨[706]，即疑網必除[707]。故《觀經》云："佛告阿難及韋提希：'諦聽，諦聽！善思念之。如來今者，教韋提希及未來世一切眾生[708]，為煩惱賊之所苦者，說清淨業。善哉韋提希！快問此事。阿難！汝當受持，廣為多眾宣說佛語。如來今者，教韋提希及未來世一切眾生，觀扵西方極樂世界[709]。以佛力故，當得見彼清淨國土，如執明鏡自見面像。'乃至，佛告韋提希：'汝是凡夫，心想羸劣[710]，未得天眼，不能遠觀；諸佛如來有異方便，令汝得見。'又云：'有憶想者，必得成就。'"又《華嚴經》："念佛三昧必見佛，命終之後生佛前。"

又，《賢護經》云："尒時賢護白佛言[711]：'我今欲得諮問心所疑，不審聽不？'佛言：'恣汝所問。'尒時賢護白佛言[712]：'云何住此佛刹，遍見十方諸佛，聽聞正法，非但未得六通，亦未得五通，亦未捨此世界身，亦未生彼諸佛國；唯住此土，見餘世界諸佛，悉聞宣說正法，一切聽受，如說脩行[713]，得大功德也？'

尒時世尊告賢護言[714]：'今有菩薩思惟諸佛現前三昧，若有脩習如是三昧[715]，當得成就諸功德。'賢護白佛言：'世尊！唯願說此菩薩現前三昧，令此世間天、人利益安樂。'佛言：'賢護！成就此三昧者，諸佛皆現在前，其心不捨，勝上智慧，度脫衆生，承事供給諸善知識，起諸佛想。'賢護云：'何為思惟諸佛現前三昧？'

佛言：'若有比丘、比丘尼、優婆塞、優婆夷，清淨持戒，獨處空閑思惟：'阿弥陁如來今在西方去此百千億佛國，有世界名曰'安樂'，今現在說法。是人觀察，了了分明，見阿弥陁佛，譬如夢中見種種事[716]，是人悟已，念所夢見，為他廣說。'賢護！善男子、善女人，端坐專心[717]，想彼阿弥陁如來相好威儀，如是大衆說法，一心不亂。或一日一夜，或七日七夜，如先所聞具足之。是人必見阿弥陁如來。賢護！如人遠行，夢見本家，不知為晝為[夜][718]，不知為內為外。是人尒時[719]，所有眼根牆壁山石[720]，乃至幽闇不為礙也。

賢護！三昧心无障导[721]，亦復如是。但在此世界中，積念熏脩[722]，久觀明利，故得見彼阿弥陁佛在菩薩會中，或見自身在彼聽法，聞已憶持，或時礼拜、供養彼阿弥陁佛。是人出觀已，如所見聞，為他廣說。賢護！彼善男子、善女人欲思惟諸佛現前三昧，扵此世界中蹔得聞彼阿弥陁名号[723]，而心不乱[724]，分明覩見阿弥陁佛，是為成就諸佛現前三昧。得見佛故，即問阿弥陁佛

言：'成就何法，得生此國？'阿弥陁佛語言[725]：'若人求生者，心常正念阿弥陁佛，便得生也。''

賢護菩薩復白阿弥陁佛言：'云何念佛？'弥陁佛告言：'汝欲正念佛者，當念阿弥陁佛有三十二相，八十隨形好，身真金色，放大光明，坐蓮華坐[726]，衆中說一切法本來不壞；是名"正念諸佛現前三昧"也。賢護！若在家、出家人，若從他聞，至心欲見，念念不乱[727]，即見彼佛純金色。賢護！彼佛无來无去，唯心所作，還見自心。若成就諸佛現前三昧者，欲見隨念即見。何以故？有三因緣：一者緣此念佛三昧，二者緣彼佛願力加持，三者善根純熟。具三因緣故，即見彼佛，不用多功，見已歡喜。'

尒時賢護白佛言[728]：'我等扵如來滅後[729]，後五百歲，末法沙門顛倒時、正法欲滅時、誹謗正法時、破壞正法持戒損減時[730]、破戒增長時、正法損減時、非法增長時、衆生邪見時，能扵如來所說妙三昧[731]，思惟義理[732]，為他廣說，心不知足。'是故我，聞佛說未來世中正法壞滅，悲哀泣淚，而白佛言：'能扵如來所說受持者[733]，我皆攝護，令得增長。'

尒時世尊即便微唉[734]，放金色光，遍照十方諸佛國土，還至佛所，右遶三周，從頂上入。大衆歡喜。"

又《禪秘要經》說[735]："尒時，佛會中有禪難提比丘[736]，而白佛言：'如來今者現在世間，利安一切。佛滅度後，諸四部衆，有業障多者，若正念時，境界不得現前。如是煩惱及一切罪，犯扵小罪，乃至重罪，煞生[737]、邪見之罪，欲懺悔者，當云何除滅是罪？'說此語已，[如]太山崩[738]，五體投地[739]，頂禮佛足：'唯願為我解脫，為未來衆生[740]，恒得正念，不離賢聖。'尒時，世尊由如慈父慰喻其子[741]，告言：'善男子！汝行慈[心][742]，為未來衆生，問除罪法。善哉！諦聽！當為汝說。'佛告禪難提及勑阿難[743]：'汝等教未來衆生罪障業多者，為除罪故，教令念佛。以念佛故，初見一佛，乃至十佛。見佛已，心轉明利，

三十二相，皆使明了。'

又佛告襌難提及勑阿難：'佛滅度後，諸四部衆，欲懺悔者、欲滅罪者，佛雖不在，教正念觀像者，諸惡罪障，速得清淨。觀此像已，又教觀像。齊中請放一光[744]，其光金色，分作五枝：一光照左，一光照右，一光照前，一光照後，一光照上。如是五光，光光之上，皆有［化］佛[745]，佛佛相次，滿虛空中。見此相時，極使明了。'佛告難提：'此名"觀佛三昧"，亦名"念佛定，亦名'除罪業'，亦名'救破戒者'。'佛告阿難：'汝好持是觀佛三昧灌頂之法，為未來世衆生，當廣分別，在於密處，使心不散，如前觀佛。'"

又如《涅槃經》說："佛言：'善男子！善女人！能如是念佛者，若行住坐臥[746]，若晝，若夜，若明，若闇，常得見佛。'"

聖教既有明文，只說今時像末已後，濁惡世中五苦衆生罪根深者，唯念佛力，即能除得罪根，必離憂惱，生死永断。若不念佛，何以得見阿弥陁佛極樂世界？《无量壽經》及諸部方等，明此方、他方諸菩薩衆生彼國者，如駛雨下，不知其數。且菩薩位階聖果，尚念佛名，願生淨土，親奉弥陁；況諸具縛凡夫，煩惱一毫未能断得，若不乘佛願力、自力[747]，盡未來際，沉淪惡趣[748]，豈有出期？何得見佛？

自佛滅後，龍樹、天親亦脩念佛三昧[749]，皆著讚頌，並往淨方。又佛法東流，晉時有廬山遠大師与諸碩德[750]，及謝靈運、劉遺民，一百廿三人[751]，結誓於廬山[752]，脩念佛三昧[753]，皆見西方極樂世界。又，梁時有并州玄中寺曇鸞法師，亦脩念佛三昧[754]。至陳、隨[755]，廬山琮禪師[756]、天台智者大師、長安諸大德、殽法師，乃至今時唐朝一百年前西京善導和上[757]，并州文水縣玄中寺道綽和上、慈愍三藏等，數百高僧，《般舟》、《方等》，歲歲常行，十六妙觀，分時繫習，咸覩西方靈相極樂世界衆寶國土，難以具陳。

三　錄文和校勘　55

聖教記傳，並有明文，豈虛構也[758]？如此光德，豈非凡夫脩念佛三昧[759]，得見彼極樂世界？故《觀經》云："以見佛故，名'念佛三昧'。"既有斯教，許佛滅後，苦惱衆生，但修念佛三昧者，皆見彼佛，何妨法照、今時道俗，及未來一切衆生，修此念佛三昧，寧容不得見佛？斯有何錯[760]？但依教脩行[761]，即名"正觀"。

普告未來一切道俗衆等，及十方法界衆生：與此淨土五會念佛教門有緣、脩行念佛三昧[762]、學此淨土法事者，及脩一切佛法作大佛事[763]，除為名利造諸惡法、若至求菩提為度衆生者，法照生淨土已，誓來示為同類、同學、伴侶，常當守護此人。正脩學時[764]，若有諸魔鬼神，及諸惡人、水火、毒藥，如是諸難，來惱行人。行人但扵尒時[765]，至心稱念"法照"名字，一聲、多聲，應念即至諸行人所，而為外護，立有微感，令彼諸惡應時散滅，發菩提心，稱念佛名，同歸淨土，證不退轉，速得成佛。盡未來際，无有休息，誓當守護一切佛法，及此五會念佛淨土，速疾要門，令不斷絕。

願承此速入真如无相海中，具一切智。此願如虛空，普遍扵一切[766]。不得是願者，誓不成佛道。若發此願虛，願身便紅爛，命終墮地獄，不生扵淨土[767]。應知。

淨土五會念佛誦經觀行儀卷中

校記：

[1] "福"，此處據殘筆畫及文義補，《敦煌社會經濟文獻真跡釋錄》、《全唐文補編》未能釋讀。

[2] "比"，《敦煌社會經濟文獻真跡釋錄》未能釋讀，《全唐文補編》校改作"身"，按此處文義可通，不煩校改。

[3] "發"，原作"𤼵"，俗字，《敦煌社會經濟文獻真跡釋錄》、《全唐文補編》逕作"發"。《敦煌俗字典》已收，例如所引

S.343《社齋文》:"夫坏昏網、爍煩何（疴）、萬類開覺而發心者，佛。"以下字形相同者不復出校。

[4]"甚"原作"甚"，俗字，《敦煌社會經濟文獻真跡釋錄》、《全唐文補編》逕作"甚"。《敦煌俗字典》已收，例如所引敦研123《思益梵天所聞經》："神通速疾，甚為希有。"以下字形相同者不復出校。

[5]"候"，原作"候"，俗字，《敦煌社會經濟文獻真跡釋錄》、《全唐文補編》逕作"候"。《敦煌俗字典》已收，例如所引S.76V《長興五年正月一日行首陳魯修牒》："右魯修謹在衙門隨例祗候。"以下字形相同者不復出校。

[6]"恐"，原作"恐"，俗字，《敦煌社會經濟文獻真跡釋錄》、《全唐文補編》逕作"恐"。《敦煌俗字典》已收，例如所引S.1722《兔園策府》卷第一《均州壤》："［猶］恐首丘難變，懷土易安，食水多怨讟之謠，涉河無率從之誥。""恠"，"怪"之俗字，《敦煌社會經濟文獻真跡釋錄》、《全唐文補編》逕作"怪"。《正字通·心部》："恠，俗怪字。"《國語·魯語下》："水之恠，曰龍罔象；土之恠，曰羵羊。"以下字形相同者不復出校。

[7]"望"，原作"望"，俗字，《敦煌社會經濟文獻真跡釋錄》、《全唐文補編》逕作"望"。《敦煌俗字典》已收，例如所引甘博78《維摩詰所說經》卷中《觀眾生品第七》："所作福佑，無所希望。"以下字形相同者不復出校。

[8]"牒"，原作"牒"，俗字，《敦煌社會經濟文獻真跡釋錄》、《全唐文補編》逕作"牒"。《敦煌俗字典》已收，例如所引S.462《金光明經果報記》："牒至，准法处分者。"以下字形相同者不復出校。

[9]以下《淨土五會念佛誦經觀行儀》文本之校錄，以P.2066為底本，以《大正新修大藏經》第八十五冊所收《淨土五會念佛誦經觀行儀卷中》（稱其為《大正藏》本）、於淑健《敦煌

本古佚與疑偽經校注》（稱其為於本）參校，若有內容尚見於其他敦煌寫卷或另有不可忽視之校錄成果，則在《大正藏》本、於本的基礎上酌情增加參校本，詳見相應內容之第一條校記。另，"淨"，於本作"淨"，淨"與"净"同。古籍中多作"淨"，今"净"字通行。"圡"，"土"之俗字，《干祿字書》："圡、土，上通下正。""會"，原作"會"，俗字，《敦煌俗字典》已收，例如所引 S. 5454《千字文》："踐土會盟。""念"，原作"忩"，俗字，《敦煌俗字典》已收，例如所引西北師範大學 12《十一面神呪心經》："世尊，如是神呪雖不成立，而亦能作種種事業，至心念誦無不獲願。""觀"，原作"觀"，俗字，《敦煌俗字典》已收，例如所引 P. 2056《阿毗曇毗婆沙論》卷第五十二《智揵度他心智品》："復次得內心寂靜不得觀慧法，或有得內心寂靜亦得觀慧法；前者修二種慧，後者修三種慧。""經"，原作"経"，俗字，《敦煌俗字典》已收，例如所引浙敦 26（浙博 001）《黃仕強傳》："因即訪寫此經。"以下字形相同者不復出校。

[10]"照"，原作"㷫"，俗字。《敦煌俗字典》已收，例如所引南文院 3 號《妙法蓮華經》："又諸比丘，東南方五百萬億國土諸大梵王，各自見宮殿，光明照耀，昔所未有，歡喜踴躍，生希有心，即各相詣，共議此事。"

[11]"說"，原作"説"，俗字，《敦煌俗字典》已收，例如所引 P. 2173《御注金剛般若波羅蜜經宣演》卷上："演說金剛清靜句，理深功妙福難思。"以下字形相同者不復出校。"弥"，於本同，《大正藏》本作"彌"，"弥"為"彌"之簡體俗字。"陁"，《大正藏》本、於本作"陀"，"陁"同"陀"，又寫作"阤"。

[12]"量"，原作"量"，俗字，《敦煌俗字典》已收，例如所引 S. 2832《愿文等範本·亡兄弟》："惟公蘭芳秀實，雅量超群；德並貞松，神風獨朗。""壽"，原作"夀"，俗字，《敦煌俗字典》已收，例如所引 S. 477《老子河上公章句》："美酒甘餚，腐

人甘肺，故魂靜志道不亂魄，安脩德壽延年長。"以下字形相同者不復出校。"无"，《大正藏》本、於本作"無"，"无"同"無"。《說文·亡部》："無，亡也。无，奇字无。"徐鍇繫傳："无者，虛無也。無者對有之稱，自有而無，无謂萬物之始。"今"无"為"無"之簡化字。

［13］"後"，原作"後"，俗字，《敦煌俗字典》已收，例如所引 S.1776《［顯］德伍年十一月十三日某寺判官與法律尼戒性等一伴交歷》："所由法律尼戒性、都維永明、典座慈保、直歲等，一伴點檢常住什物，見分付後所由法律尼明照、都維□心、都維菩提性、典座善戒、直歲善性等，一伴執掌常住物色。""師"，原作"師"，俗字，《敦煌俗字典》已收，例如所引 S.1674《懺悔文》："一心敬禮如來生地：雪山之北、香山之東、成号加維。性釋迦氏、父名靜飯、母越摩耶、十九出家、卅成道南无化身本師釋迦牟尼佛。"以下字形相同者不復出校。

［14］"那"，原作"那"，俗字。《敦煌俗字典》已收，例如所引天津市文物公司藏卷第15號《佛頂尊勝陀羅尼經》："能遍供養八十八俱胝殑伽沙那庾多百千諸佛。"以下字形相同者不復出校。

［15］"舍"，原作"舍"，俗字，《敦煌俗字典》已收，例如所引 S.5454《千字文》："丙舍傍啓。""樹"，原作"樹"，俗字，《敦煌俗字典》已收，例如所引 S.343《亡尼文》："何期玉樹先彫，金枝早落。"以下字形相同者不復出校。

［16］"比"，原作"比"，俗字。《敦煌俗字典》已收，例如所引 S.214《鷰子賦》："比來觸誤，請公哀矜。"以下字形相同者不復出校。

［17］"所"，原作"所"，俗字。《敦煌俗字典》已收，例如所引浙敦88（浙博63）《根本說一切有部毘奈耶雜事》："可持此箱至王門所。"以下字形相同者不復出校。

三　錄文和校勘　59

[18]"槃"，原作"槃"，俗字。《敦煌俗字典》已收，例如所引浙敦26《普賢菩薩說證明經》："釋迦涅槃後，彌勒未興世，眾生有所疑，如何為說之？"以下字形相同者不復出校。

[19]"難"，原作"難"，俗字。《敦煌俗字典》已收，例如所引敦研194《太子瑞應本起經》："乃棄美號，隱隧潛居，以勞其形，不亦難乎？"以下字形相同者不復出校。

[20]"堕"，《大正藏》本、於本作"墮"。《龍龕手鑑·土部》："堕"，同"墮"。今"堕"為"墮"之簡化字。

[21]"留"，原作"畱"，俗字，《敦煌俗字典》已收，例如所引S.202《傷寒論·辨脈》："數氣獨留心中則饥耶熱煞。""夷"，原作"夷"，俗字，《敦煌俗字典》已收，例如所引S.2832《願文等範本》："於當童稚，俄屬彼師。遂離父母之鄉，身叨戎夷之地。自幼成長，備歷艱危。"以下字形相同者不復出校。

[22]"劫"，原作"刧"，俗字。《敦煌俗字典》已收，例如所引P.2086《十地論·法雲地》卷第十之十二："示十方世界風災劫盡，火災劫盡，水災劫盡。"以下字形相同者不復出校。

[23]"等"，原作"等"，俗字。《敦煌俗字典》已收，例如所引P.2199《大智論》卷第五十一："是故三世等空相無所有故。"以下字形相同者不復出校。

[24]"薩"，原作"薩"，俗字。《敦煌俗字典》已收，例如所引浙敦26《普賢菩薩說證明經》："尒時普賢菩薩即從座而起，整衣長跪，叉手前白佛言：……"以下字形相同者不復出校。"并"，《大正藏》本、於本作"並"，按"并"同"並"。

[25]"殊"，原作"殊"，俗字。《敦煌俗字典》已收，例如所引P.2063《因明入正理論略抄》："若通依有體无體異品與弟六不殊，今約有體異品說，故是弟四句也。"以下字形相同者不復出校。

[26]"乹"，《大正藏》本、於本作"乾"，按"乹"为

60　上編　P.2066《淨土五會念佛誦經觀行儀卷中》寫卷校錄

"乾"之俗字。《敦煌俗字典》已收，例如所引 S.1086《兔園策府》："朗三光于乾蓋，飛五色于雲柯。"以下字形相同者不復出校。

［27］"釋"，原作"釋"，俗字。《敦煌俗字典》已收，例如所引敦研105《妙法蓮華經》："釋迦牟尼世尊。"以下字形相同者不復出校。

［28］"尒"，《大正藏》本、於本作"爾"，"尒"同"爾"。《玉篇·人部》："尒，亦作爾。"

［29］"從"，原作"従"，俗字，《干祿字書》："従""從"，"上通，下正。"以下字形相同者不復出校。"圡"，"土"之俗字，《大正藏》本、於本作"塗"。"万"，《大正藏》本、於本作"萬"，按"万"為"萬"之古本字，後世以"萬"代"万"，但并未完全取代，敦煌寫本中二字并行，意義無別。

［30］"世"，原作"丗"，避諱字，《敦煌俗字典》已收，例如所引 P.2314《大周新譯大方廣佛花嚴經總目》："《世界成就品》第四。""極"，原作"极"，俗字，《敦煌俗字典》已收，例如所引 S.462《金光明經果報記》："此人極大罪過，何為捉遲，令此猪等再俗？"以下字形相同者不復出校。

［31］"号"，《大正藏》本、於本作"號"，按"号"同"號"。《集韻·豪韻》："號，《說文》：'呼也'。或作号。"

［32］"苦"，原作"苦"，俗字。《敦煌俗字典》已收，例如所引 S.1147《結壇散食迴向願文》："過往尊親，無歷三塗之苦。"以下字形相同者不復出校。

［33］"網"，原作"網"，俗字。《敦煌俗字典》已收，例如所引敦研365《大眾涅槃經》卷第十五："願諸眾生其目清淨無諸翳網。"以下字形相同者不復出校。

［34］"寶"，原作"寶"，俗字。《敦煌俗字典》已收，例如所引敦研24《大方等大集經》："寶女！是名如來不共之法。"

"匣"，原作"迊"，俗字，《敦煌俗字典》已收，例如所引 P. 2319《大目乾連冥間救母變文》："目連蒙佛勅，遂即托鉢持盂，尋覓阿孃。不問貧富坊巷，行於合匣，總不見阿孃。"以下字形相同者不復出校。

[35]"功"，原作"刃"，俗字。《敦煌俗字典》已收，例如所引 Φ96《雙恩記》："在遲遲，功草草，必與有情除熱惱。"以下字形相同者不復出校。

[36]"底"，原作"衣"，俗字。《敦煌俗字典》已收，例如所引 P. 2160《摩訶摩耶經》卷上："藐底天后、藐底梨沙天后。"以下字形相同者不復出校。

[37]"渠"，原作"渠"，俗字，《敦煌俗字典》已收，例如所引浙敦 193《妙法蓮華經·見寶塔品》："其諸幡蓋，以金、銀、瑠璃、車渠、馬瑙、真珠、玫瑰七寶合成。"以下字形相同者不復出校。《大正藏》本從俗字，作"渠"，於本作"磲"。按"車渠"，即"硨磲"。《佛光大辭典》"硨磲"條："為五寶之一，七寶之一。又作車渠、紫色寶、紺色寶。音譯作麻薩羅揭婆、牟沙羅揭婆、牟沙羅。"

[38]"飾"，原作"飭"，俗字。《敦煌俗字典》已收，例如已收甘博 4《賢愚經》："當以金銀校飾天身。"以下字形相同者不復出校。

[39]"色"，原作"色"，俗字。《敦煌俗字典》已收，例如已收敦研 196《妙法蓮華經》卷第七《普賢菩薩勸發品》："亦復不喜親近其人及諸惡者，若屠兒，若畜猪羊雞狗，若獵師，若衒賣女色。"以下字形相同者不復出校。

[40]"微"，原作"㣲"，俗字，《干祿字書》："㣲、微，上通下正。""潔"，原作"絜"，俗字，《敦煌俗字典》已收，例如已收 Φ96《雙恩記》："皎潔之星宮接里。"以下字形相同者不復出校。

[41]"莊",原作"庒",俗字。《干祿字書》:"庒""莊",上俗下正。以下字形相同者不復出校。

[42]"曼",原作"髳",俗字。《敦煌俗字典》已收,例如所引 S.5584《開蒙要訓》:"曼幕懸垂。"以下字形相同者不復出校。

[43]"盛",原作"盛",俗字。《敦煌俗字典》已收,例如所引 S.202《傷寒論·辨脉》:"脉陽盛即足,陰盛即緩。"以下字形相同者不復出校。

[44]"雜",原作"雜",俗字。《敦煌俗字典》已收,例如所引甘博 5《優婆塞戒經》卷第七:"雜善不善如人天。"以下字形相同者不復出校。

[45]"演",原作"演",俗字,《敦煌俗字典》已收,例如所引浙敦 26《普賢菩薩說證明經》:"願為演說之。""根",原作"根",俗字,《敦煌俗字典》已收,例如所引 S.2072《佚類書·方術》:"劉根,後漢穎川人也。"以下字形相同者不復出校。

[46]"分",原作"尒",俗字。《敦煌俗字典》已收,例如所引 S.1674《禮懺文》:"於一相之中,而強生分別。"以下字形相同者不復出校。

[47]"已",原作"巳",俗字。《敦煌俗字典》已收,例如所引 P.2056《阿毗曇毗婆沙論》卷第五十二《智揵度他心智品》:"阿羅漢生已盡,梵行已立,所作已辦,不受後有。"以下字形相同者不復出校。

[48]"悉",原作"恚",俗字。《敦煌俗字典》已收,例如所引浙敦 26《黃仕強傳》:"仕強先患疢癖,並悉除損。"以下字形相同者不復出校。

[49]"此",原作"此",俗字,《敦煌俗字典》已收,例如所引 P.2090《妙法蓮華經》卷第七:"爾時世尊欲重宣此義,而說偈言……""報",原作"報",俗字,《敦煌俗字典》已收,例

如所引 S.1625V《唐京師大莊嚴寺僧釋智興判》："今生樂處，思報其恩，可持絹拾疋奉之。"以下字形相同者不復出校。

［50］"惡"，原作"惡"，俗字，《玉篇·心部》："惡"同"惡"。"趣"，原作"趣"，俗字，《敦煌俗字典》已收，例如所引 S.1674《禮懺文》："恆於六趣濟群生，共登如來无上道。"以下字形相同者不復出校。

［51］BD12373（L2502）殘片，存見此句之"名"字以及以下數句之"何""令法音"、"吹動"、"千種"等字。《中國國家圖書館藏敦煌文獻》將該殘片定名為"淨土五會念佛誦經觀行儀卷中"。按，此殘片也有可能是從某件獨立的《佛說阿彌陀經》寫本上脫落者，《中國國家圖書館藏敦煌文獻》之定名有待商榷。

［52］"況"，原作"况"，俗字。《敦煌俗字典》已收，例如所引甘博52《大般若波羅蜜多經》卷第四百二十："平等中、平等性尚不可，何況平等中有前後中際。"以下字形相同者不復出校。

［53］"流"，原作"流"，俗字。以下字形相同者不復出校。

［54］"變"，原作"变"，俗字。《敦煌俗字典》已收，例如所引 P.3627＋P.3867《漢將王陵變》："漢八年楚滅漢興王陵變一鋪。天福四年八月十六日孔目官閻物成寫記。"以下字形相同者不復出校。

［55］"羅網"，原作"網羅"，但在"網"、"羅"兩字右側旁注倒乙符號，據正。

［56］"譬"，原作"譬"，俗字。《敦煌俗字典》已收，例如所引甘博136《道行般若經》卷第九："譬如忉利天上懸幢幡。"《干祿字書》："譬譬：上俗，下正。"以下字形相同者不復出校。

［57］"自"，原作"自"，俗字。《敦煌俗字典》已收，例如所引 P.2305《妙法蓮華經講經文》："自居山內學修行，不省因循入帝京。""不作威儀，不要侍者，獨自騰空，來於闕下。"以下字形

相同者不復出校。

　　［58］"扵"，《大正藏》本、於本作"於"，"扵"同"於"。《改併四聲篇海·手部》引《餘文》："扵，音於，義同。"

　　［59］"明"，原作"明"，俗字。《敦煌俗字典》已收，例如所引 S.189《老子道德經》："明道若昧，進道若退，夷道若纇。"以下字形相同者不復出校。

　　［60］"鄣"，《大正藏》本、於本作"障"，按"鄣"為"障"之俗字。以下字形相同者不復出校。

　　［61］"祇"，《大正藏》本、於本作"祇"，《正字通·示部》："祇，與祇通。""劫"，原作"刧"，俗字，《敦煌俗字典》已收，例如所引 P.2173《御注金剛般若波羅蜜經宣演》卷上："曠劫未逢，今茲何幸！"以下字形相同者不復出校。

　　［62］"来"，"來"之簡體俗字。以下字形相同者不復出校。

　　［63］"筭"，《大正藏》本、於本作"算"，二字可通用。《爾雅·釋詁下》："算，數也。"唐陸德明釋文："算，字又作筭。"后皆同，不再出校。"數"，原作"数"，俗字，《敦煌俗字典》已收，例如所引 S.318《洞淵神咒經·斬鬼品》："王有无數大兵横行天下。""能"，原作"䏻"，俗字。以下字形相同者不復出校。

　　［64］"鞞"，原作"鞞"，俗字，《敦煌俗字典》已收，例如所引敦研 306《小品般若波羅蜜經》卷第九："未得阿鞞跋致。""跋"，原作"跋"，俗字。"致"，原作"致"，俗字。以下字形相同者不復出校。

　　［65］"補"，原作"補"，俗字，《敦煌俗字典》已收，例如所引 P.2536《春秋穀梁經傳》："豐年補敗。""處"，原作"處"，俗字，《敦煌俗字典》已收，例如所引 S.462《金光明經果報記》："牒至，准法處分者。"以下字形相同者不復出校。

　　［66］"笇"，《大正藏》本、於本作"算"，按"笇"為

"筭"之俗字，"筭"與"算"同。《干祿字書》："筭，算，上俗下正。"《爾雅·釋詁下》："算，數也。"唐陸德明釋文："算，字又作筭。"後皆同，不再出校。

［67］"福"，原作"福"，俗字，《敦煌俗字典》已收，例如所引 S. 126《十無常》："聞身強健行檀施，作福利。""緣"，原作"緣"，俗字，《敦煌俗字典》已收，例如所引 P. 2056《阿毗曇毗婆沙論》卷第五十二《智揵度他心智品》："若以緣盡故名盡智者，滅智應是盡智。"以下字形相同者不復出校。

［68］"若"，原作"若"，俗字。以下字形相同者不復出校。

［69］"亂"，原作"亂"，俗字。以下字形相同者不復出校。

［70］"顛"，原作"顛"，俗字。《敦煌俗字典》已收，例如所引浙敦 27《大智度論》："以顛倒心起屬業果報。"此是字內左右類化現象。以下字形相同者不復出校。

［71］"讚歎阿弥陁佛不可思議功德"，原作"讚歎阿弥陁不可思議功德"，"佛"字系為補寫。"讚"，於本作"讃"，按"讃"為"讚"之俗字，《字彙·言部》："讃，俗讚字。""歎"，原作"歎"，俗字。以下字形相同者不復出校。

［72］"稱"，原作"稱"，俗字。"護"，原作"護"，俗字。以下字形相同者不復出校。

［73］"须"，原作"湏"，俗字。以下字形相同者不復出校。

［74］"幢"，於本作"幢"，"幢"為"幢"之俗字。《敦煌俗字典》已收，例如所引 P. 3566《亡尼文》："惟願袈裟幢之世界，證悟無生。"其中的"幢"字即為"幢"形。

［75］第二個"等"字，系衍字。

［76］BD10640（L769）殘片，存見此句之"思議"，以及下一段之"舍利"、"幢佛"、"恒"等字。《中國國家圖書館藏敦煌文獻》將該殘片定名為"淨土五會念佛誦經觀行儀卷中"。

［77］BD10377（L506）殘片，存見此句之"生"字、下句之

"當信是稱讚不可思"（按"稱"字，BD10377作"經"）、"念經"，以及下一段之"音佛、宿王佛、香上佛"等字。《中國國家圖書館藏敦煌文獻》將該殘片定名為"淨土五會念佛誦經觀行儀卷中"。

［78］"藐"，原作""，俗字。《敦煌俗字典》已收，例如所引P.2090《妙法蓮華經》卷第七："若我於宿世不受持讀誦此經為他人說者，不能疾得阿耨多羅三藐三菩提。"以下字形相同者不復出校。

［79］"尼"，原作""，俗字。《干祿字書》："尼，上俗下正。"《敦煌俗字典》亦收，例如所引津藝21《大樓炭經》卷第六："俱耶尼弗於逮天下人，亦有男女婚姻之事。"

［80］"惱"，原作""，俗字。《敦煌俗字典》已收，例如所引S.6557《南陽和尚問答雜徵義》："自從佛法東流已來，所有大德，皆斷煩惱。"以下字形相同者不復出校。

［81］"脩"，《大正藏》本、於本作"修"，《字彙補·肉部》："脩，與修通。"

［82］"歡"，原作""，俗字。《敦煌俗字典》已收，例如所引敦博56《佛為首迦長者說業報差別經》："七者見怨病愈，心生歡喜。"以下字形相同者不復出校。

［83］"第"，原作"苐"，俗字。《干祿字書》："苐、第，次第字。上俗，下正。"以下字形相同者不復出校。

［84］包括本行在內的以下六行，為《阿彌陀咒》。此咒又見於《法苑珠林》，故以下校勘，有《法苑珠林》本、《大正藏》本、於本等三個參校本。"藥"，原作""，俗字。以下字形相同者不復出校。

［85］"馱"，原作""，俗字。以下字形相同者不復出校。

［86］"羝"，原作""，俗字，以下字形相同者不復出校。

［87］"跢"，《法苑珠林》本作"哆"。

［88］"你"，於本同，《大正藏》本作"儞"，二字同。《集韻·紙韻》："伲，汝也，或作儞、你。""稽"，原作"稭"，"稽"、"稭"，異體字。以下字形相同者不復出校。另，"㘑"，《大正藏本》作"釐"，《法苑珠林》本作"唎"。"底"，《法苑珠林》本作"夜"。

［89］"㘑婆"，《法苑珠林》本作"唎婆"。

［90］"波跛叉"，《法苑珠林》本作"皤波跛叉"。

［91］"㘑"，《法苑珠林》本作"唎"。"一切惡業盡"，《法苑珠林》本作"一切惡業盡業也"。

［92］"娑訶"，《法苑珠林》本作"娑婆訶"。

［93］"逆"，原作"逆"，俗字。《敦煌俗字典》已收，例如所引 S.4642《發願文範本等》："生不作福，沒後難知未盡。少無男女，老復孤遺。莫保百年，逆修某七道場。"以下字形相同者不復出校。

［94］"毗"，《大正藏》本、於本作"毘"，按"毗"同"毘"。《正字通·比部》："毘，同毗。"

［95］"拔"，原作"拔"，俗字。《敦煌俗字典》已收，例如所引甘博3《佛說觀佛三昧海經》卷第五："汝今生處名拔舌阿鼻。"以下字形相同者不復出校。

［96］"廿"，《大正藏》本、於本作"二十"，按"廿"為"二""十"之合文，義作"二十"。《說文》："廿，二十并也。古文省。"

［97］"牙"，於本校改作"芽"，"牙""芽"為古今字。唐釋一行《大毗盧遮那成佛經疏》言："如世間之火，若燒物已，但成灰燼。今則不尔，既燒一切煩惱，如劫燒火，無有遺余，而亦即從此中得有牙生，所謂菩提牙也。"

［98］"卅"，《大正藏》本、於本作"三十"，按"卅"為"三""十"之合文，義作"三十"。《字彙補·十部》："以卅為三

十，本非俗用。《論語》'三十而立'，石經作'卅'。"

[99] "决"，原作"决"，俗字，《敦煌俗字典》已收，例如所引 P.2305《妙法蓮華經講經文》："要去任王歸國去，下官決定不相留。"定"，原作"定"，俗字，《敦煌俗字典》已收，例如所引津藝7《大般涅槃經》卷第卅："大寂定者，名大涅槃。"以下字形相同者不復出校。

[100] "功能"，原作"功德能"，但"德"字之右側，書有一刪除符號，據正。於本徑作"功能"，《大正藏》本作"功德能"。

[101] "叡"，原作"叡"，俗字。以下字形相同者不復出校。

[102] "業"，原作"業"，俗字。以下字形相同者不復出校。

[103] "年"，原作"年"，俗字。以下字形相同者不復出校。

[104] "誓"，原作"誓"，俗字。《敦煌俗字典》已收，例如所引 P.2090《妙法蓮華經》卷第七："……作是誓已，自然還復，由斯菩薩福德智慧淳厚所致。"以下字形相同者不復出校。

[105] "珎"，《大正藏》本、於本作"珍"，"珎"為"珍"之俗字。漢代已有此寫法。《玉篇·玉部》："珎，同珍。"清顧藹吉《隸辨》卷二侵韻"糸"下有："從參之字或變作尒，如珍為珎……之類甚多，故參亦作糸。"

[106] "坐"，原作"坐"，俗字，《改併四聲篇海·土部》引《奚韻》："坐，音義同坐。"《宋元以來俗字譜》："坐，《嶺南逸事》作坐。""乘"，原作"乘"，俗字，《敦煌俗字典》已收，例如所引 P.2965《佛說生經》："願乘此善，乃至菩提。""船"，原作"舩"，俗字，《敦煌俗字典》已收，例如所引 S.1722《兔園策府》卷第一《征東夷》："地陣籠山，天船盖海。"以下字形相同者不復出校。

[107] "万"，於本同，《大正藏》本作"萬"，按"万"為"萬"之古本字，後世以"萬"代"万"，但并未完全取代，敦煌寫本中二字并行，意義無別。

[108]"峰",原作"夆",俗字。《敦煌俗字典》已收,例如所引Ф96《雙恩記》:"壯千峰,光万岫,不以炎涼分節候。"以下字形相同者不復出校。

[109]"喆",於本校改作"哲",按"喆"同"哲",不煩校改。《玉篇·口部》:"喆,同哲。"

[110]"助",原作"助",俗字。《敦煌俗字典》已收,例如所引P.3561蔣善進臨摹《千字文》:"謂語助者,焉哉乎也。"以下字形相同者不復出校。

[111]敦煌文獻中存見《寶鳥讚》的寫卷,尚有:P.2130、P.2483、BD5441(菓41)、Дх883、羽412。其中,P.2130、BD5441(菓41)中的《寶鳥讚》,無題;P.2483、Дх883、羽412中的《寶鳥讚》,均非完本,起首題,迄"處處分身轉法輪"。此外,《大正藏》第四十七冊所收之日本德川時刊本《淨土五會念佛略法事儀讚(原作"讚")》中,亦有《寶鳥讚》,起首題,迄末句。以下錄文以P.2066為底本,用《大正藏》本、於本,以及《大正藏》"淨土五會念佛略法事儀讚"(稱其為甲本)、P.2130(稱其為乙本)、P.2483(稱其為丙本)、BD5441(菓41)(稱其為丁本)、Дх883(稱其為戊本)、羽412(稱其為己本)參校。另,"鳥",甲本、戊本、己本同,丙本作"鳴"。"依阿弥陁經",甲本作"依阿彌陀經",丙本、戊本、己本無,按"弥"為"彌"之簡體俗字,"陁"同"陀",又寫作"陊"。下同,不贅。

[112]"寳",乙本、丁本皆作"飾"。"弥陁佛",甲本作"彌陀佛",乙本、丁本、己本皆無,丙本作"弥陁仏",戊本作"弥陁仏、弥陁仏"。按"仏"為"佛"之俗字,系由"佛"字草書楷化而來。"仏"字之校例,下文屢見。

[113]"希有",甲本、乙本、丙本、丁本作"希奇",戊本、己本作"希其"。"弥陀佛,弥陀佛",第二個"弥陀佛"之"弥"、"陀"、"佛"三字,原卷均作重文符號,據正。甲本作

"彌陀佛，彌陀佛"，乙本、丙本、丁本、己本無，戊本漫漶，據可辨識之筆畫及文義，應作"弥陁仏、弥陁仏"。

[114]"鳥"，丙本、戊本、己本作"鳴"。"臨"，丙本、戊本、己本作"林"，按"林"為"臨"之借音字。"佛會"之"佛"字，丙本、戊本作"仏"，"仏"為"佛"之俗字，系由"佛"字草書楷化而來。"弥陁佛"，甲本作"彌陀佛"，乙本、丙本、丁本、己本無，戊本作"□上"，按戊本"□上"二字之缺字，原卷漫漶，據文義，應作"同"。

[115]"哀"，乙本作"㦵"，俗字。"怨"，原作"恖"，俗字，甲本作"婉"，丁本作"鴛"。"雅"，乙本作"雅"，俗字，丙本、戊本、己本作"訝"。"量"，甲本、丁本作"亮"，丙本作"里"。"發"，丁本作"數"。以下字形相同者不復出校。另，"弥陀佛，弥陀佛"，第二個"弥陀佛"中的"弥"、"陀"、"佛"三字，原作三個重文符號，據正。甲本作"彌陀佛，彌陀佛"，乙本、丙本、丁本、戊本、己本無。

[116]"聲"，丙本作"音"。"无"，甲本作"無"，按"无"同"無"，今"无"為"無"之簡化字。"弥陁佛"，甲本作"彌陀佛"，乙本、丙本、丁本、戊本、己本無。

[117]"文文句句"，第二個"文"字與第二個"句"字，原本皆作重文符號，據正。其中，第二個"文"字，丙本作"殊"。另，"已下准前和"句，義為以下數行首句之末尾，均有"弥陁佛"和聲辭。"弥陁佛"，甲本均作"彌陀佛"，乙本、丙本、丁本、戊本、己本均無。

[118]"已下准前和"句，義為以下數行首句之末尾，均有"弥陁佛"和聲。

[119]"或說八聖慈悲門"句，乙本、丁本作"或說地獄對人天"。"已下准前和"句，義為以下數行次句之末尾，均有"弥陁佛，弥陁佛"和聲。

[120]"雜",甲本作"離"。

[121]此句至以下"或說定慧入深禪"句,戊本無。此句,乙本、丁本作"或說八聖慈悲門"。乙本、丁本中的"或說八聖慈悲門"、"或說地獄對人天"兩句,與底本及甲本、丙本、己本相顛倒。此句之"對"字,甲本作"封",乙本作"倒"。

[122]"散善",乙本作"讚善",丙本作"般若",丁本作"讚善"。"蜜",原作"蜜",俗字。以下字形相同者不復出校。

[123]"慧",乙本、丁本作"惠"。

[124]"修",原作"修",俗字。以下字形相同者不復出校。

[125]"无",甲本作"無",二字同。《說文·亡部》:"無,亡也。无,奇字無。"徐鍇繫傳:"无者,虛無也。無者對有之稱,自有而無,无謂萬物之始。"今"无"為"無"之簡化字。

[126]"聲",丙本作"音"。"聞聞",第二個"聞"字,原作重文符號,據正。

[127]"處處",第二個"處"字,原作重文符號,據正。"轉法輪",乙本作"法輪轉"。

[128]此句至末句,丙本、戊本、己本無。

[129]"生",甲本、乙本、丁本無,據文義,系衍字。

[130]"弟",《大正藏》本、於本作"第","弟""第"為古今字。

[131]"矣",原作"矣",俗字。《敦煌俗字典》已收,例如所引 S.5884《洞淵神呪經》卷第十:"東向卅六拜祀五帝,乃上書奏告,天人必記子之至心矣。"以下字形相同者不復出校。

[132]"仰",原作"仰",俗字。《敦煌俗字典》已收,例如所引 P.3494《願齋文》:"希惠日以乾心,仰慈雲而結邀。"以下字形相同者不復出校。

[133]"且",《大正藏》本作"旦",形近致誤。

[134]"廣",《大正藏》本脫。

[135]"類",原作"㒹",俗字。《干祿字書》:"㒹類,上俗下正。"以下字形相同者不復出校。

[136]"凡",原作"凢",俗字。《敦煌俗字典》已收,例如所引敦研276《金光明經》卷第二:"凡是因地所生之物,悉得增長,滋茂廣大。"以下字形相同者不復出校。

[137]"足",原作"㐁",俗字。以下字形相同者不復出校。

[138]第二個"讚"字,原作重文符號,據正。

[139]"弥",《大正藏》本、於本作"彌",按"弥"為"彌"之簡體俗字。

[140]"瞻仰",兩字之右側行間,旁注有倒乙符號,據正,《大正藏》本、於本皆徑作"仰瞻"。

[141]"㝵",《大正藏》本、於本作"礙","㝵"為"礙"之俗字。

[142]從此句中的"遍十方"三字,至以下《觀經十六觀讚》中的"臨終當見佛來迎"句,又見於ZSD079。故此句至下一段末尾之錄文,以P.2066為底本,用ZSD079(稱其為甲本)參校。

[143]"白",此字缺損,據殘筆畫及文義補。

[144]"各為初首已空"句,文義不通,"已空"二字疑訛,似應作"誦之"一類語詞。

[145]"導",原作"導",俗字,甲本作"尊"。以下字形相同者不復出校。

[146]"散",甲本作"發"。

[147]"誦此讚",前一句"誦"、"此"、"讚"三字之後,各有一重文符號,據正。

[148]"平",甲本作"手"。"亦",原作"亠",俗字,甲本無。"亠",《敦煌俗字典》已收,例如所引津藝22《大般涅槃經》卷第四:"譬如有人近師子已,眾人見之,聞師子臭,亦生恐

怖。"以下字形相同者不復出校。

［149］"五"，甲本無。

［150］敦煌文獻中存見《觀經十六觀讚》的寫卷，尚有P.3156、ZSD079，但兩卷均非完本。其中，P.3156無題，起"檀金為葉玉為臺"句，迄"業障難消惠發遲"句；ZSD079起首題，迄"臨終當見佛來迎"句。此外，《大正藏》第四十七冊所收日本德川時刊本《淨土五會念佛略法事儀讚》中，亦有《觀經十六觀讚》，起首題，迄末句。以下錄文以P.2066為底本，用《大正藏》本、於本，以及《大正藏》所收日本德川時刊本《淨土五會念佛略法事儀讚》（稱其為甲本）、P.3156（稱其為乙本）、ZSD079（稱其為丙本）參校。

［151］"没"，原作"浸"，俗字，《敦煌俗字典》已收，例如所引Φ96《雙恩記》："東湧西没，西湧東没。""皷"，"鼓"之俗字。《正字通·皮部》："皷，俗鼓字。"《顏氏家訓》："'世間小學者，不同今古，必依小篆，是正書記；凡《爾雅》、《三蒼》、《說文》，豈能悉得倉頡本指哉？亦是隨代損益，互有同異。西晉以往字書，何可全非？但令體例成就，不為專輒耳。考校是非，特須消息。……自有訛謬，過成鄙俗，亂旁為舌，揖下無耳，……皷外設皮。'此即皷外設皮者。"以下字形相同者不復出校。

［152］"住"，甲本作"固"。"低"，原作"伍"，俗字，《廣韻·齊韻》："低，俗作伍。"以下字形相同者不復出校。

［153］"氷"，"氷"為"冰"之俗字。《字彙·水部》："氷，俗冰字。"以下字形相同者不復出校。

［154］"暎"，《大正藏》本、甲本作"映"，"暎"同"映"，《集韻·映韻》："映，亦從英。""琉"，原作"瓈"，俗字，甲本作"瑠"，"琉"同"瑠"，《集韻·尤韻》："瑠，琉璃，珠也。或作琉。以下字形相同者不復出校。另，"准前"語詞，義為此句之末尾，亦有"阿弥陁佛"之和聲，《大正藏》本、於本、甲本在此

句及以下數行首句之末尾徑作"阿彌陀佛",以下不復出校。據佛教贊文體式,此處"准前"為"已下准前"或"已下准前和"之簡。

[155]"憧",甲本作"幢","憧"為"幢"之俗字。《敦煌俗字典》已收,例如所引 P.3566《亡尼文》:"惟願袈裟幢之世界,證悟無生。"其中的"幢"字即為"憧"形。

[156]"輝",甲本作"暉",按"輝"同"暉"。《廣韻·微韻》:"暉",同"輝"。《易·未濟》:"君子之光,其暉吉也。"陸德明釋文:"暉,又作輝。"以下字形相同者不復出校。

[157]丙本在"寶樹"一詞前,原有一"七"字,後又在該字右側旁注刪字符號。

[158]"垂",原作"垂",俗字,《敦煌俗字典》已收,例如所引 P.2305《妙法蓮華經講經文》:"天龍數數垂加護,賢聖頻頻又讚揚。""條",原作"條",俗字,《敦煌俗字典》已收,例如所引 P.2524《語對》:"六條。"以下字形相同者不復出校。

[159]"菓",甲本作"業"。

[160]"渠",原作"渠",俗字。《敦煌俗字典》已收,例如所引敦研105《妙法蓮華經》:"以金、銀、琉璃、車渠、馬瑙、真珠、玫瑰七寶合成。"以下字形相同者不復出校。

[161]"玉",原作"玉",俗字。《敦煌俗字典》已收,例如所引 S.328《伍子胥變文》:"今既天下清太,日月貞明,玉鞭齊打金鞍,乃為歌曰:……"以下字形相同者不復出校;"空",甲本作"雲"。

[162]"響",原作"響",俗字。以下字形相同者不復出校。

[163]"懃修",原作"修懃",但"修"、"懃"兩字之右側,旁注有倒乙符號,據正,《大正藏》本、於本皆作"修懃"。

[164]"座",原作"座",俗字,《敦煌俗字典》已收,例如所引 P.2173《御注金剛般若波羅蜜經宣演》卷上:"處座之辰,

訑忘詞費？"以下字形相同者不復出校。"花"，甲本作"華"，"花"乃後起俗字。

［165］"葉"，原作"![字]"，俗字。以下字形相同者不復出校。

［166］"覆"，乙本作"福"，二字音近。

［167］"莊"，乙本作"裝"，二字音同。

［168］"圓"，原作"![字]"，俗字。《敦煌俗字典》已收，例如所引 P.2086《十地論·法雲地》卷第十之十二："是三昧現在前時，即有大寶蓮華王出，周圓如十阿僧祇百千三千大千世界。"以下字形相同者不復出校。"珠"，甲本、乙本作"明"。

［169］"其"，乙本作"期"。"花"，甲本作"華"，"花"為"華"之後起俗字。

［170］"主"，甲本作"王"。

［171］"倫"，乙本作"論"，"倫"通"論"。《禮記·王制》："凡制五刑，必即天論。"鄭玄注："論或為倫。"

［172］"攝"，原作"![字]"，俗字。《敦煌俗字典》已收，例如所引敦研365《大般涅槃經》卷第十五："攝取無礙，增上善根。"S.238《金真玉光八景飛經》："執攝殺之律。"其中的"攝"與"![字]"形微別，應是其變體。以下字形相同者不復出校。

［173］"補"，乙本作"普"。

［174］"同"，乙本作"通"，按二字音義俱近，可以通用。"想"，甲本作"相"，乙本作"像"，《故訓匯纂》曰："相，假借為想，《文選·潘岳〈悼亡詩〉》：'戚戚彌相愍。'舊校：五臣作想字。"以下字形相同者不復出校。

［175］"戴"，乙本作"帶"，二字音同。

［176］"至"，乙本作"祇"。

［177］"輔"，甲本作"補"，乙本作"普"。"翼"，乙本作"亦"。"通"，甲本作"道"。

［178］"搖"，乙本作"瑤"，"搖"通"瑤"。《楚辭·九歌

·東君》："緪瑟兮交鼓，簫鐘兮瑤簴，鳴箎兮吹竽。"王念孫雜志："瑤讀為搖。搖，動也。《招魂》曰：'鏗鐘搖簴。'王（逸）注曰：'鏗，撞也；搖，動也。'《文選》張銑注曰：'言擊鐘則搖動其簴也。'義與此同。作瑤者借字耳。"

［179］"人中"，甲本作"中人"，乙本作"人忠"。

［180］"花"，甲本、乙本作"華"，"花"乃後起俗字。

［181］"容"，原作"容"，俗字。《敦煌俗字典》已收，例如所引 P. 2483《印沙佛文》："脫千聖真容，印恆沙之遍跡。"其中的"容"與"容"形微別，應是其變體。以下字形相同者不復出校。

［182］"縱"，乙本作"從"。

［183］"顛顛"，甲本作"顆顆"。

［184］"喜"，乙本作"意"。

［185］"居"，乙本作"扵"。

［186］"戒"，原作"戒"，俗字，《敦煌俗字典》已收，例如所引敦研 365《大般涅槃經》卷第十五："無師戒無作戒無荒戒無污染戒竟已戒究竟戒。"以下字形相同者不復出校。"熏心"，《大正藏》本作"薰心"，甲本作"重修"，乙本作"重心"。"業始融"，甲本作"始業融"，乙本作"業垢融"。

［187］"往"，原作"往"，俗字，《敦煌俗字典》已收，例如所引津藝 22《大般涅槃經》卷第四："其中眾生悉不迫迮，亦無忘返及住處想。""其中眾生亦無迫迮往返之想。"以下字形相同者不復出校。另，"友"，乙本作"佑"。"教"，乙本作"校"。

［188］"臾"，原作"臾"，俗字。《敦煌俗字典》已收，例如所引 S. 2614《大目乾連冥間救母變文》："一向須臾千過死，於時唱道卻迴生。"以下字形相同者不復出校。

［189］"位"，乙本作"住"。

［190］"消"，乙本作"肖"。"惠"，於本校改作"慧"，甲

三　錄文和校勘　77

本作"慧",按"惠"通"慧",不煩校改。《後漢書·仲長統傳》:"純樸已去,智惠已來。""遲",原作"迡",俗字,《敦煌俗字典》已收,例如所引 P. 2965《佛說生經》:"遲守者夢,甥得脫走。"以下字形相同者不復出校。

[191]"胎",乙本作"華"。

[192]"花",甲本作"華","花"為後起俗字。"得",乙本作"德",按"得"通"德"。《墨子·節用上》:"是故用財不費,民德不勞,其興利多矣。"孫詒讓閒詁:"德與得通。""為",甲本作"生"。

[193] 敦煌文獻中存見《阿彌陀經讚》的寫卷,尚有 S. 4443、羽 155、羽 412。其中,S. 4443、羽 155 兩件寫卷,起首題,迄末句;羽 412 非完本,起"彌陀壽量實无邊"句,迄末句。此外,《大正藏》第四十七冊所收日本德川時刊本《淨土五會念佛略法事儀讚》中,亦有《阿彌陀經讚》,起首題,迄末句。以下錄文以 P. 2066 為底本,用《大正藏》本、於本,以及《大正藏》所收日本德川時刊本《淨土五會念佛略法事儀讚》(稱其為甲本)、S. 4443(稱其為乙本)、羽 155(稱其為丙本)、羽 412(稱其為丁本)參校。另,"阿彌陀經讚"之題,甲本作"阿彌陀經讚文",而乙本僅"讚"字完整,其餘"阿彌陀經"四字殘存左半邊。"依阿彌陀經"之夾注,甲本、乙本無。

[194]"釋淨邁"之署名,甲本、乙本無。

[195]"御",原作"𠣥",俗字。《敦煌俗字典》已收,例如所引 S. 1086《兔園策府》:"御龍圖而承景運,握麟璽而總貞符。"《干祿字書》:"𠣥御:上俗下正。"以下字形相同者不復出校。

"陀佛",原作"佛陀",但"佛"、"陀"二字中間之右側,旁注有一倒乙符號,據正。"阿彌陀佛"之和聲辭,乙本、丙本無,此讚下同,不贅。

[196]"阿彌陀佛",甲本作"南無阿彌陀佛",乙本、丙本

无。"南无阿弥陁佛"，甲本作"南無阿彌陀佛"，乙本、丙本無。此贊下同，不贅。

［197］"正"，原作"正"，俗字。《敦煌俗字典》已收，例如所引 P.2141《大乘起信論略述》卷上："三正定聚，十千劫後十住位人。"以下字形相同者不復出校。"在"，乙本殘缺。"給孤園"，乙本殘缺，丙本在"孤"字之後，衍一重文符號。

［198］"准前"，義為此句之末尾，有"阿弥陁佛"和聲辭。"准前"二字，乙本、丙本無，甲本在本篇贊文起此行迄末行首句之末尾均作"阿彌陀佛"，以下不復出校。

［199］甲本在此句后有"南無阿彌陀佛，南無阿彌陀佛"之和聲辭。

［200］"胝"，原作"胝"，俗字。《敦煌俗字典》已收，例如所引 S.610《啓顔錄》："乃至鼻上生瘡，項上生胝。"以下字形相同者不復出校。

［201］"議"，乙本作"儀"，二字音同。

［202］"无"，《大正藏》本、於本、甲本均作"無"，按"无"同"無"。"无"，今為"無"之簡化字。

［203］"空"，乙本作"定"。"鞦"，《大正藏》本、甲本作"鞦"，俗字。以下字形相同者不復出校。

［204］"皆"，《大正藏》本作"皆"，形近致誤。

［205］"花"，甲本作"華"，"花"為"后起俗字。

［206］"看"，原作"看"，俗字。"總"，原作"揔"，俗字，《敦煌俗字典》已收，例如所引 Φ96《雙恩記》："總言一時，揀異餘時。"形有微別，應是變體。以下字形相同者不復出校。

［207］"牙"，於本校改作"芽"，甲本、乙本、丙本徑作"芽"，"牙""芽"為古今字。

［208］"雨"，原作"雨"，俗字。《敦煌俗字典》已收，例如所引 P.2500《禮記》卷第三："天久不雨，吾欲暴尪而奚若？"以

三　錄文和校勘　79

下字形相同者不復出校。

　　［209］"收"，原作"权"，俗字，《敦煌俗字典》已收，例如所引 P. 2141《大乘起信論略述》卷上："上以一心該二門故，直言是心攝一切法。今以二門通別相收，言各總攝，謂真如門是染淨通相，通相之外無別染淨，染淨皆為通相所攝，故真如門總攝諸法。"以下字形相同者不復出校。

　　［210］"通"，甲本作"道"，據文義，應作"通"。

　　［211］"已"，丙本作"己"。敦煌寫卷中，"已""己""巳"諸字，常混用。

　　［212］"鳴"，甲本作"音"，據文義，應作"鳴"。

　　［213］"力"，《大正藏》本、於本作"方"，誤。"五力"，佛教術語。"并"，乙本作"再"。

　　［214］"八"，乙本作"人"。

　　［215］"壽"，乙本、丙本作"實"。

　　［216］"眾"，甲本作"民"，乙本脫。

　　［217］"圓"，甲本作"國"。

　　［218］"聞衆"，原作"衆聞"，但"衆"、"聞"兩字之右側，旁注一倒乙符號，據正。

　　［219］"脫"，原作"䏈"，俗字。《敦煌俗字典》已收，例如所引 S. 1625V《唐京師大莊嚴寺僧釋智興判》："時有人初死，忽通夢其妻曰：'比在地獄，備經眾苦。賴以今月初曉，蒙禪定寺僧智興鳴鍾發聲，響振地獄，同受苦者，一時解脫。今生樂處，思報其恩，可持絹拾疋奉之。'"以下字形相同者不復出校。

　　［220］"筭"，《大正藏》本、於本、甲本作"算"，按"筭"為"算"之俗字，"算"與"筭"同。《干祿字書》："筭，算，上俗下正。"《爾雅·釋詁下》："算，數也。"唐陸德明釋文："算，字又作筭。""限量"，原作"量限"，而"量"、"限"二字之右側，旁注有倒乙符號，據正。《大正藏》本、於本作"量限"。

[221]"刹",原作"刹",俗字。《敦煌俗字典》已收,例如所引 S.388《正名要錄》:"'刹:和。''右本音雖同字義各別例。'"以下字形相同者不復出校。

[222]"少",丙本作"小",文義均可通。

[223]"終",丙本作"中","中"為"終"之借音字。

[224]"六",原有破損,據殘筆畫及諸校本補。"證",丙本作"總"。"成",甲本、丙本作"誠",二字可通假。清朱駿聲《說文通訓定聲·鼎部》:"成,叚借為誠。"《墨子·貴義》:"子之言則成善矣。"孫詒讓閒詁引王念孫云:"古或以成為誠。"

[225]"妄",原作"妄",俗字。以下字形相同者不復出校。

[226]"仏",《大正藏》本、於本、甲本、乙本、丙本、丙本均作"佛","仏"為"佛"之俗字,系由"佛"字草書楷化而來。

[227]"從",據殘筆畫及文義補,《大正藏》本、於本、甲本、乙本、丙本、丁本均作"從"。

[228]"囑",據殘筆畫及文義補,乙本亦殘損,《大正藏》本、於本、甲本、丙本、丁本皆作"囑"。"遣",甲本作"盡"。

[229]敦煌文獻中見有《維摩讚》的寫卷,尚有 S.4443 以及羽155。其中,S.4443 寫卷,僅存首題;羽412 寫卷,起首題,迄末句。除此之外,《大正藏》第四十七冊所收日本德川時刊本《淨土五會念佛略法事儀讚》中,亦有《維摩讚》,起首題,迄末句。以下錄文以 P.2066 為底本,用《大正藏》本、於本,以及《大正藏》所收日本德川時刊本《淨土五會念佛略法事儀讚》(稱其為甲本)、羽155(稱其為乙本)參校。

[230]"淨土",甲本作"清淨"。"心",乙本脫。

[231]乙本在本篇讚文中此句及以下數行次句末尾之和聲,均作"難思議",以下不復贅述。

[232]"虛",原作"虛",俗字。《干祿字書》:"虛虛:上

通，下正。"《敦煌俗字典》已收，例如所引 S.76《食療本草》："甜瓜：寒。……案經：多食令人羸憊虛弱，腳手少力。"以下字形相同者不復出校。另，甲本在本篇贊文中此句以及以下數行次句末尾之和聲，均作"難思議，維摩詰"，以下不復贅述。

[233]"毗"，《大正藏》本、於本、甲本作"毘"，按"毗"同"毘"。《正字通・比部》："毘，同毗。"

[234]"過"，甲本作"遇"。

[235]"疾"，甲本作"病"。

[236]"敢"，甲本作"徵"。另，此句，乙本脫。

[237]"維"，《大正藏》本作"難"，誤。

[238]"蔭"，甲本作"陰"，按"蔭"通"陰"。清朱駿聲《說文通訓定聲・臨部》："陰，叚借為蔭。"

[239]敦煌文獻中見有《涅槃讚》的寫卷，尚有 BD8174（乃74）以及 Φ176v。其中，BD8174（乃74）寫卷，起首題，迄末句；而 Φ176v 寫卷之文本內容，與 P.2066 寫卷有較大差異。以下錄文以 P.2066 為底本，用《大正藏》本、於本，以及 BD8174（乃74）（稱其為甲本）、Φ176v（稱其為乙本）參校。另，"涅"，原作"涅"，俗字，《敦煌俗字典》已收，例如所引敦博56《佛為首迦長者說業報差別經》："十者速證涅槃。""槃"，原作"槃"，俗字，《敦煌俗字典》已收，例如所引浙敦26《普賢菩薩說證明經》："釋迦涅槃後，彌勒未興世，眾生有所疑，如何為說之？"以下字形相同者不復出校。

[240]"亡"，原作"亾"，俗字。《敦煌俗字典》已收，例如所引 S.6659《太上洞玄靈寶妙經眾篇序章》："己身罪重，上流先亡。"以下字形相同者不復出校。另，甲本、乙本皆無此注文。

[241]"娑羅林"，乙本脫。

[242]"雙"，原作"雙"，俗字。《干祿字書》："雙雙：上俗，下正。"P.2524《語對》："雙穿。""雙鶴。"以下字形相同者

不復出校。

[243]"般"，於本、甲本無，據文義，系衍字。此句，乙本脫。

[244]"雙林裏"，乙本在此句及以下數行首句之末尾，均脫。

[245]"搥"，原作"搥"，俗字，《大正藏》本作"搥"。"撲"，原作"撲"，俗字。"床"，原作"床"，俗字，《敦煌俗字典》已收，例如所引 P.3666《鷰子賦》："取高頭之規，墨泥作窟；上攀京使，籍草為床。"以下字形相同者不復出校。"金床"，乙本作"官前"。

[246]"淚落如雲雨"，乙本在此句及以下數行次句之末尾，均脫。

[247]"碎"，原作"碎"，俗字。《敦煌俗字典》已收，例如所引 S.318《洞淵神咒經·斬鬼品》："先斬万碎不恕矣。"以下字形相同者不復出校。

[248]"蘇"，原作"蘓"，俗字。《干祿字書》："蘓蘇：上俗，下正。"以下字形相同者不復出校。

[249]"淚落如雲雨"，甲本在此句及以下數行次句之末尾，均脫。

[250]"雙林裏"，甲本在此句及以下數行首句之末尾，均脫。

[251]"真"，《大正藏》本、於本、甲本、乙本作"直"，據文義，應作"直"。

[252]乙本在此句后，尚有"外道魔王烈面笑，僧尼二眾行兩邊"句，應系底本及其他校本之脫文。

[253]"第"，原作"苐"，俗字，《大正藏》本、於本、甲本、乙本作"弟"。《干祿字書》："苐、第，次第字。上俗，下正。""弟"為"第"之古字，《呂氏春秋·原亂》："亂必有弟。"畢沅注："弟，古字。""號"，原作"号"，俗字。"咷"，原作"咷"，俗字，以下字形相同者不復出校。

[254]"姟",甲本作"孩",據文義,應作"孩"。

[255]"哀哀",第二個"哀"字,原作重文符號,據正。另,此句,乙本作"佛母哀哀繞棺哭"。

[256]此句,乙本作"一切百鳥助悲哀"。

[257]此句,乙本脫。

[258]此句,乙本脫。

[259]此句,乙本脫。

[260]乙本在此句前,尚有"如來棺中聞母哭"句,應系底本及其他校本之脫文。"坐",乙本作"座","座"為"坐"之增旁後起字。《正字通·广部》:"座,古作坐,俗作座。"

[261]"蹔",《大正藏》本、於本作"暫","蹔"為"暫"之俗字。《正字通·足部》:"蹔,俗暫字。《說文》有暫無蹔。"《敦煌俗字典》已收,例如所引敦博56《佛為首迦長者說業報差別經》:"或有業能令眾生蹔入即出。"另,此句,乙本作"共孃蹔別一小劫"。

[262]"力莫",原作"莫力",但"莫"、"力"二字之右側,旁注有一倒乙符號,據正。此句,乙本作"願孃努力捨慈悲"。同時,乙本此句後尚有:"他道生離勝死別,我道死別勝生離。生離干腸寸寸短,死去一別永長分。諸行无常弟一義,是生滅法入真門。生滅滅已三乘教,寂滅為樂不思議。江河由自有枯竭,樹林摧折亦如斯。恩愛之情不思議,義重合有一別離。"此外,乙本在全篇贊文後,書有一表示抄畢之意的"竟"字。與底本及其他校本相比,乙本應系全本。

[263]敦煌文獻中存見《般舟讚》的寫卷,尚有 S.2945、P.4597。其中,S.2945 寫卷首殘,起"憶受天堂蹔時樂"句,迄末句,各句均無和聲詞;P.4597 寫卷,僅見首題及"般舟三昧樂,願往生。大眾固心厭(原作'猒','厭''猒'為古今字)三界,無量樂"兩句。此外,《大正藏》第四十七冊所收日本德川時刊本

《淨土五會念佛略法事儀讚》中，亦有此讚文，但贊題與內容，均有差異。以下錄文以 P.2066 為底本，用《大正藏》本、於本，以及《大正藏》所收日本德川時刊本《淨土五會念佛略法事儀讚》（稱其為甲本）、S.2945（稱其為乙本）、P.4597（稱其為丙本）參校。另，"般舟讚"，甲本作"般舟三昧讚"，丙本作"般舟梵讚文"。

［264］"若"，於本脫。另，此兩句，丙本全無，甲本則無"若大會時及亡者處誦"之夾注。

［265］"釋"，甲本、丙本無。另，"上"，甲本作"尚"，丙本無，按"上"通"尚"。《呂氏春秋·盡數》："今世上卜筮禱祠，故疾病愈來。"孫鏘鳴補正："上，尚也。"

［266］"般舟三昧樂，願往生"句，甲本句式為四句一組，而每組之首句皆為此句，但《大正藏》本、於本、丙本則僅在讚文之開端處見有此句。以下不再贅述。

［267］此句，丙本作"大眾固心猒三界，无量樂"，按"猒"為"厭"之古字。《說文·甘部》："猒，飽也。从甘，从肰。猒，猒或从呂。"段玉裁注："'厭'專行而'猒'廢矣……'猒'、'厭'古今字。"以下字形相同者不復出校。

［268］"同"，原卷因殘損左側之"｜"而似"司"，此處據殘筆畫及文義補。

［269］甲本在此句之前，尚有"專心念佛見彌陀，無量樂。曠劫已來流浪久，無量樂。隨緣六道受輪迴，無量樂"三句，顯為底本及其他校本之所脫者。

［270］"歸"，原作"歸"，俗字。《敦煌俗字典》已收，例如所引 P.2305《妙法蓮華經講經文》："伏願獸王通過路，放我歸菴事大仙。"以下字形相同者不復出校。

［271］"蹔"，甲本作"暫"。"蹔"為"暫"之俗字。《正字通·足部》："蹔，俗暫字。《說文》有暫無蹔。"

三　錄文和校勘　85

［272］"衰"，原作"袞"，俗字。《敦煌俗字典》已收，例如所引 P. 2500《禮記》卷第三："其妻魯人也，衣衰而繆絰。"以下字形相同者不復出校。另，此句，乙本因殘損而缺失。

［273］此句，乙本僅殘存"苦"字。

［274］"蛇"，原作"虵"，即"虵"，俗字。《玉篇·虫部》："虵，正作蛇。"《敦煌俗字典》已收此字形，例如所引 S. 6659《太上洞玄靈寶妙經眾篇序章》："奔蛇擊劍，長牙叩鍾。"S. 78《失名類書》："傷蛇。""競"，原作"竞"，俗字。以下字形相同者不復出校。

［275］"鬼"，原作"思"，俗字。《敦煌俗字典》已收，例如所引 S. 6659《太上洞玄靈寶妙經眾篇序章》："不敬天地，不畏鬼神。"漢隸名碑《曹全碑》"貢王庭征鬼方"中的"鬼"，亦作此形。以下字形相同者不復出校。另，此句，乙本僅殘存"憶受修羅"四字，且"羅"字僅存上部之"罒"，以及下部左半之"糹"。

［276］"飢"，原作"飢"，俗字。《敦煌俗字典》已收，例如所引 BD7《妙法蓮華經》卷第三："諸飢渴眾生，以法雨充滿。"以下字形相同者不復出校。"栽"，甲本、乙本作"栽"，二字同。《廣雅·釋宮》："栽，闌也。"王念孫疏證："卷三云：'栽，弦也。'栽與栽同。"另，此句，乙本僅殘存"苦難栽"三字，且其中的"苦"字，僅存下部之"古"部。

［277］"復"，原作"復"，俗字，《敦煌俗字典》已收，例如所引 P. 3056 + P. 4895《佛家詩曲集》："飢渴寒熱逼，六賊復來誅。""牽"，原作"牵"，俗字，《敦煌俗字典》已收，例如所引 S. 2072《佚類書·高士》："巢父，不知何處人。牽牛將飲之，乃見許由臨河洗耳。""黎"，原作"梨"，甲本作"犁"，乙本殘缺，於本據文義校改作"犁"。按"梨"為"黎"之俗字，《敦煌俗字典》已收，例如所引 P. 3697《捉季布傳文》："一自漢王登九五，

黎庶昭蘇萬姓忻。""犂"、"黎""犁",三字可通用,《廣雅·釋詁四》:"遟,遲也。"王念孫疏證:"遲、黎古同聲,字亦作犂。"此外,《廣雅·釋地》:"犁,耕也。"王念孫疏證:"犁,或作犂。"以下字形相同者不復出校。

［278］乙本將本行兩句與下行兩句相顛倒。另,此句,乙本殘存"長時苦"三字。

［279］"劍",原作"剑",俗字。《敦煌俗字典》已收,例如所引 S.1835《失名書》:"雲上書求見,公卿在前。雲曰:'今朝廷大臣上不能匡主,下無以益民。願賜臣尚方斬馬劍,斷佞臣一人,以厲其餘。'"以下字形相同者不復出校。

［280］"灰",原作"灰",俗字。《干祿字書》:"灰灰,上俗,下正。"《敦煌俗字典》收此字形,例如所引 S.6557《南陽和尚問答雜徵義》:"金百煉百精,鑛若再煉,變成灰土。"以下字形相同者不復出校。

［281］"鑊",原作"镬",俗字。以下字形相同者不復出校。另,"鑊湯爐炭火",乙本作"鑊炭湯爐火"。

［282］"耕",原作"耕"。《敦煌俗字典》收此字形,例如所引Φ96《雙恩記》:"為覩前耕織等,不免淚流盈目,塵坌滿身。"《干祿字書》:"耕耕:上俗,下正。"以下字形相同者不復出校。另,"黎",甲本、乙本作"犁","犂"、"黎""犁",三字可通用,詳見校記［277］。"耕",甲本作"拂"。"舌",甲本作"口"。

［283］"酒",原作"酒",俗字。《敦煌俗字典》收此字形,例如所引 P.2299《太子成道經》:"是時大王便倒天祀神邊,索酒親自發願:……"P.2524《語對》:"玉膏酒。"以下字形相同者不復出校。

［284］"臥",於本、乙本作"卧",按"卧"同"臥"。《正字通·臣部》:"臥,《同文舉要》作卧,俗作卧。""鐵",原作"鐵",俗字。以下字形相同者不復出校。

[285]"婬",於本作"淫",按"婬"同"淫"。《說文·女部》:"婬,私逸也。"段玉裁注:"婬之字,今多以淫代之,淫行而婬廢矣。"《集韻·侵韻》:"婬,同座淫。"另,"婬顛倒來",乙本殘存四字之右半。

[286]此句,乙本殘存"地獄"二字。

[287]"通交",甲本作"交通"。

[288]此句,乙本殘存"自"字之下半,以及"飛來"二字。

[289]"狗",原作"狥",俗字。《敦煌俗字典》收此字形,例如所引 S.3704《大目乾連冥間救母變文》:"行至一長者家門前,見一黑狗身,從宅裏出來,便捉目連袈裟咸著,即作人語。"《干祿字書》:"狥狗:上俗,下正。"以下字形相同者不復出校。"并",於本作"並",二字同。"嚙心并噉血",乙本作"噉心飲熱血"。

[290]"啄",甲本作"喙"。"顋",甲本作"鰓"。

[291]"度",甲本作"慶"。

[292]"優",原作"偄",俗字。《敦煌俗字典》收此字形,例如所引 S.516《歷代法寶記》:"末田地付囑商那和修,商那和修付囑優波掬多。"以下字形相同者不復出校。

[293]"弘",原作"弸",俗字,《敦煌俗字典》收此字形,例如所引 S.800《論語》:"曾子曰:'士不可以不弘毅,任重而道遠。'"《干祿字書》:"弸弘:上俗,下正。""喚",原作"奐",俗字,乙本作"嚷"。"奐",《敦煌俗字典》收此字形,例如所引 S.462《金光明經果報記》:"諸處叫喚,求覓訴者。"以下字形相同者不復出校。

[294]"經",乙本作"法"。

[295]"契",原作"契",俗字。以下字形相同者不復出校。另,"結契",乙本殘損兩字之右半。"上",乙本殘缺。

[296]"无",因殘損上半之"工"部而似"儿"字,據殘筆畫及文義補。"總",甲本作"悩"。

[297]"一日",甲本、乙本無,據文義,系衍字。"七日",乙本作"日七",按乙本在"七"字之右側有一墨跡,但不似倒乙符號。

[298]"要",乙本作"悪",形近致誤。

[299]"是",甲本作"在",文義均可通。

[300]"下智",乙本殘缺。"与",甲本作"與",二字同,乙本此字殘損,但據殘存之下半部分逆推,似非"与"或"與"字,具體俟考。

[301]"智",《大正藏》本、於本作"知",二字同。《集韻·寘韻》:"智,或作知。"清徐灝《說文解字注箋·矢部》:"知,智慧即知識之引申,故古衹作知。"

[302]"土業",原卷在"業"字之右側,旁注有一倒乙符號,據正。乙本作"業土"。

[303]"時脩",原卷在二字右側,旁注有一倒乙符號,據正。乙本作"脩時"。

[304]"聞",系為書手補寫。另,"持"字之"扌"部以及"淨"字之"氵"部分,原卷中均見有明顯的塗改痕跡。

[305]"道",乙本殘存上半部。"弥陁",乙本殘存二字之左半部。

[306]"容",乙本作"融",按"融"為"容"之音借字。

[307]"中",原卷僅存左半邊以及中間之"丨"部,此處據殘筆畫及文義補。

[308]"不",甲本作"否",按"不"同"否"。《正字通·一部》:"不,與可否之否通。"唐李白《秋浦歌十七首》之一:"寄言向江水,汝意憶儂不?"

[309]"如何",原卷在二字之右側,見有一倒乙符號,據正。

乙本作"何如"。

［310］"專"，甲本作"多"，文義均可通。

［311］"定"，乙本作"空"。另，此句，甲本作"彌陀決定自親近"，且甲本在此句之後，又有"般舟三昧樂，願往生；專心念佛見彌陀，無量樂"兩句。

［312］敦煌文獻中見有《道場讚》的寫卷，尚有 P.3156。P.3156 寫卷，起首題，迄末句，各句均無和聲辭。此外，《大正藏》第四十七冊所收日本德川時刊本《淨土五會念佛略法事儀讚》中，亦有此讚文，起首題，迄末句。以下錄文以 P.2066 為底本，用《大正藏》本、於本，以及《大正藏》所收日本德川時刊本《淨土五會念佛略法事儀讚》（稱其為甲本）、P.3156（稱其為乙本）參校。另，"道場讚"，甲本作"道場樂讚文"，乙本作"道場樂讚"。

［313］"慚"，乙本作"慹"，按"慚"同"慙"，《玉篇·心部》："慚"，同"慙"。乙本之"慹"字，當為書手在抄寫"慙"字時產生的訛誤。"迦"，乙本作"加"，按"迦"為梵文譯音字，且為釋迦的專名用字。《玉篇·辵部》："迦，釋迦如來，佛諡也。"

［314］"得"，乙本作"德"，按"得"與"德"通。《荀子·解蔽》："宋子蔽於欲而不知得。"俞樾平議："古得、德字通用。"

［315］"指"，原作"拍"，俗字。《敦煌俗字典》收此字形，例如所引 P.2090《妙法蓮華經》卷第七："往到佛所，頭面禮足，合十指爪，以偈讚佛……"以下字形相同者不復出校。另，"指"，乙本作"秪"。"授"，甲本作"受"，乙本作"民"，按"民"字有誤，"受"字不誤，郭在貽《〈論衡〉札記》："受為反訓字，在古代兼有接受與授予兩層意義。也。'柳宗元《封建論》：'朝拜而不道，夕斥之；夕受而不法，朝斥之矣。'""授"通"受"，清朱駿聲《說文通訓定聲·孚部》："授，叚借為受。"

［316］"解"，乙本作"夏"。"沉"，甲本作"沈"，乙本作

"汎"，按《玉篇·水部》："沉"，同"沈"。而"汎"有"浮游"意，《說文·水部》："汎，浮皃。"故而，此處作"沉""沈"或"汎"，文義皆可通。"淪"，乙本作"輪"。

[317]"相親"，乙本作"同心"。"策勵"，乙本作"側例"。"策"，原作"筞"，俗字。《敦煌俗字典》收此字形，例如所引浙敦26《黃仕強傳》："初死之時，見有四人來取。一人把文書，一人撮頭，二人策腋，將向閻羅王處。""策"為攙扶、加持之意。以下字形相同者不復出校。

[318]"畢"，原作"畢"，俗字。《敦煌俗字典》收此字形，例如所引P.2072《慶經》："擢虛世之英靈，繕寫云畢。"以下字形相同者不復出校。"佛"，乙本作"仏"，"仏"系由"佛"字草書楷化而來。

[319]]此行兩句，乙本脫。

[320]"花"，甲本作"華"，"花"乃"華"之後起俗字。

[321]《大正藏》第四十七冊所收日本德川時刊本《淨土五會念佛略法事儀讚》中，亦有此讚文，題作"嘆阿彌陀佛讚文"。以下錄文以P.2066為底本，用《大正藏》本、於本，以及《大正藏》第四十七冊所收"淨土五會念佛略法事儀讚"（稱其為甲本）參校。另，甲本題下無注文。

[322]"巍巍"，第二個"巍"字，原作重文符號，據正。下同，不復贅述。

[323]"英"，原作"英"，俗字。《敦煌俗字典》收此字形，例如所引P.4093《甘棠集》："伏以相公岳降英靈，天資厚德，莊敬執大臣之禮，操持成王者之師。"以下字形相同者不復出校。

"英"，甲本作"形"，按此處應作"形"，"紫金形"義為佛之紫金色身形。P.2250《淨土五會念佛誦經觀行儀卷下》所見《依阿彌陀經讚》（此讚文又見於《大正藏》第四十七冊所收《淨土五會念佛略法事儀讚》，題作"新阿彌陀經讚"）中有："去此

三　錄文和校勘　91

西方十萬億，彌陀寶國紫金形。"清釋德真輯《淨土紺珠》："頂上花冠戴寶瓶，青蓮紺目紫金形。"皆其用例。

［324］"歎"，甲本作"嘆"，"歎"同"嘆"。《正字通·欠部》："歎，與嘆同。"以下字形相同者不復出校。

［325］"皆"，甲本作"者"，文義均可通。

［326］"英"，甲本作"美"。此處應作"英"，"英"與前後句中"聲"、"生"、"迎"等字為韻。

［327］"花"，甲本作"華"，"花"乃"華"之後起俗字。

［328］"軀"，原作"軀"，俗字。《敦煌俗字典》收此字形，例如所引Φ96《雙恩記》："持盂聚落求齋飯，給濟身軀摧我慢。"以下字形相同者不復出校。

［329］"耀"，甲本作"曜"，二字均有"照耀"意，故皆可通。

［330］"礼"，甲本作"禮"，二字同。《集韻·薺韻》："禮，古作礼。""礼"乃魏晉南北朝以來俗字。

［331］"父"，甲本作"文"。"父"與前句"土"、"苦"等字為韻，故而此句應作"父"。"文"當是因形近而產生的訛誤字。

［332］《大正藏》第四十七冊所收日本德川時刊本《淨土五會念佛略法事儀讚》中，亦有此讚文，題作"嘆觀世音菩薩"。以下錄文以P.2066為底本，用《大正藏》本、於本，以及《大正藏》第四十七冊所收日本德川時刊本《淨土五會念佛略法事儀讚》（稱其為甲本）參校。另，甲本無夾注。

［333］"厄"，原作"厄"，俗字。《敦煌俗字典》收此字形，例如所引S.388《正名要錄》："厄"，"右正行者指，腳注稍訛。"以下字形相同者不復出校。

［334］"乃至"，甲本屬上句。"處"，甲本作"所"，二字均有"處所"、"地方"之意，故而皆可通。

［335］"扵"，甲本作"於"，"扵"同"於"。《改併四聲篇

海·手部》引《餘文》："扵，音於，義同。"

［336］"怙"，《大正藏》本作"怗"，形近致誤。

［337］"礼"，甲本作"禮"，二字同。《集韻·薺韻》："禮，古作礼。""礼"乃魏晉南北朝以來俗字。

［338］此行文字，甲本無。

［339］《大正藏》第四十七冊所收日本德川時刊本《淨土五會念佛略法事儀讚》中，亦有此讚文，題作"嘆大勢至菩薩"。以下錄文以 P.2066 為底本，用《大正藏》本、扵本，以及《大正藏》第四十七冊所收日本德川時刊本《淨土五會念佛略法事儀讚》（稱其為甲本）參校。另，甲本無題下注文。

［340］甲本在"神通"二字后，有一"大"字。

［341］"接"，甲本作"攝"，"接"意為"接觸"，"攝"意為"牽拽""提取"，此處二字均可通。

［342］"礼"，《大正藏》本、甲本作"禮"，二字同。《集韻·薺韻》："禮，古作礼。""礼"乃魏晉南北朝以來俗字。

［343］《大正藏》第四十七冊所收日本德川時刊本《淨土五會念佛略法事儀讚》中，亦有此讚文，題作"出家樂讚文"。以下錄文以 P.2066 為底本，用《大正藏》本、扵本，以及《大正藏》第四十七冊所收日本德川時刊本《淨土五會念佛略法事儀讚》（稱其為甲本）參校。另，甲本無夾注。

［344］"著"，原作"着"，俗字。《敦煌俗字典》收此字形，例如所引 S.2832《願文等範本·夫人》："早彰雅頌，夙著仁慈。"以下字形相同者不復出校。

［345］"割"，原作"割"，俗字。《敦煌俗字典》收此字形，例如所引 S.189《老子道德經》："是以聖人方而不割，廉而不穢，直而不肆，光而不燿。"以下字形相同者不復出校。

［346］"頓"，原作"頓"，俗字。《敦煌俗字典》收此字形，例如所引 P.3561 蔣善進臨摹《千字文》："矯手頓足。"以下字形

相同者不復出校。另,"塵",甲本作"麁"。

[347] 此為和聲辭,其中的"断""衆""惡"三字,原卷皆作重文符號,據正。

[348] "抒",《大正藏》本、於本、甲本作"於","抒"同"於"。《改併四聲篇海·手部》引《餘文》:"抒,音於,義同。"

[349] "髮",原作"髮",俗字。《敦煌俗字典》收此字形,例如所引 S.374《新鄉百姓牒》:"右漢子、佛德百姓等,自從把城,苦無絲髮之勞。"以下字形相同者不復出校。另,"殯"字,《大正藏》本作"喰",甲本作"食","殯"同"喰","殯""喰"與"食"義同。

[350] 此為和聲辭,其中的"殯"、"寶"、"藥"三字,原卷皆作重文符號,據正。

[351] "懷",原作"懷",俗字。《敦煌俗字典》收此字形,例如所引 S.6557《南陽和尚問答雜徵義》:"明鏡高懸,鬢局懷醜。"以下字形相同者不復出校。

[352] "睡",原作"睡",俗字。《敦煌俗字典》收此字形,例如所引敦研 365《大般涅槃經》卷第十五:"雖復安於睡眠之中而不睡眠,勤精進故。以下字形相同者不復出校。

[353] "樂",甲本作"安",文義皆可通。

[354] "忏",干擾意。敦煌寫卷《漢將王陵變》中有"適來專輒橫相忏"句,又有"娘子莫漫橫相干"句,故知"忏"即"干"。

[355] "廿",《大正藏》本、於本、甲本作"二十"。按"廿"為"二""十"之合文,義作"二十"。《說文》:"廿,二十并也。古文省。" "上",甲本作"尚",按"上"通"尚"。《呂氏春秋·盡數》:"今世上卜筮禱祠,故疾病愈來。"孫鏘鳴補正:"上,尚也。"

"逢",原作"逢",俗字。《干祿字書》:"逢逢:上俗,下正。"以下字形相同者不復出校。

［356］"壇"，原作"壜"，俗字。《敦煌俗字典》收此字形，例如所引 S. 343《願文》："有心內發，壇會外施。"其中的"壇"與"壜"形微別，應是其變體。以下字形相同者不復出校。

［357］此為和聲辭，其中的"遇""淨""壇"三字，原卷皆作重文符號，據正。

［358］"琉"，甲本作"瑠"，二字同。《集韻·尤韻》："瑠，瑠璃，珠也。或作琉。"

［359］"花"，甲本作"華"，"花"乃後起俗字。"物"，《大正藏》本、於本、甲本作"總"。"惣"為"總"之俗字，誤脫"心"底，即變作"物"，此處應作"總"。敦煌寫卷《漢將王陵變》中有"塵莫天黃物可知"句，即為誤例。

［360］此為和聲辭，其中的"恣"、"物"、"看"等三字，原卷皆作重文符號，據正。

［361］"寬"，原作"寛"，俗字。《敦煌俗字典》收此字形，例如所引 S. 516《歷代法寶記》："平下大有寬閑寺舍，任意出去。"以下字形相同者不復出校。

［362］"逍"，甲本作"道"。"證"，甲本作"識"。

［363］此為和聲辭，其中的"證""涅""槃"等三字，原卷皆作重文符號，據正。

［364］"昇"，原作"昻"，俗字。《敦煌俗字典》收此字形，例如所引 S. 343《社齋文》："觀其用、調其興、一受證斷而遏昇者，僧。"以下字形相同者不復出校。"座"，甲本作"坐"，"座"為"坐"之增旁後起字。

［365］"花"，甲本作"華"，"花"為"華"之後起俗字。"哉"，原作"𢆉"，俗字。《敦煌俗字典》收此字形，例如所引 P. 3561 蔣善進臨摹《千字文》："謂語助者，焉哉乎也。"以下字形相同者不復出校。

［366］此為和聲辭，其中的"稱"、"善"、"哉"三字，原卷皆作重文符號，據正。

［367］"百花香"，甲本無。

［368］"怨"，《大正藏》本、於本、甲本作"婉"。

［369］此為和聲辭，其中的"讚""法""王"三字，原卷皆作重文符號，據正。

［370］"鴛"，原作"![字形]"，俗字。《敦煌俗字典》收此字形，例如所引 P. 2524《語對》："鴛台：鏡臺。"其中的"鴛"與"![字形]"形微別，應是其變體。以下字形相同者不復出校。

［371］此為和聲辭，其中的"住"、"苦"、"方"三字，原卷均作重文符號，據正。

［372］"授"，甲本作"受"，按"授"通"受"，甲本之"受"字不誤。清朱駿聲《說文通訓定聲·孚部》："授，叚借為受。"《周禮·天官·司儀》："登，再拜授幣。"鄭玄注："授，當為受。"《韓非子·難二》："惠公沒，文公授之。"王先慎集解："乾道本受作授。顧廣圻云：授當作受。"

［373］此為和聲辭，其中的"是""釋""迦"三字，原卷均作重文符號，據正。

［374］"拔脫"，甲本作"運度"，文義皆可通。

［375］此為和聲辭，其中的"出""愛""河"三字，原卷均作重文符號，據正。

［376］此為和聲辭，其中的"應""自""開"三字，原卷均作重文符號，據正。

［377］敦煌文獻中存見《淨土樂讚》的寫卷，尚有 S. 2945 以及 BD5441（菓 041）。其中，S. 2945 寫卷，除了首兩句與底本不同以外，其餘各句與 P. 2066 大體一致，只是均無和聲辭而已；BD5441（菓 041）寫卷，起首句，迄"惟須至意念彌陁"句，除起首三句外，其餘各句均無和聲辭。以下錄文以 P. 2066 為底本，

用《大正藏》本、於本,以及 S.2945(稱其為甲本)、BD5441(菓041)(稱其為乙本)參校。另,題下注文,甲本大部殘損,僅存末尾之"處經誦"三字,乙本則作"作法事了,應誦此讚,讚了即散"。

[378] 此行文字,甲本作"擬證西方淨土境,淨土樂。淨土三昧不思議,淨土樂"。

[379] "淨""土""樂"三字,原卷均作重文符號,據正。

[380] 第二"念"字,原作重文符號,據正。

[381] "辞",《大正藏》本、於本作"辭",乙本作"樂"。按"辞"為"辭"之俗字,今為"辭"的简化字。《正字通·辛部》:"辞,俗辭字。""憂",原作"㥑",俗字,《敦煌俗字典》收此字形,例如所引 S.361《書儀鏡》:"不知何當得聚會,增憂嘆也。"以下字形相同者不復出校。"五濁",原作"濁五",但"濁""五"兩字中間之右側,書有一倒乙符號,據正。"五濁"二字,《大正藏》本、於本作"濁土",文義亦可通。

[382] 此行文字,甲本無,乙本在此行之後,又有"已後准前偈和"之注文。

[383] "淨""土""樂"三字,原卷均作重文符號,據正。

[384] "暎",《大正藏》本、於本作"映",按"暎"同"映"。《集韻·映韻》:"映,亦从英。"《西京雜記》卷二:"衡乃穿壁引其光,以書暎光以讀之。"即為用例。

[385] "時時",第二個"時"字,原作重文符號,據正。

[386] "无生",乙本作"無為",文義均可通。

[387] 此行文字,甲本、乙本皆無。

[388] "淨""土""樂"三字,原卷均作重文符號,據正。

[389] "真珠",甲本作"珎珠",按"珎"為"珍"之俗字,漢代已有此寫法。《玉篇·玉部》:"珎,同珍。"清顧藹吉《隸辨》卷二侵韻"彡"下有:"從彡之字或變作尒,如珍為珎……之

類甚多,故參亦作糸。""真珠"與"珍珠"同義。

[390]"體",乙本作"躰","躰"為"體"之俗字。《玉篇·身部》:"躰,俗體字。"唐皇甫湜《諭業》:"躰無常軌,言無常宗。"

[391]"玉",甲本、乙本作"王","王""玉"古同,隸變后加點以與"君王"字相區別。《廣韻·燭韻》:"玉,《說文》本作王,隸加點以別王字。"《韓非子·喻老》:"文王見詈於王門,顏色不變。"陳奇猷集釋引盧文弨曰:"王,即古玉字。"

[392]此行文字,甲本、乙本俱無。

[393]"淨""土""樂"三字,原卷均作重文符號,據正。

[394]"淥水",《大正藏》本、於本作"流水"。"波瀾",乙本作"波浪","波瀾"有"波浪"義,故"波瀾""波浪"皆可通。"寶臺",甲本作"樓臺","寶臺"乃佛寺、佛塔之美稱,據文義,此處應作"寶臺"。

[395]"殿",原作"殿",俗字。《敦煌俗字典》收此字形,例如所引S.1776《顯德伍年十一月十三日某寺判官與法律尼戒性等一伴交歷》:"新香楪貳,銅鈴并鐸壹,銅佛印壹,經藏壹,在殿。"以下字形相同者不復出校。"輝",乙本作"暉",二字同。《廣韻·微韻》:"暉,同"輝"。《易·未濟》:"君子之光,其暉吉也。"陸德明釋文:"暉,又作輝。"

[396]"願",甲本作"須",蓋涉上句之"須"字而致誤。

[397]此行文字,甲本無。

[398]"淨""土""樂"三字,原卷均作重文符號,據正。

[399]"此後漸急誦"之注文,乙本作"已後准前讚偈和"。

[400]"優",乙本作"憂","優"、"憂"音同,可以通假。

[401]"蓮",甲本作"連","連"為"蓮"之借音字。"青蓮"指青色之蓮花,其瓣長而廣,青白分明,故佛書多取以喻佛眼。

98　上編　P.2066《淨土五會念佛誦經觀行儀卷中》寫卷校錄

[402]"佛",甲本、乙本作"仏","仏"為"佛"之俗字,系由"佛"字草書楷化而來。

[403]此行文字,甲本、乙本無。

[404]"淨""土""樂"三字,原卷均作重文符號,據正。

[405]"大",甲本作"本",涉上之"本"字而致誤。

[406]"相引接",乙本作"化生子"。

[407]"慮",甲本作"![字形]","![字形]"為"慮"之俗字,《敦煌俗字典》收此字形,例如所引 P.2613Ｖ《安傘文》:"慮灾產以侵人,恐妖氛之害物。""遲",甲本、乙本作"遟","遟"為"遲"之俗字。唐慧琳《一切經音義》卷八十九:"遟君來:遟……傳文作遟,俗字。"以下字形相同者不復出校。

[408]此行文字,甲本、乙本無。

[409]"淨""土""樂"三字,原卷均作重文符號,據正。

[410]"坐",甲本作"坒",乙本作"座"。按"坒"為"坐"之俗字。《改併四聲篇海·土部》引《奚韻》:"坒,音義同坐。"《宋元以來俗字譜》:"坐,《嶺南逸事》作坒。""座"為"坐"之增旁後起字。

[411]"解",乙本作"下"。

[412]"礼",《大正藏》本、於本作"禮",二字同,"礼"乃魏晉南北朝以來俗字。

[413]此行文字,甲本、乙本無。

[414]"淨""土""樂"三字,原卷均作重文符號,據正。

[415]"无",乙本作"無",二字同。《說文·亡部》:"無,亡也。无,奇字无。"徐鍇繫傳:"无者,虛無也。無者對有之稱,自有而無,无謂萬物之始。""无",今為"無"之簡化字。

[416]"鶴",底本、甲本、乙本俱作"![字形]",俗字。《敦煌俗字典》收此字形,例如所引 P.2413《大樓炭經》卷第三:"樹上有飛鳥止,名為鶴、孔雀、鴝鵒、白鴿。"其中的"鶴"與"![字形]"

形微別，應是變體。

［417］此行文字，甲本、乙本無。

［418］"淨""土""樂"三字，原卷均作重文符號，據正。

［419］此行文字，甲本、乙本無。

［420］"淨""土""樂"三字，原卷均作重文符號，據正。

［421］"普慈"，甲本原作"慈普"，但甲本"慈""普"二字之右側，書有一倒乙符號。

［422］"怜"，甲本作"悙"。"愍"，底本、甲本作"㤭"，避諱字，"愍"字左上部"民"缺末筆，諱唐太宗李世民諱。《敦煌俗字典》收此字形，例如所引 Φ96《雙恩記》："若有悲心愍憔悴，直須別有天生智。"

［423］此行文字，甲本、乙本無。

［424］"淨""土""樂"三字，原卷均作重文符號，據正。

［425］此行文字，甲本、乙本無。

［426］"淨""土""樂"三字，原卷均作重文符號，據正。

［427］據甲本、乙本及文義推定，底本在"菩"字之後，脫一"薩"字。"遊"，原作"逰"，俗字。《敦煌俗字典》收此字形，例如所引 S.5884《洞淵神呪經》卷第十："道言：壬午年，大兵啟動，人民逰逰，六夷不女，疫鬼煞人。"以下字形相同者不復出校。

［428］此行文字，甲本、乙本無。

［429］"淨""土""樂"三字，原卷均作重文符號，據正。

［430］"嚻"，《大正藏》本、於本作"嚣"，"嚻"為"嚣"之俗字。《字彙·口部》："嚻，同嚣。"《敦煌俗字典》收此字形，例如所引 S.238《金真玉光八景飛經》："嚣氣何紛紛，穢道當塗生。"以下字形相同者不復出校。

［431］此行文字，甲本、乙本無。

［432］"淨""土""樂"三字，原卷均作重文符號，據正。

［433］"掛"，"掛"為"挂"之俗字，甲本作"樹"。《廣韻·卦韻》："掛"，"挂"的俗字。以下字形相同者不復出校。"幢"，《大正藏》本、於本作"幢"，"幢"為"幢"之俗字。《敦煌俗字典》已收，例如所引P.3566《亡尼文》："惟願袈裟幢之世界，證悟無生。"其中的"幢"字即為"幢"形。

［434］此行文字，甲本、乙本無。

［435］此行文字，甲本、乙本無。

［436］"座"，甲本作"坐"，"坐"為"坐"之俗字。《改併四聲篇海·土部》引《奚韻》："坐，音義同坐。""座"為"坐"之增旁後起字。

［437］此行文字，甲本、乙本無。

［438］"淨""土""樂"三字，原卷均作重文符號，據正。

［439］"琉"，乙本作"瑠"，二字同。《集韻·尤韻》："瑠，琉璃，珠也。或作琉。"

［440］"臺"，乙本作"天"，蓋涉同句之"天"字而致誤。"与"，於本作"與"，二字同。《說文·勺部》："与，賜予也。一勺為与。此与與同。""与"，今為"與"的簡化字。

［441］此行文字，甲本、乙本無。

［442］"淨""土""樂"三字，原卷均作重文符號，據正。

［443］"力"，甲本脫。

［444］甲本在此句前，衍一"閻浮極苦罪人多"句。"无"，乙本作"無"，二字同。《說文·亡部》："無，亡也。无，奇字无。"徐鍇繫傳："无者，虛無也。無者對有之稱，自有而無，無謂萬物之始。""无"，今為"無"之簡化字。

［445］"泥"，原作"泥"，俗字。《敦煌俗字典》收此字形，例如所引S.328《伍子胥變文》："被泥寒水傷身，二伴芒消，唯餘獨活。"其中的"泥"與"泥"形微別，應是變體。以下字形相同者不復出校。"黎"，乙本作"犁"，按"黎"、"犁""犁"，

三字可通用。《廣雅·釋詁四》："邌，遲也。"王念孫疏證："遲、黎古同聲，字亦作犁。"《廣雅·釋地》："犁，耕也。"王念孫疏證："犁，或作犂。"

［446］此行文字，甲本、乙本無。

［447］"淨""土""樂"三字，原卷均作重文符號，據正。

［448］"西方淨土更无過，淨土樂"句，甲本脫。另，"无"，乙本作"無"，二字同。"无"今為"無"之簡化字。

［449］"惟"，甲本作"唯"，"惟"同"唯。清王引之《經傳釋詞》卷三："惟，發語詞也。……字或作唯，或作維。""須"，乙本作"願"。

［450］此行文字，乙本無。

［451］"淨""土""樂"三字，原卷均作重文符號，據正。

［452］《大正藏》第四十七冊所收日本德川時刊本《淨土五會念佛略法事儀讚》中，亦有此讚文，題作"請觀世音讚文"。以下錄文以 P.2066 為底本，用《大正藏》本、於本，以及《大正藏》第四十七冊所收日本德川時刊本《淨土五會念佛略法事儀讚》（稱其為甲本）參校。另，"菩薩讚"，底本原作"菩讚薩"，但在"讚"、"薩"二字之右側，書有一倒乙符號，據正。

［453］"娜"，甲本屬下讀。

［454］"阿"，甲本作"荷"。

［455］"悉多"，《大正藏》本屬上讀。"多"，甲本作"哆"。

［456］"牟"，甲本作"辨"。"祢"，《大正藏》本、於本、甲本作"禰"。《集韻·薺韻》："禰，或作祢。"西漢揚雄《蜀都賦》："慈孫孝子，宗廟祖祢。""祢"，今為"禰"的簡化字。

［457］"那"，甲本作"娜"。

［458］此句至"南无悉底"句，《大正藏》本、於本未能釋讀。"嚩"，甲本作"轉"。

［459］"娑"，甲本作"沙"。

［460］"纥"，甲本作"訖"。

［461］此句，甲本無。

［462］"无"，甲本作"無"，二字同。《說文·亡部》："無，亡也。无，奇字無。"徐鍇繫傳："无者，虛無也。無者對有之稱，自有而無，无謂萬物之始"。今"无"為"無"之簡化字。

［463］"即念"，甲本無。另，甲本無句末"依《大般若經》，通一切處誦"之注文，但在句前衍一"觀世音菩薩"名。

［464］敦煌文獻中存見《六根讚》的寫卷，尚有 S. 263、P. 3242 以及羽 155。其中，S. 263 寫卷，起首句，迄"香性本來无障导"句，句末均無和聲辭，題作"大乘六根讚"，題下無注文；P. 3242 寫卷，起"觀見眼見常清淨"句，迄"眾得人身受苦殃"句，句末均無和聲辭，題作"六根讚"，題下無注文；羽 155 寫卷，起首句，迄末句，題作"六根讚"，題下無注文。《大正藏》第四十七冊所收日本德川時期刊本《淨土五會念佛略法事儀讚》中，亦有此讚文，但自"煩惱猛燄鎮燒然"句以後之內容，均全然不同，題作"離六根讚"，題下有注文："依《大般若經》。"以下錄文以 P. 2066 為底本，用《大正藏》本、於本，以及《大正藏》第四十七冊所收日本德川時期刊本《淨土五會念佛略法事儀讚》（稱其為甲本）、S. 263（稱其為乙本）、P. 3242（稱其為丙本）、羽 155（稱其為丁本）參校。

［465］"我"、"淨""樂"三字，原卷均作重文符號，據正。

［466］"照"，甲本作"瞻"。

［467］"我"，據殘筆畫及文義補，原卷僅殘存"我"字之左半。此"我淨樂"句，乙本脫。

［468］"眼"，丁本作"耳"，蓋涉以下"觀見耳根常清淨"句而致誤。"根"，丙本作"見"。

［469］"空"，原作"宔"，俗字。《敦煌俗字典》收此字形，例如所引 Φ96《雙恩記》："又諸方延但空，故言一時。"以下字形

相同者不復出校。"元",甲本作"無",丙本作"員"。按,"元"與"无"形近,"無"與"无"同,蓋甲本書手在抄寫過程中因涉"无"字而致誤。

[470]"性",丙本作"是"。"无",甲本作"無",二字同。《說文·亡部》:"無,亡也。无,奇字无。"徐鍇繫傳:"无者,虛無也。無者對有之稱,自有而無,无謂萬物之始"。今"无"為"無"之簡化字。"㝵",《大正藏》本、於本、甲本、丙本作"礙","㝵"為"礙"之俗字。

[471] 第二個"无",乙本脫。

[472] "淨",丙本殘存此字之上半。

[473] "元",丙本作"員",二字音同。 "本",乙本作"大"。

[474] "性",丙本作"是"。

[475] "常"、"清",乙本脫。"鼻",丁本原作"耳",但"耳"字之右側又補寫一"鼻"字,揣摩書手意圖,丁本此處亦應作"鼻"。

[476] "元",丙本作"員",二字音同。 "本",乙本作"太"。

[477] "性",丙本作"是"。

[478] "元",丙本作"員",二字音同。

[479] "性",丙本作"是"。

[480] "色",甲本、丙本、丁本作"觸"。"元",丙本作"員",二字音同。

[481] "色",甲本作"法",丙本、丁本作"觸"。"性",丙本作"是"。

[482] "元",丙本作"員",二字音同。

[483] "性",丙本作"是"。

[484] "妄",丙本作"望",二字音同。 "想",丙本作

"相",《故訓匯纂》:"相,假借為想,《文選·潘岳〈悼亡詩〉》:'戚戚彌相愍。'舊校:五臣作想字。""緣",丙本作"員",二字音同。"轉",丁本原作"空",但"空"字之右側,又補寫一"轉"字,揣摩書手意圖,丁本此處亦應作"轉"。

［485］"妄",丙本作"望",二字音同。"耳界",原作"界耳",但"界"、"耳"二字之右側,書有一倒乙符號,據正。另,此句,丙本作"望相體波戒色轉"。

［486］"妄",丙本作"望",二字音同。"嗅",甲本作"臭",丙本作"香",底本原作"兜",俗字,《敦煌俗字典》收此字形,例如所引南文院1《如來莊嚴智慧光明入一切佛境界經》卷上:"不可見,不可聞,不可嗅,不可味。""染",原作"㳱",俗字,《敦煌俗字典》收此字形,例如所引S.1674《禮懺文》:"至心發願:我願眼中常見十方佛,願耳恆聞解脫音,願鼻不嗅一餘香,願口常說波羅蜜,願身不染邪思境,願意［不］緣有相緣。"以下字形相同者不復出校。"舌",甲本作"鼻"。"常",甲本作"舌"。"味",丙本作"未",二字音同。

［487］"妄",丙本作"望",二字音同。"識",丙本作"昔"。"觸",丙本作"濁"。"遷",丙本作"前",底本原作"遷",俗字,以下字形相同者不復出校。

［488］此行文字,丙本脫。

［489］"急急",第二個"急"字,原作重文符號,據正。"狐",原作"狐",俗字,《敦煌俗字典》收此字形,例如所引浙敦26《普賢菩薩說證明經》:"土地者狐狸是,山神者他蟲蟒蛇是。"以下字形相同者不復出校。另,此句,甲本作"普勸念彌陀修福"。

［490］"妄",丙本作"望",二字音同。"想",丙本作"相",《故訓匯纂》曰:"相,假借為想,《文選·潘岳〈悼亡詩〉》:'戚戚彌相愍。'舊校:五臣作想字。""沒",丙本作

三 錄文和校勘 105

"不"。"溺",丙本作"滴"。

[491]"猛",丙本作"買"。"燄",《大正藏》本、於本、甲本作"焰",丙本作"炎"。按"焰"為"燄"之古本字,《說文·炎部》:"燄,火行微燄燄也。从炎,舀聲。"徐灝注箋:"《一切經音義》七引《字詁》云:'焰,古文燄。'""焰"與"炎"通用,《說文·炎部》:"炎,火光上也。从重火。"徐灝注箋:"炎、燄,古今字。""鎮",丙本作"苦"。"然",於本校改作"燃",甲本作"燃",丙本作"前"。按"然"、"燃"為古今字。另,此句以後,甲本之内容,與底本全然不同。

[492]"去",丙本作"豈"。"尊",丙本作"亲"。"迢遞遠",丙本作"條定院"。"遞",原作"遞",俗字,《敦煌俗字典》收此字形,例如所引 S.516《歷代法寶記》:"大師遙見,來彼城,群賊退散,遞相言:'无量金剛執杵趁我,怒目切齒我。'遂奔散。"以下字形相同者不復出校。

[493]"西望",底本在"西""望"兩字之間原有一"方"字,但"方"字之右側,書有一刪除符號,據正。《大正藏》本、於本逕作"西方望",丙本作"聲望"。"望",原作"望",俗字,《敦煌俗字典》收此字形,例如所引 S.388《正名要錄》:"望","从王从立。""右各依脚注。"以下字形相同者不復出校。"陁",於本作"陀","陁"同"陀",又寫作"阤"。"懸",丙本作"縣"。

[494]"急急",第二個"急"字,原作重文符號,據正。

[495]"唯",丙本作"為"。

[496]"駕",丙本作"價"。"船",丙本作"余"。

[497]"急急",第二個"急"字,原作重文符號,據正。此行文字,丙本脱。

[498]"弥陁",丙本作"西坊"。"榮華",丙本作"清花"。"榮",原作"榮",俗字。以下字形相同者不復出校。

[499]"池",丙本作"除"。"開",原作"開",俗字。《敦

煌俗字典》收此字形，例如所引 S.343《患文》："是以經開般若，爐焚天香；福事既圓，咸眾斯集。"以下字形相同者不復出校。

［500］"欲"，丙本作"藥"。"方"，丙本作"坊"，二字同音，可通假。"壽"，丙本作"受"，二字同音，可通假。

［501］"併"，丙本作"并"，"併"、"并"為異體字。"陳"，丙本作"真"。

［502］此行文字，丙本脫。

［503］"故"，丙本作"苦"。"遲遲"，丙本作"端端"，丁本作"犀犀"，"犀"為"遲"之省旁俗字。以下字形相同者不復出校。

［504］"辞"，《大正藏》本作"辭"，丙本作"四"，"辞"為"辭"之俗字，今為"辭"的簡化字。《正字通·辛部》："辞，俗辭字。""耶"，原作"耶"，俗字，《敦煌俗字典》收此字形，例如所引 P.2299《太子成道經》："聖主摩耶往後園，採女［嬪］妃奏樂喧。"以下字形相同者不復出校。另，"耶"，於本校改作"爺"，按敦煌寫卷中"爺"字大多作"耶"，二字可通用，不煩校改。"啼"，丙本作"蹄"。

［505］"咽"，丙本作"因"。"吐"，原作"吐"，俗字，《敦煌俗字典》收此字形，例如所引 S.2614《大目乾連冥間救母變文》："鐵蛇吐火，四面張鱗；銅狗吸煙，三邊振吠。"以下字形相同者不復出校。

［506］"如"，丙本作"餘"。"忍"，丙本作"報"。"苦"，丙本作"識"。

［507］此行文字，丙本脫。

［508］"急急"，第二個"急"字，底本原作重文符號，據正。

［509］此句，丙本作"速来歸本國"。

［510］"守"，丙本作"手"。

[511]"恩",《大正藏》本、於本作"思"。

[512]"急急",第二個"急"字,底本原作重文符號,據正。

[513]"急急",第二個"急"字,底本原作重文符號,據正。

[514]"父",丙本作"母"。"唤",於本作"唤",二字同。

[515]"与子期",丙本作"以子歸"。"与",《大正藏》本、於本作"與",二字同。

[516] 此句至"迷人向外求"句,丙本脱。

[517]"急急",第二個"急"字,底本原作重文符號,據正。

[518]"八德",丁本在"八""德"二字之間,衍有一"功"字。

[519]"逍",丁本作"肖"。"遥",《大正藏》本作"遙",丁本作"䍃"。"逍遥",也作"消摇"。《诗·郑风·清人》:"二矛重喬,河上乎逍遥。"陸德明释文:"逍,本又作消;遥,本又作摇。""肖"为"逍"之借音字,"遥"与"遙"同,"䍃"为"遥"之省旁俗字。

[520]"万",《大正藏》本、於本作"萬","万"为"萬"之古本字。敦煌寫本中"万"、"萬"二字並行,意義無别。"哀",原作"裒",俗字。《敦煌俗字典》收此字形,例如所引 S.1380《應機抄》:"五情同,故不能無哀樂。"以下字形相同者不復出校。

[521]"急急",第二個"急"字,原作重文符號,據正。

[522]"内懷",丙本作"乃迴"。"價",丙本作"賈","賈"为"價"之借音字。

[523] 此行文字,丙本脱。

[524]"急急",第二個"急"字,底本原作重文符號,

據正。

［525］"繩"，原作"絕"，俗字。《干祿字書》："絕繩：上通，下正。""牢"，丙本作"劳"。

［526］"智"，丙本作"志"。"慧"，丁本作"惠"。

［527］"斷"，丙本作"却"。"網"，丙本作"意"。

［528］"逍"，丙本作"消"，二字同。《诗·郑风·清人》："二矛重喬，河上乎逍遙。"陸德明釋文："逍，本又作消；遙，本又作搖。""遙"，《大正藏》本作"遙"，二字同。"橋"，原作"橋"，俗字，《敦煌俗字典》收此字形，例如所引 S.610《啓顏錄》："市人覺其精神愚鈍，又見咳頤稍長，乃語云：'何因偷我驢筆橋將作下頜？'"以下字形相同者不復出校。

［529］此行文字，丙本脫。

［530］"急急"，第二個"急"字，底本原作重文符號，據正。

［531］"剛"，丙本作"光"。另，據句式及文義推測，"出家剛"三字後脫有兩字，俟考。

［532］"樂"，丙本作"落"。

［533］"觀身"，丙本作"觀心"。"如"，丙本作"而"。"泡"，原作"泡"，俗字，《敦煌俗字典》收此字形，例如所引 P.2497《愈》："但以虛妄構業，泡夢成身。"其中的"泡"與"泡"形微別，應是變體。"影"，底本原作"影"，俗字，丙本作"英"。以下字形相同者不復出校。

［534］"念念"，第二個"念"字，原作重文符號，據正。"趣无常"，丙本作"取西坊"。

［535］此行文字，丙本脫。

［536］"急急"，第二個"急"字，底本原作重文符號，據正。

［537］"物"，丙本作"勿"。

[538]"卒",原作"卆",俗字。《敦煌俗字典》收此字形,例如所引甘博3《佛說觀佛三昧海經》卷第五:"阿鼻地獄十八獄卒。"以下字形相同者不復出校。

[539]"叉",原作"义",俗字。《敦煌俗字典》收此字形,例如所引浙敦26《普賢菩薩說證明經》:"尒時普賢菩薩即從座而起,整衣長跪,叉手前白佛言:……"以下字形相同者不復出校。另,"叉叉",第二個"叉"字,原作重文符號,據正。

[540]"縱",丙本作"眾"。"縱得",丁本作"縱有",文義均可通。"人身",丁本作"一身",文義均可通。

[541]此句至末句,丙本脫。

[542]"急急",第二個"急"字,底本原作重文符號,據正。

[543]據句式及文義推測,"歸去來"三字前脫有四字,俟考。

[544]"冣",《大正藏》本、於本作"最","冣"為"最"之俗字。《敦煌俗字典》收此字形,例如所引S.6557《南陽和尚問答雜徵義》:"問:'大乘冣上乘,有何差別?'"

[545]"急急",第二個"急"字,底本原作重文符號,據正。

[546]"礼",《大正藏》本作"禮","禮"為魏晉南北朝以來俗字。以下字形相同者不復出校。

[547]"参",原作"叅",俗字。《敦煌俗字典》收此字形,例如所引S.1631《佛說法句經》:"参羅及万像,一法之所印。"以下字形相同者不復出校。"珎",《大正藏》本、於本作"珍","珎"為"珍"之俗字,漢代已有此寫法。《玉篇·玉部》:"珎,同珍。"清顧藹吉《隸辨》卷二侵韻"叅"下有:"從参之字或變作尒,如珍為珎……之類甚多,故參亦作叅。"

[548]"淨",原作"靜",但書手復將"靜"字左半邊之

"青"部,塗改為"氵"部,據正。

[549]"陎",應作"珠",據文義校改,"陎"乃形近致誤,《大正藏》本、於本徑作"珠"。"縵",原作"縸",俗字。《敦煌俗字典》收此字形,例如所引S.5584《開蒙要訓》:"紕縵緊縐。"以下字形相同者不復出校。

[550]"既",原作"旣",俗字。以下字形相同者不復出校。

[551]"余",《大正藏》本、於本作"餘","余"通"餘"。清朱駿聲《說文通訓定聲·豫部》:"余,叚借為餘。"《周禮·地官·委人》:"凡其余聚以待頒賜。"鄭玄注:"余當為餘。餘謂縣都畜聚之物。"

[552]"刹",原作"刹",俗字。《敦煌俗字典》收此字形,例如所引津藝38《大方廣佛華嚴經》卷第十七:"无量佛刹。"以下字形相同者不復出校。

[553]"滿",原作"満",俗字。《敦煌俗字典》收此字形,例如所引Φ96《雙恩記》:"本是位趣十地,果滿三祇。"以下字形相同者不復出校。"遙",《大正藏》本作"遙",二字同。

[554]"憧",《大正藏》本、於本作"幢","憧"為"幢"之俗字。《敦煌俗字典》已收,例如所引P.3566《亡尼文》:"惟願袈裟憧之世界,證悟無生。"其中的"憧"字即為"憧"形。以下字形相同者不復出校。

[555]"引",據殘筆畫及文義補。

[556]"含",原作"含",俗字。以下字形相同者不復出校。

[557]"偏",原作"偏",俗字。以下字形相同者不復出校。

[558]"冀",原作"冀",俗字。《敦煌俗字典》收此字形,例如所引S.6659《太上洞玄靈寶妙經眾篇序章》:"冀万有一合。"以下字形相同者不復出校。

[559]"扵",《大正藏》本、於本作"於","扵"同"於"。《改併四聲篇海·手部》引《餘文》:"扵,音於,義同。"

［560］"賒"，《大正藏》本、於本作"餘"。

［561］"畏"，底本原作"畏"，俗字，《大正藏》本、於本作"衰"。《敦煌俗字典》收此字形，例如所引 P.2807《釋門范文》："又於本文中立四无畏義。" 以下字形相同者不復出校。

［562］"晚"，《大正藏》本、於本作"脫"。

［563］"蹔"，《大正藏》本、於本作"暫"，"蹔"為"暫"之俗字。《正字通·足部》："蹔，俗暫字。《說文》有暫無蹔。"

［564］"暎"，《大正藏》本、於本作"映"，"暎"同"映"，《集韻·映韻》："映，亦從英。" "飾"，原作"飾"，俗字，《敦煌俗字典》收此字形，例如所引 S.543V《課邑文》："就芳庭以飾綺筵，饌香飯而陳清供。" 以下字形相同者不復出校。

［565］"早"，《大正藏》本、於本據文義校改作"果"，可從。"无生果"謂"經修持求得涅槃之理，而無生滅之果"。

［566］"逈"，"迥"之俗字。《干祿字書》："逈迥：上俗，下正。"《敦煌俗字典》亦收此字形，例如所引 Φ96《雙恩記》："此乃孤高迥聳。" 其中的"迥"字，即是"逈"形。

［567］"往往"，第二個"往"字，原作重文符號，據正。"溜"，原作"溜"，俗字。以下字形相同者不復出校。

［568］"國"，原卷脫，據文義補。

［569］"絕"，原作"絶"，俗字。《敦煌俗字典》收此字形，例如所引敦研186《道行般若波羅蜜經》卷第二："般若波羅蜜斷絕甚久。" 以下字形相同者不復出校。

［570］"藂"，《大正藏》本、於本作"叢"，"藂"為"叢"之俗字。敦煌寫卷中"叢"字多作"藂"，或省作"聚"、"菆"。

［571］"俻"，《大正藏》本、於本作"備"，二字同。《玉篇·人部》："俻"，同"備"。

［572］"摇"，《大正藏》本、於本作"遙"，"摇"為"摇"之省筆字俗字，"摇"與"遙"同。《诗·郑风·清人》："二矛重

喬，河上乎逍遥。"陸德明释文："逍，本又作消；遥，本又作摇。"

[573]"坐"，《大正藏》本、於本作"坐"，"坐"為"坐"之俗字。《改併四聲篇海·土部》引《奚韻》："坐，音義同坐。"《宋元以來俗字譜》："坐，《嶺南逸事》作坐。"

[574]"共"，原作"共"，俗字。以下字形相同者不復出校。

[575]"遥"，《大正藏》本作"遙"，二字同。"士"，原作"土"，俗字，以下字形相同者不復出校。

[576]"暎"，《大正藏》本、於本作"映"，二字同。

[577]"烈"，於本校改作"列"，二字古通。"數"，應作"樹"，據文義校改，《大正藏》本、於本徑作"樹"。"盖"，《大正藏》本、於本作"蓋"，二字同。

[578]"陎"，應作"珠"，"陎"乃形近致誤，《大正藏》本、於本徑作"珠"。

[579]"暎"，《大正藏》本、於本作"映"，"暎"同"映"。

[580]"弦"，《大正藏》本、於本作"絃"。

[581]"舍"，原作"舍"，俗字。《敦煌俗字典》收此字形，例如所引敦研254《佛經》："即召群臣，遙向舍衛國燒香。"以下字形相同者不復出校。

[582]"盖"，《大正藏》本、於本作"蓋"，"盖"為"蓋"之俗字，今為其簡化字。《正字通·皿部》："盖，俗蓋字。"

[583]"势"，《大正藏》本、於本作"勢"，"势"為"勢"之俗字，今為其簡化字。《宋元以來俗字譜》："勢"，《列女傳》、《古今雜劇》、《三國志平話》、《太平樂府》、《金瓶梅》、《嶺南逸事》作"势"。

[584]"處處"，第二個"處"字，原作重文符號，據正。

[585]"寶"，據文義，應作"寶"，《大正藏》本、於本徑作"寶"。

[586]"充",原作"亢",俗字。《敦煌俗字典》收此字形,例如所引敦研193《大般涅槃經》卷第十一:"充滿虛空。"S. 214《鷰子賦》:"雀兒投募充兼,當時配入先鋒。"以下字形相同者不復出校。

[587]"咸",《大正藏》本作"威"。

[588]"遥",《大正藏》本作"遙",二字同。

[589]"坐",《大正藏》本、於本作"坐","坐"為"坐"之俗字。《改併四聲篇海·土部》引《奚韻》:"坐,音義同坐。"《宋元以來俗字譜》:"坐,《嶺南逸事》作坐。"

[590]"輩",原作"軰",俗字。《敦煌俗字典》收此字形,例如所引S. 361《書儀鏡》:"念汝輩奉凶諱,號天叩地,貫割五情,何可堪居?"以下字形相同者不復出校。

[591]"取",於本作"所"。

[592]"枝",原作"柭",俗字,《大正藏》本、於本作"拔"。"柭",《敦煌俗字典》收此字形,例如所引P. 2163《諸經要集》卷第十二至二十:"枝節戰動,不能自轉,身體虛冷暖氣愈盡。""枝節戰動"句中之"枝",為"肢"之借音字。以下字形相同者不復出校。"火",原作"大",俗字,《敦煌俗字典》收此字形,例如所引S. 1644V《禪門十二時》:"出息雖存入難報,无常忽值入黃泉。世間因緣不可說,如蛾赴火自燋燃。"以下字形相同者不復出校。

[593]"躰",《大正藏》本、於本作"體","躰"為"體"之俗字。《玉篇·身部》:"躰,俗體字。"《大戴禮記·盛德》:"以之道則國治……以之禮則國定,以御政之躰也。"以下字形相同者不復出校。

[594]"雲",上半邊"雨"部之右側微殘,此處據殘筆畫及文義補。

[595]"已",原作"巳",敦煌文獻中"已"、"己"、"巳"

諸字常混用。以下字形相同者不復出校。

[596]"沼"，原作"沿"，俗字。《敦煌俗字典》收此字形，例如所引Ф96《雙恩記》："雲騰綠沼，聽龍子以呻吟。"以下字形相同者不復出校。

[597]"歸"，原作"歸"，俗字。"歸"字隸變而成"歸"。《敦煌俗字典》收此字形，例如所引P.2536《春秋穀梁經傳》："伯姬歸于杞。"以下字形相同者不復出校。

[598]"歸"，原作"歸"，俗字，亦是隸變的結果。《敦煌俗字典》收此字形，例如所引S.799《隸古定尚書》："武王伐殷，往伐歸獸。"以下字形相同者不復出校。

[599]"止"，原作"止"，俗字。"止"字草書訛變而成"止"。《干祿字書》："止止：上通，下正。"《敦煌俗字典》亦收此字形，例如所引S.6659《太上洞玄靈寶妙經眾篇序章》："世負重為責，止一身為流。"以下字形相同者不復出校。

[600]"犁"，據殘筆畫及文義補。

[601]"苦苦"，第二個"苦"字，原作重文符號，據正。"能"，據殘筆畫及文義補。

[602]"樂"，據殘筆畫及文義補。

[603]"和上"，即"和尚"，"上"通"尚"。《呂氏春秋·盡數》："今世上卜筮禱祠，故疾病愈來。"孫鏘鳴補正："上，尚也。"以下字形相同者不復出校。

[604]"念"，應作"命"，據上下文校改，《大正藏》本、於本徑作"命"。

[605]"遝"，原作"遝"，俗字。《敦煌俗字典》收此字形，例如所引P.2285《佛說父母恩重經》："若善男子、善女人能為父母受持、讀誦、書寫《父母恩重》《大乘摩訶般若波羅蜜經》一句一偈，一遝一耳目者，所有五逆眾罪，悉得消滅，永盡無餘。"

以下字形相同者不復出校。

［606］"頭"，《大正藏》本、於本作"傾"。

［607］"飡"，"湌""餐"二字之俗字。《廣韻·寒韻》："湌，餐同。俗作飡。"唐李白《古風五十九首》之七："願飡金光草，壽與天齊傾。"以下字形相同者不復出校。

［608］"求生淨土"，原作"求淨生土"，但"淨"、"生"二字之右側，書有一倒乙符號，據正。

［609］"歲"，原作"歲"，俗字。以下字形相同者不復出校。"沉"，《大正藏》本、於本作"沈"，"沉"與"沈"同。《玉篇·水部》："沉"，同"沈"。

［610］"躰"，《大正藏》本、於本作"體"，"躰"為"體"之俗字。《玉篇·身部》："躰，俗體字。""燄"，《大正藏》本、於本作"焰"，"焰"為"燄"之古本字。《說文·炎部》："燄，火行微燄燄也。从炎，臽聲。"徐灝注箋："《一切經音義》七引《字詁》云：'焰，古文燄。'""燃"，《大正藏》本作"然"，於本作"然"，又校改作"燃"，"然"、"燃"為古今字。《說文·火部》："然，燒也。"徐鉉注："然，今俗別作燃。"

［611］"坐"，《大正藏》本、於本作"坐"，"坐"為"坐"之俗字。

［612］"遥"，《大正藏》本作"遙"，二字同。"歷"，原作"歷"，俗字，《敦煌俗字典》收此字形，例如所引 S.1086《兔園策府》："良以前王無懷遠之威，歷代寡牢籠之略。""辛"，原作"辛"，俗字。以下字形相同者不復出校。

［613］"夏"，原作"夏"，俗字。《敦煌俗字典》收此字形，例如所引 S.5454《千字文》："都邑華夏。"其中的"夏"與"夏"行微別，應是變體。以下字形相同者不復出校。"臥"，於本作"卧"，二字同。《正字通·臣部》："臥，《同文舉要》作卧，俗作卧。"

［614］"琜"，《大正藏》本、於本作"珍"，"琜"為"珍"

之俗字。

［615］"坐"，《大正藏》本、於本作"坐"，"坐"為"坐"之俗字。

［616］"巳"，《大正藏》本、於本作"已"，敦煌寫卷中"巳""已""己"諸字常混用。"万"，《大正藏》本、於本作"萬"，"万"為"萬"之古本字，後世以"萬"代"万"，但并未完全取代，敦煌寫本中二字并行，意義無別。

［617］"茂"，原作"茂"，俗字。《敦煌俗字典》收此字形，例如所引 P.2314《進新譯大方廣佛華嚴經表》："想生、融之茂範，始愧當仁；顧澄、什之遺風，終慚策蹇。"以下字形相同者不復出校。

［618］"颯"，原作"颰"，俗字。《敦煌俗字典》收此字形，例如所引 S.2832《願文等范文·十二月時景兼陰晴雲雪諸節》："下旬木落窮秋，鴻飛季月。涼風颯颯至，驚漢帝之詞；墜葉紛紛，動安仁之思。"以下字形相同者不復出校。

［619］"魄"，原作"䰟"，俗字。《敦煌俗字典》收此字形，例如所引 S.6659《太上洞玄靈寶妙經眾篇序章》："魂魄方還。"以下字形相同者不復出校。

［620］"糞"，原作"糞"，俗字。《敦煌俗字典》收此字形，例如所引 S.2073《廬山遠公話》："濃血皮膚，綺羅纏體，五陰之內，七孔常流，內懷糞穢之膻腥，遊血骨外。"以下字形相同者不復出校。

［621］"危"，原作"危"，俗字。《敦煌俗字典》收此字形，例如所引 S.548Ｖ《太子成道經》："卻笑危中也大危，雪山會上亦合知。"以下字形相同者不復出校。

［622］"煞"，《大正藏》本、於本作"殺"，"煞"為"殺"之俗字，形體訛變所致。

［623］"白"，《大正藏》本作"日"。

［624］"冣"，《大正藏》本、於本作"最"，"冣"為"最"之俗字。《敦煌俗字典》收此字形，參見同編校記［544］。

［625］"筭"，《大正藏》本、於本作"算"，"筭"為"筭"之俗字，"筭"與"算"同。《干祿字書》："筭，筭，上俗下正。"《爾雅·釋詁下》："算，數也。"唐陸德明釋文："算，字又作筭。"

［626］"皆"，《大正藏》本作"昏"，形近致誤。

［627］"宿"，原作"宿"，俗字。《敦煌俗字典》收此字形，例如所引 P. 2094《金剛般若波羅蜜經》："有小僧就學成咒法，……宿誦禁咒，其夜遂殞。"以下字形相同者不復出校。

［628］"斷"，原作"斷"，俗字。《敦煌俗字典》收此字形，例如所引 S. 6557《南陽和尚問答雜徵義》："自從佛法東流已來，所有大德，皆斷煩惱。"以下字形相同者不復出校。

［629］"遇"，《大正藏》本、於本作"過"。

［630］"因"，《大正藏》本、於本作"國"。

［631］"愧"，原作"愧"，俗字，《敦煌俗字典》收此字形，例如所引 S. 1824《受十戒文》："破齋破戒，無慚愧心，不孝父母，不敬師僧。""慙"，"慙"為"慚"之俗字，敦煌寫卷中"慚"常見"慙"、"慙"二俗體。以下字形相同者不復出校。

［632］"遇"，《大正藏》本、於本作"過"。

［633］"勸"，原作"觀"，但書手複將右側之"見"部改為"力"，據正。

［634］"訃"，於本據文義校改作"赴"，按"訃"有"至"義，不煩校改。"心"，書手補寫在右側行間空白處，此處徑行補入。

［635］"往"，原作"徃"，俗字。以下字形相同者不復出校。

［636］"万"，《大正藏》本作"萬"。"万"為"萬"之古本

字，後世以"萬"代"万"，但并未完全取代，敦煌寫本中二字并行，意義無別。

[637] "与"，《大正藏》本作"與"，二字同。

[638] "扵"，《大正藏》本、於本作"於"，"扵"同"於"。《改併四聲篇海·手部》引《餘文》："扵，音於，義同。"

[639] "葩"，原作"𦭎"，俗字。《敦煌俗字典》收此字形，例如所引敦研178《佛說幻士仁賢經》："於講堂旁殖八千寶樹，枝葉華實，眾色紛葩。"以下字形相同者不復出校。

[640] "筭"，《大正藏》本、於本作"算"。"筭"為"筭"之俗字，"筭"與"算"同。《干祿字書》："筭，筭，上俗下正。"《爾雅·釋詁下》："算，數也。"唐陸德明釋文："算，字又作筭。"

[641] "癡"，《大正藏》本作"癈"，形近致誤。

[642] "遟"，《大正藏》本、於本作"遲"，"遟"為"遲"之俗字。唐慧琳《一切經音義》卷八十九："遲君來：遲……傳文作遟，俗字。"

[643] 此句疑有脫字。

[644] "尒"，《大正藏》本、於本作"爾"。"尒""爾""尓"，三字可通用。《玉篇·八部》："尒，亦作爾。"《集韻·紙韻》："尒，亦書作尓。"

[645] "号"，《大正藏》本、於本作"號"，"号"同"號"。《集韻·豪韻》："號，《說文》：'呼也'。或作号。"

[646] "遥"，《大正藏》本作"遙"，"遥"同"遙"。

[647] 題前空白處，有一倒書之"九"字。

[648] "巳"，應作"已"，據文義校改，《大正藏》本、於本作"已"。敦煌寫卷中"巳""已"常混用。"來"，書手補寫在右側行間空白處，此處逕行補入。

[649] "物"，原作"𢒎"，俗字。以下字形相同者不復出校。

［650］"後"，原作"浚"，俗字。以下字形相同者不復出校。

［651］"脩"，《大正藏》本、於本作"修"，《字彙補·肉部》："脩，與修通。"

［652］"脩"，《大正藏》本、於本作"修"，《字彙補·肉部》："脩，與修通。"

［653］句末原有一"第"字，但該字右側，書有一刪除符號，據正。

［654］"脩"，《大正藏》本、於本作"修"，《字彙補·肉部》："脩，與修通。"

［655］"標"，原作"㯹"，俗字。以下字形相同者不復出校。

［656］"獲"，原作"猨"，俗字。《敦煌俗字典》收此字形，例如所引 S.2832《願文等範本·亡兄弟》："文傑詞雄，百姓畏而愛之；憂恤孤寒，得一言而獲暖。"以下字形相同者不復出校。

［657］"脩"，《大正藏》本、於本作"修"，《字彙補·肉部》："脩，與修通。""粮"，《大正藏》本、於本作"糧"，"粮"為"糧"之俗字。《墨子·魯問》："供其鄰家，殺其人民，取其狗豕食粮衣裘。"畢沅校："粮，糧字俗寫。"今為其簡化字。

［658］"段"，原作"叚"，俗字。以下字形相同者不復出校。

［659］"念念"，第二個"念"字，原作重文符號，據正。

［660］"朽"，原作"朽"，俗字。《敦煌俗字典》收此字形，例如所引 P.4093《甘棠集》："陰德潛影，被豐肌於朽骨；天波遂降，活微命於枯麟。"以下字形相同者不復出校。

［661］"撮"，原作"撩"，俗字。以下字形相同者不復出校。

［662］"念念"，第二個"念"字，原作重文符號，據正。

［663］"偽"，原作"僞"，俗字。《敦煌俗字典》收此字形，例如所引 S.1308《開蒙要訓》："詐偽誑惑。"以下字形相同者不復出校。

［664］"侵"，原作"𠀾"，俗字。以下字形相同者不復出校。

120　上編　P.2066《淨土五會念佛誦經觀行儀卷中》寫卷校錄

［665］"壞"，原作"壞"，俗字。《敦煌俗字典》收此字形，例如所引津藝22《大般涅槃經》卷第四："如是等人，破壞如來所制戒律。"以下字形相同者不復出校。

［666］"未"，原作"未"，俗字。《敦煌俗字典》收此字形，例如所引P.2063《因明入正理論略抄》："世所攝故，如過、未登。"以下字形相同者不復出校。

［667］"吞"，《大正藏》本作"吝"，形近致誤。

［668］"辞"，《大正藏》本作"辭"。按"辞"為"辭"之俗字，今為"辭"的簡化字。《正字通·辛部》："辞，俗辭字。"

［669］"兼"，原作"兼"，俗字。《敦煌俗字典》收此字形，例如所引P.2350《老子道德經》："夫大國不過欲兼畜人，小國不過欲入事人，夫兩者各得其所欲，故大者宜為下。"以下字形相同者不復出校。"嘿"，《大正藏》本、於本作"默"，"嘿"為"默"之俗字。《墨子·貴義》："嘿則思，言則誨，動則事。"畢沅校注："默字俗寫从口。"以下字形相同者不復出校。

［670］"種種"，第二個"種"字，原作重文符號，據正。

［671］"脩"，《大正藏》本、於本作"修"，《字彙補·肉部》："脩，與修通。"

［672］"互"，原作"手"，俗字。《敦煌俗字典》收此字形，例如所引Дх112《月上女經》："汝等昔或作我父，我或於汝昔為母，互作父母及兄弟，云何於此生欲心。"以下字形相同者不復出校。

［673］"鼻"，原作"鼻"，俗字。《敦煌俗字典》收此字形，例如所引敦研196《妙法蓮華經》卷第七《普賢菩薩勸發品》："醜脣平鼻，手腳繚戾。"以下字形相同者不復出校。

［674］"第"，《大正藏》本、於本均釋作"弟"，"弟""第"為古今字。

［675］"姊"，原作"姊"，俗字。《敦煌俗字典》收此字形，

例如所引 P.2500《禮記》卷第三："昔者吾喪姑姊亦如斯，末吾禁也。"以下字形相同者不復出校。

［676］"万"，《大正藏》本、於本作"萬"，二字同。"万"為"萬"之古本字，後世以"萬"代"万"，但并未完全取代，敦煌寫本中二字并行，意義無別。

［677］"沉"，《大正藏》本、於本作"沈"。《玉篇·水部》："沉"，同"沈"。

［678］"己"，原作"巳"，《大正藏》本、於本徑作"己"，敦煌寫卷中"己"、"已"、"巳"常混用。

［679］"殘"，原作"㳂"，俗字。《敦煌俗字典》收此字形，例如所引 Φ96《雙恩記》："磬盡鍾殘飯已餘，尚聞王舍移更漏。"以下字形相同者不復出校。

［680］"冣"，《大正藏》本、於本作"最"，"冣"為"最"之俗字。《敦煌俗字典》收此字形，參見同編校記［544］。

［681］"將"，《大正藏》本作"将"，形近致誤。

［682］"輙"，《大正藏》本、於本作"輒"，"輙"為"輒"之俗字。《正字通·車部》："輙，俗輒字。"以下字形相同者不復出校。

［683］"寫"，原作"冩"，俗字。《敦煌俗字典》收此字形，例如所引 S.5454《千字文》："圖寫禽毀（按，據文義，應作'獸'）。"以下字形相同者不復出校。

［684］"慢"，原作"嫚"，俗字。《敦煌俗字典》收此字形，例如所引 S.2832《願文等範本·公》："作念已竟，聖力潛加。清涼闍投，熱惱斯退；既蒙願遂，焉敢慢之？乃建清齋，以酬佛力。"以下字形相同者不復出校。

［685］"秘"，《大正藏》本、於本作"祕"，"秘"為"祕"之俗字。《廣韻·至韻》："祕，密也；神也。俗作秘。""密"，原作"宻"，俗字，《敦煌俗字典》收此字形，例如所引 S.2832《願

文等範本·亡禪師》："惟性淨天機，貞純自本；妙年慕道，便抱高風。授記於花嚴尊者，手附於如來密印，悟而能悟如瓶。"以下字形相同者不復出校。

[686]"扵"，《大正藏》本作"於"，"扵"同"於"。《改併四聲篇海·手部》引《餘文》："扵，音於，義同。"

[687]"泰"，原作"泰"，俗字。以下字形相同者不復出校。

[688]"扵"，《大正藏》本作"於"，"扵"同"於"。《改併四聲篇海·手部》引《餘文》："扵，音於，義同。"

[689]"勇"，原作"勇"，俗字。《敦煌俗字典》收此字形，例如所引甘博57《金光明最勝王經》卷第四《淨土陀羅尼品》第六："譬如風輪那羅延力，勇壯速疾，心不退故，是名第四勤策波羅蜜因。"以下字形相同者不復出校。

[690]"具"，原作"具"，俗字。《敦煌俗字典》收此字形，例如所引S.5454《千字文》："具膳飡飯。"以下字形相同者不復出校。

[691]"阿弥陁佛所，頭面作礼"句為衍文，《大正藏》本無。"弥"為"彌"之簡體俗字。

[692]"唉"，《大正藏》本、於本作"笑"，"唉"為"笑"之俗字。《敦煌俗字典》收此字形，例如所引S.610《啟顏錄》："坐皆大笑。"以下字形相同者不復出校。

[693]"玽"，《大正藏》本作"珍"，"玽"為"珍"之俗字。漢代已有此寫法。《玉篇·玉部》："玽，同珍。"清顧藹吉《隸辨》卷二侵韻"叅"下有："從參之字或變作介，如珍為玽……之類甚多，故參亦作叅。"

[694]"囑"，原作"嚕"，俗字。以下字形相同者不復出校。

[695]"扵"，《大正藏》本作"於"，"扵"同"於"。《改併四聲篇海·手部》引《餘文》："扵，音於，義同。"

[696]"蹔"，《大正藏》本作"暫"，"蹔"為"暫"之俗

字。《正字通·足部》："蹔，俗暫字。《說文》有暫無蹔。"《敦煌俗字典》已收，參見同編校記［261］。

［697］"裸"，原作"![裸]"，俗字。《敦煌俗字典》收此字形，例如所引 P. 2090《妙法蓮華經》卷第七："如裸者得衣，如商人得主，如子得母，如渡得船，如病得醫，如暗得燈，如貧得寶，如民得王，如賈客得海，如炬除暗。"以下字形相同者不復出校。

［698］"審"，原作"![審]"，俗字。《敦煌俗字典》收此字形，例如所引 S. 512《歸三十字母例》："審：昇傷申深。"以下字形相同者不復出校。

［699］"号"，《大正藏》本作"號"，"号"同"號"。《集韻·豪韻》："號，《說文》：'呼也'。或作号。"

［700］"扵"，《大正藏》本作"於"，"扵"同"於"。《改併四聲篇海·手部》引《餘文》："扵，音於，義同。"

［701］"扵"，《大正藏》本作"於"，"扵"同"於"。《改併四聲篇海·手部》引《餘文》："扵，音於，義同。"

［702］"益"，原作"![益]"，俗字。《敦煌俗字典》收此字形，例如所引 S. 189《老子道德經》："故物或損之而益，益之而損。"以下字形相同者不復出校。

［703］"尒"，《大正藏》本作"爾"，二字同。《玉篇·人部》："尒，亦作爾。"

［704］"扵"，《大正藏》本作"於"，"扵"同"於"。《改併四聲篇海·手部》引《餘文》："扵，音於，義同。"

［705］"必"，小字旁書在"謗"、"墮"二字中間之右側空白處，系為書手補寫。

［706］"旨"，原作"![旨]"，俗字。《干祿字書》："![旨]旨：上俗，中通，下正。"以下字形相同者不復出校。

［707］"網"，《大正藏》本作"細"，形近致誤。

［708］"教韋提希"，系衍字。"及"，應作"為"，據《佛說

觀無量壽經》改。

［709］"扵"，《大正藏》本、於本作"於"，"扵"同"於"。《改併四聲篇海·手部》引《餘文》："扵，音於，義同。"

［710］"贏"，原作"贏"，俗字。《敦煌俗字典》收此字形，例如所引 S.6825V 想爾注《老子道經》卷上："生之行，垢辱貧贏，不矜傷身，以好衣美食与之也。"以下字形相同者不復出校。

［711］"尒"，《大正藏》本作"爾"，二字同。《玉篇·人部》："尒，亦作爾。"

［712］"尒"，《大正藏》本作"爾"，二字同。《玉篇·人部》："尒，亦作爾。"

［713］"脩"，《大正藏》本、於本作"修"，《字彙補·肉部》："脩，與修通。"

［714］"尒"，《大正藏》本作"爾"，二字同。《玉篇·人部》："尒，亦作爾。"

［715］"脩"，《大正藏》本、於本作"修"，《字彙補·肉部》："脩，與修通。"

［716］"夢"，原作"夢"，俗字。《敦煌俗字典》收此字形，例如所引 S.799《隸古定尚書》："夢協朕卜，襲于休祥。"以下字形相同者不復出校。

［717］"坐"，《大正藏》本、於本作"坐"，"坐"為"坐"之俗字。《改併四聲篇海·土部》引《奚韻》："坐，音義同坐。"《宋元以來俗字譜》："坐，《嶺南逸事》作坐。"

［718］"夜"，於本據句式及《大方等大集經賢護分》補，可從。"為晝"與"為夜"相對，故而於本可從。

［719］"尒"，《大正藏》本作"爾"，二字同。《玉篇·人部》："尒，亦作爾。"

［720］"牆"，原作"墻"，俗字。《干祿字書》："墻墻牆：上俗，中通，下正。""壁"，原作"𰃮"，俗字，《敦煌俗字典》

收此字形，例如所引浙敦 26《黃仕強撰》："傍牆東向，見有數十間舍，並朱柱白璧。"以下字形相同者不復出校。

［721］"寻"，《大正藏》本、於本作"礙"，"寻"為"礙"之俗字。

［722］"脩"，《大正藏》本、於本作"修"，《字彙補·肉部》："脩，與修通。"

［723］"扵"，《大正藏》本、於本作"於"，"扵"同"於"。《改併四聲篇海·手部》引《餘文》："扵，音於，義同。""蹔"，《大正藏》本、於本作"暫"，"蹔"為"暫"之俗字。《正字通·足部》："蹔，俗暫字。《說文》有暫無蹔。""号"，《大正藏》本、於本作"號"，"号"同"號"。《集韻·豪韻》："號，《說文》：'呼也'。或作号。"

［724］"乱"，《大正藏》本、於本作"亂"，"乱"為"亂"之簡體俗字。

［725］"阿"、"語"，《大正藏》本、於本脫。

［726］第一個"坐"字，《大正藏》本、於本作"坐"。第二個"坐"字，《大正藏》本、於本作"座"。按"坐"為"坐"之俗字，"座"為"坐"之增旁后起字。

［727］"乱"，《大正藏》本、於本作"亂"，"乱"為"亂"之簡體俗字。

［728］"尒"，《大正藏》本、於本作"爾"，二字同。《玉篇·人部》："尒，亦作爾。"

［729］"扵"，《大正藏》本、於本作"於"，"扵"同"於"。《改併四聲篇海·手部》引《餘文》："扵，音於，義同。"

［730］"損"，原作"損"，俗字。《敦煌俗字典》收此字形，例如所引 S.189《老子道德經》："損之又損之，以至於無為。"以下字形相同者不復出校。

［731］"扵"，《大正藏》本、於本作"於"，"扵"同"於"。

《改併四聲篇海·手部》引《餘文》："抧，音於，義同。"

［732］"思"，原作"界"，但"界"字下部之右側，小字旁書一"心"字。揣摩書手本意，應是欲將"界"字下部替換為"心"。故應以"思"字為是。《大正藏》本"界"。

［733］"抧"，《大正藏》本、於本作"於"，"抧"同"於"。《改併四聲篇海·手部》引《餘文》："抧，音於，義同。"

［734］"尒"，《大正藏》本、於本作"爾"，二字同。《玉篇·人部》："尒，亦作爾。""唉"，《大正藏》本、於本作"笑"，"唉"為"笑"之俗字。《敦煌俗字典》收此字形，參見校記［692］。

［735］"秘"，《大正藏》本、於本作"祕"，"秘"為"祕"之俗字。《廣韻·至韻》："祕，密也；神也。俗作秘。"

［736］"尒"，《大正藏》本、於本作"爾"，二字同。《玉篇·人部》："尒，亦作爾。"

［737］"煞"，《大正藏》本、於本作"殺"，"煞"為"殺"之俗字，形體訛變所致。

［738］"如"，於本據《禪祕要法經》補，可從。"崩"，原作"㱽"，俗字。《敦煌俗字典》收此字形，例如所引浙敦26《普賢菩薩說證明經》："咒山能崩，咒河能竭；日月崩落，三千大千世界六種震動。"以下字形相同者不復出校。

［739］"投"，原作"投"，俗字。《敦煌俗字典》收此字形，例如所引P.2257《太上大道玉清經》卷第二："五體投地，猶如山崩。"以下字形相同者不復出校。

［740］"眾生"，原作"生眾"，但"生"、"眾"二字中間之右側行間空白處，書有倒乙符號，據正。

［741］"尒"，《大正藏》本、於本作"爾"，二字同。《玉篇·人部》："尒，亦作爾。"

［742］"心"，於本《禪祕要法經》補，可從。

［743］"勑"，《大正藏》本、於本作"敕"，"勑"為"敕"

之俗字。《易·噬嗑》："先王以明罰勑法。"陸德明釋文："勑，恥力切。此俗字也。"以下字形相同者不復出校。

［744］"齊"，於本據《禪祕要法經》校改作"臍"。

［745］"化"，於本據《禪祕要法經》補，可從。

［746］"坐"，《大正藏》本、於本作"坐"，"坐"為"坐"之俗字。《改併四聲篇海·土部》引《奚韻》："坐，音義同坐。"《宋元以來俗字譜》："坐，《嶺南逸事》作坐。""臥"，於本、乙本作"卧"，按"卧"同"臥"。《正字通·臣部》："臥，《同文舉要》作卧，俗作卧。"

［747］"不"字之後原有一"樂"字，但該字之右側行間空白處，書有一刪除符號，據正。

［748］"沉"，於本作"沈"，二字同。《玉篇·水部》："沉"，同"沈"。

［749］"脩"，《大正藏》本、於本作"修"，《字彙補·肉部》："脩，與修通。"

［750］"与"，《大正藏》本、於本作"與"，二字同。《說文·勺部》："与，賜予也。一勺為与。此与與同。""与"，今為"與"的簡化字。

［751］"廿"，《大正藏》本、於本作"二十"，"廿"為"二""十"二字之合文。《說文》："廿，二十并也。古文省。"

［752］"扵"，《大正藏》本、於本作"於"，"扵"同"於"。《改併四聲篇海·手部》引《餘文》："扵，音於，義同。"

［753］"脩"，《大正藏》本、於本作"修"，《字彙補·肉部》："脩，與修通。"

［754］"脩"，《大正藏》本、於本作"修"，《字彙補·肉部》："脩，與修通。"

［755］"隨"，應作"隋"，據文義校改。

［756］"珎"，《大正藏》本、於本作"珍"，"珎"為"珍"之

俗字。漢代已有此寫法。《玉篇·玉部》："珎，同珍。"清顧藹吉《隸辨》卷二侵韻"糸"下有："從參之字或變作𠔁，如珍爲珎……之類甚多，故參亦作糸。"

［757］"上"，補寫在"和"、"并"二字中間之右側，此處徑錄入句中。

［758］"構"，原作"拼"，俗字。《敦煌俗字典》收此字形，例如所引 S.1722《兔園策府》卷第一《辨天地》："氣象初構，形質始萌。"以下字形相同者不復出校。

［759］"脩"，《大正藏》本、於本作"修"，《字彙補·肉部》："脩，與修通。"

［760］"何錯"，原作"錯何"，但"何"字右上角行間空白處，書有一倒乙符號，據正。

［761］"脩"，《大正藏》本、於本作"修"，《字彙補·肉部》："脩，與修通。"

［762］"脩"，《大正藏》本、於本作"修"，《字彙補·肉部》："脩，與修通。"

［763］"脩"，《大正藏》本、於本作"修"，《字彙補·肉部》："脩，與修通。"

［764］"脩"，《大正藏》本、於本作"修"，《字彙補·肉部》："脩，與修通。"

［765］"扵"，《大正藏》本、於本作"於"，"扵"同"於"。《改併四聲篇海·手部》引《餘文》："扵，音於，義同。""尒"，《大正藏》本、於本作"爾"，二字同。《玉篇·人部》："尒，亦作爾。"

［766］"扵"，《大正藏》本、於本作"於"，"扵"同"於"。《改併四聲篇海·手部》引《餘文》："扵，音於，義同。"

［767］"扵"，《大正藏》本、於本作"於"，"扵"同"於"。《改併四聲篇海·手部》引《餘文》："扵，音於，義同。"

下　編

P. 2250《淨土五會念佛誦經觀行儀卷下》
寫卷校錄

一　寫卷基本情況

1. **寫本編號**：P. 2250
2. **收藏地點**：法國國家圖書館
3. **參考圖版**：

（1）International Dunhuang Project（國際敦煌項目，簡稱IDP）。

（2）中國敦煌文獻庫（http：//db. ersjk. com）。

（3）《法國國家圖書館藏敦煌西域文獻》第 10 册，第 75—82 頁。

4. **寫本狀況**：

卷子裝，麻紙，紙色黄，28.3—28.8 釐米×670.56 釐米。由 18 張紙前後粘合而成，且寫卷四邊均有明顯的裁剪痕跡。第 1 紙實爲牽引紙，且該紙正面首端，粘貼有一片上下顛倒的長條形殘片，系裱補用紙，該裱補紙横長 3.8 釐米、縱高 26 釐米，其上書有筆跡與正背文書皆不相同的兩行文字，依次作："十二八宿真言，金旨讚疏抄中卷，二月八日押座文。""花嚴經法界義海，天怠禪師歌，瑜摩首記。"這件裱補殘片，是用來補綴卷首下端邊沿之缺口的，其中的一部分已經被折叠到了寫卷另一面。

第 3—18 紙的正面，抄寫《浄土五會念佛誦經觀行儀卷下》的部分内容，共計 401 行，滿行 21 字，楷書，筆跡粗率，風格稚拙，無界格分欄，墨色濃淡相間，首題"浄土五會念佛誦經觀行

132　下編　P. 2250《淨土五會念佛誦經觀行儀卷下》寫卷校錄

儀卷下", 題下署名"南岳沙門法照"。據筆跡判斷, 這件《淨土五會念佛誦經觀行儀卷下》文書, 系由兩位書手共同抄寫而成。其中, 從首題到《極樂五會讚》之末句, 是由第一位書手抄寫; 其餘部分, 則由另一位書手接續抄寫。從整體卷面上看, 前一位書手在抄寫過程中心不在焉、態度隨意, 所抄內容不僅字體潦草, 而且多有刪改痕跡。相比之下, 第二位書手的抄寫態度就值得稱道, 所抄內容雖然筆跡上亦難稱規整, 但卻一氣呵成, 很少出現斷筆。此件文書各行最後一個字, 時常會出現因裁減而殘損的情況。比如, 第二行末尾之"念"字, 該字就僅存上端之"今"部。其下端之"心"部, 顯是由於裁剪而丟失。這件《淨土五會念佛誦經觀行儀卷下》文書, 應是"抄寫"在前、"裁剪"在后, 而且裁剪之後的寫卷, 其背面又被繼續利用而為襯司襯狀。高楠順次郎《大正藏》卷八五《古逸部》(1934年)、于淑健《敦煌本古佚與疑偽經校注——以〈大正藏〉第八十五冊為中心》(2017年) 已有校錄。

　　寫卷背面文書是襯司的襯狀, 共130行, 楷書, 筆跡工整, 風格厚重, 無界格分欄。其中, 這件襯狀分"龍興寺"、"乾元寺"、"開元寺"、"永安寺"、"金光明寺"等五個部分, 詳盡記錄了各寺僧人領取襯利的情況。各部分之間, 均有較大間距。每部分內容, 均先列寺名, 后列僧名, 而僧名的右上角又有朱筆所書勾銷符號, 僧名之下另有墨書或朱書注文。襯狀中的一些僧名, 又見於 S. 2614 背《沙州諸寺僧尼名簿》, 以及 P. 3391 背《丁酉年正月春秋局席轉帖稿》。郝春文先生在所撰《唐後期五代宋初沙州僧尼的收入(二)》一文中, 將背面文書的時間, 定在937年或前後不久。此時間可作為正面文書抄寫時間的下限。背面文書在內容上雖然沒有殘缺, 但所見五寺並非沙州寺院的全部, 故郝先生①疑其

---

① 郝春文《唐後期五代宋初沙州僧尼的收入(二)》, 收入敦煌研究院編《段文傑敦煌研究五十年紀念文集》, 世界圖書出版公司1996年版, 第449—461頁。

只是襯司某年襯狀的一部分。此件文書，唐耕耦《敦煌社會經濟文獻真跡釋錄》第三輯（1990 年），郝春文《唐後期五代宋初沙州僧尼的收入（二）》（1996 年）已有校錄。

　　P. 2250 號寫卷是一件在寺院流通的文書，其形成過程大致如下：兩位僧侶身份的書手，出於共同的信仰和目的，在一件由 18 張紙粘合而成的空白長卷上，合作抄寫了《淨土五會念佛誦經觀行儀卷下》。這件寫卷，後來輾轉流傳到了襯司主持僧手中。在一次發放襯利的活動中，這位襯司主持僧，親自或命人對寫卷進的上端、下端和尾部作了裁減，對首端作了綴補，然後利用尚處於空白狀態的寫卷背面，實時記錄了龍興寺等五所沙州寺院僧人領取襯利的現場情況，進而形成了現在所看到的背面之襯狀。

二 P. 2250《淨土五會念佛誦經觀行儀卷下》原件影印本

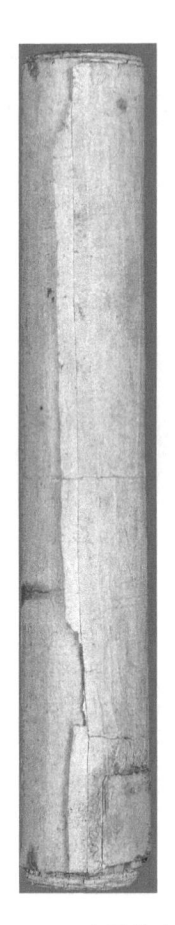

圖 01 P. 2250 寫卷收束時樣貌

二　P. 2250《淨土五會念佛誦經觀行儀卷下》原件影印本　　135

圖02　写卷正面—上下颠倒的长条形粘贴纸

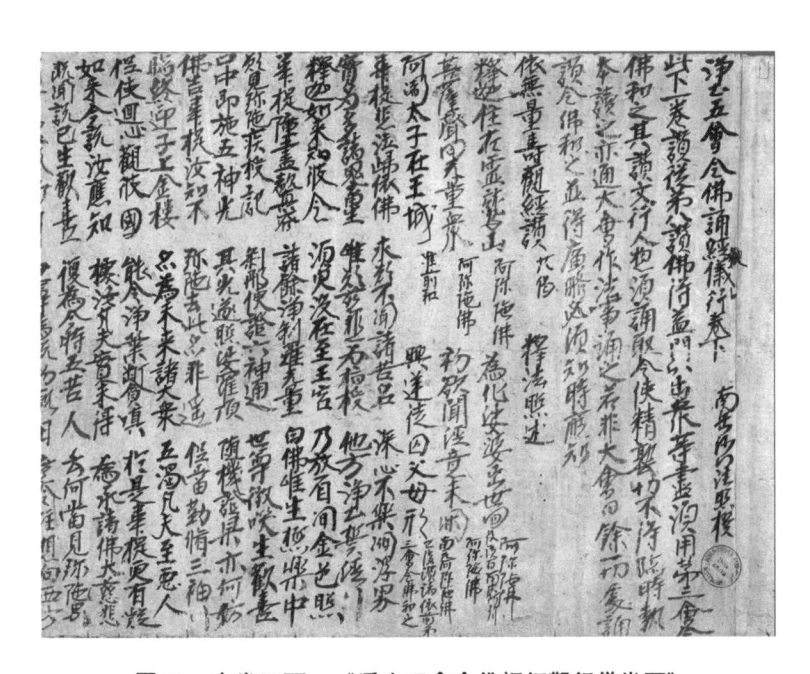

圖03　寫卷正面—《淨土五會念佛誦經觀行儀卷下》

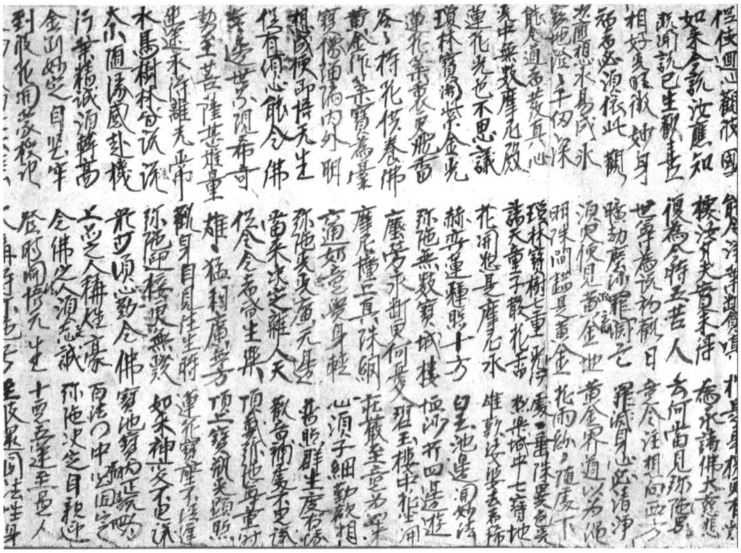

圖 04　寫卷正面—《淨土五會念佛誦經觀行儀卷下》

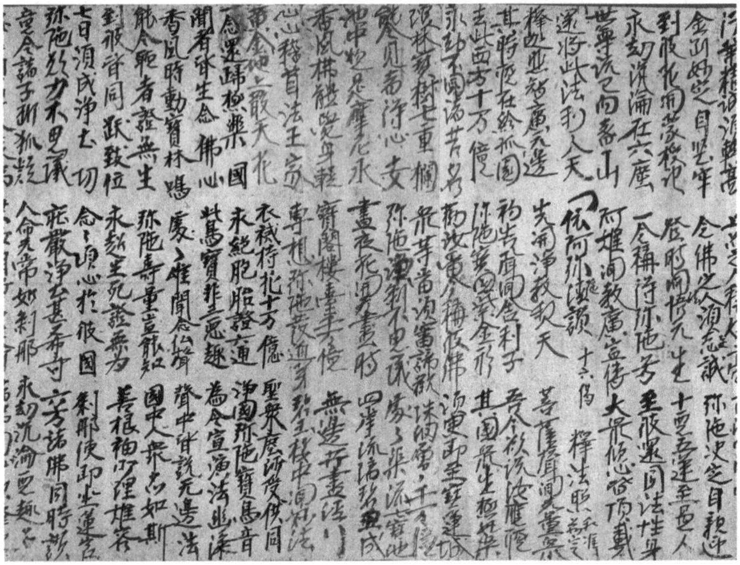

圖 05　寫卷正面—《淨土五會念佛誦經觀行儀卷下》

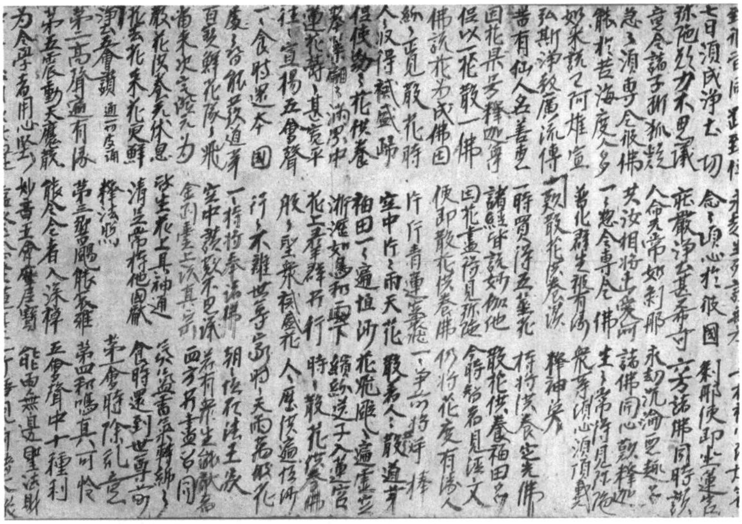

二　P.2250《淨土五會念佛誦經觀行儀卷下》原件影印本　　137

圖06　寫卷正面—《淨土五會念佛誦經觀行儀卷下》

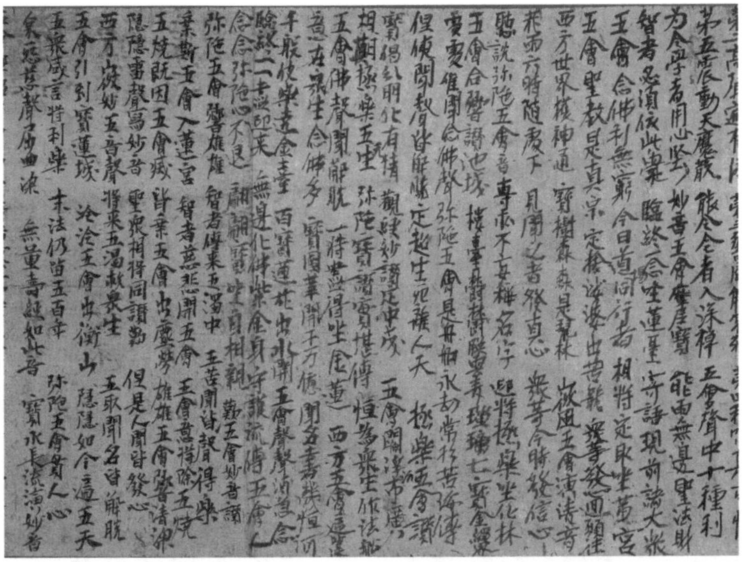

圖07　寫卷正面—《淨土五會念佛誦經觀行儀卷下》

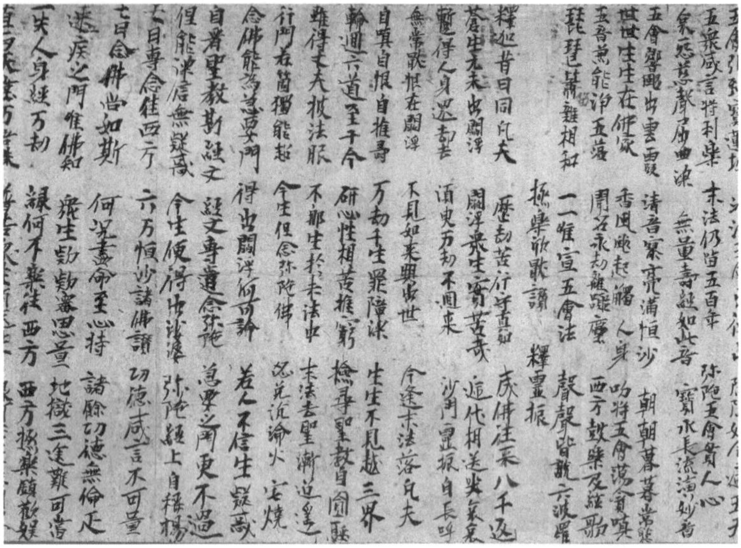

138　下編　P. 2250《淨土五會念佛誦經觀行儀卷下》寫卷校錄

圖08　寫卷正面—《淨土五會念佛誦經觀行儀卷下》

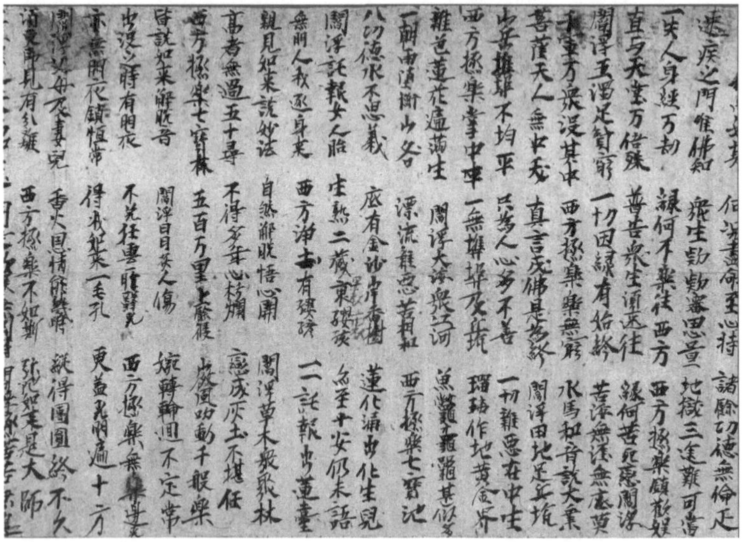

圖09　寫卷正面—《淨土五會念佛誦經觀行儀卷下》

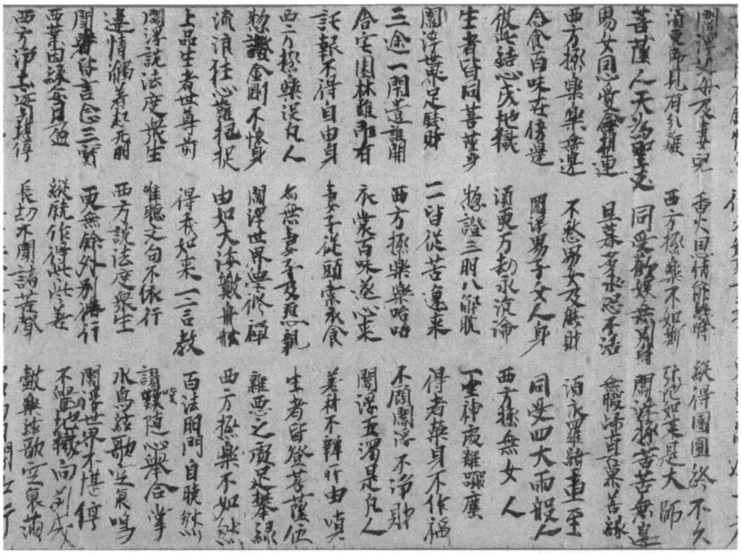

二　P.2250《淨土五會念佛誦經觀行儀卷下》原件影印本　　139

圖10　寫卷正面—《淨土五會念佛誦經觀行儀卷下》

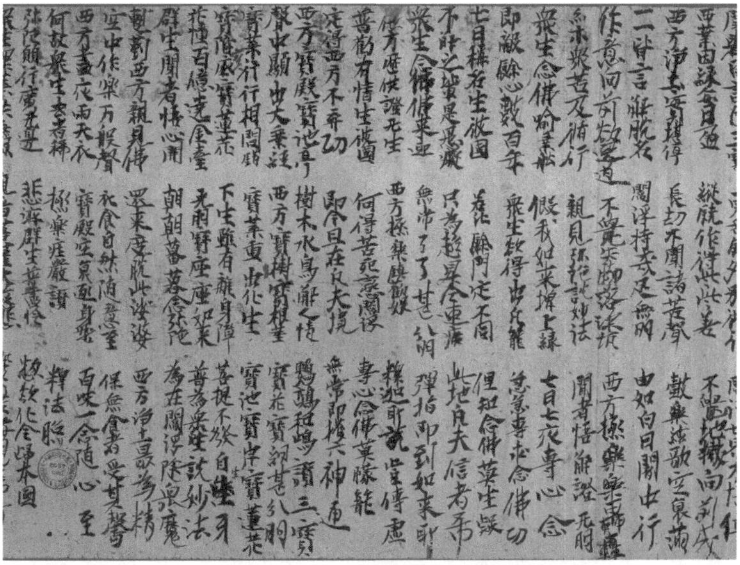

圖11　寫卷正面—《淨土五會念佛誦經觀行儀卷下》

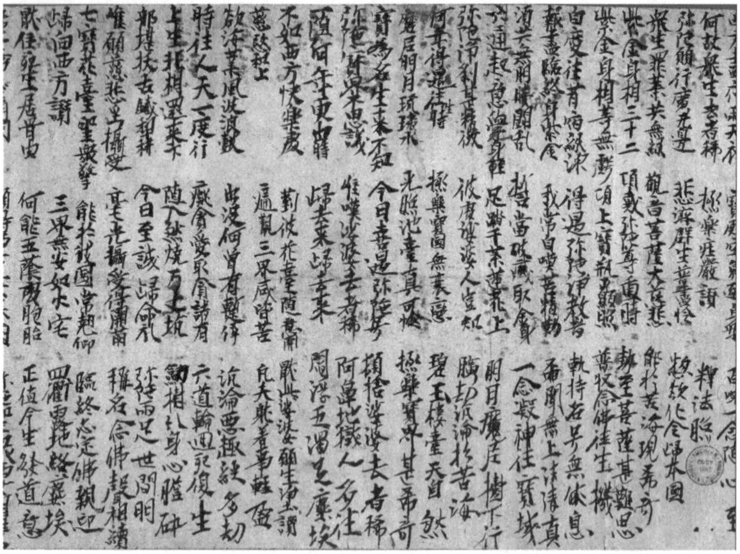

140　下編　P. 2250《淨土五會念佛誦經觀行儀卷下》寫卷校錄

圖12　寫卷正面—《淨土五會念佛誦經觀行儀卷下》

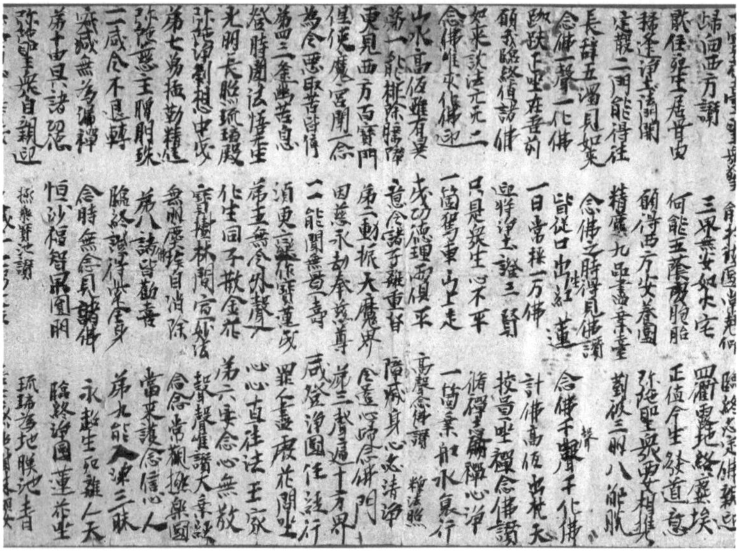

圖13　寫卷正面—《淨土五會念佛誦經觀行儀卷下》

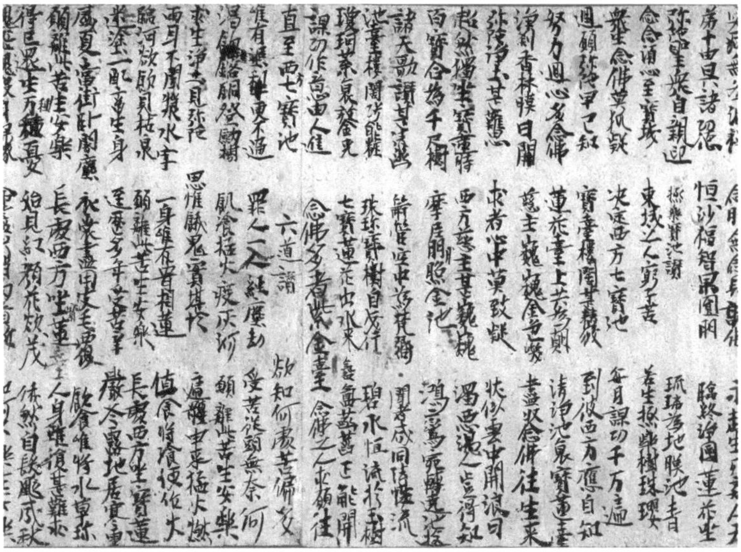

圖14　寫卷正面—《淨土五會念佛誦經觀行儀卷下》

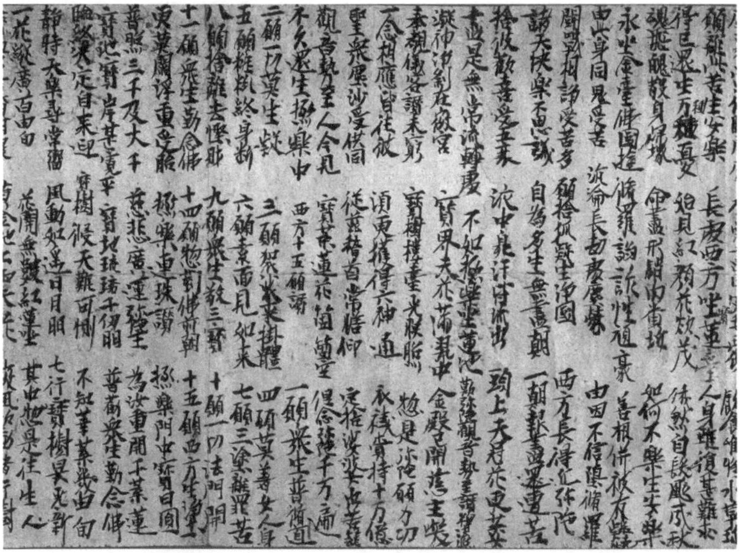

圖15　寫卷正面—《淨土五會念佛誦經觀行儀卷下》

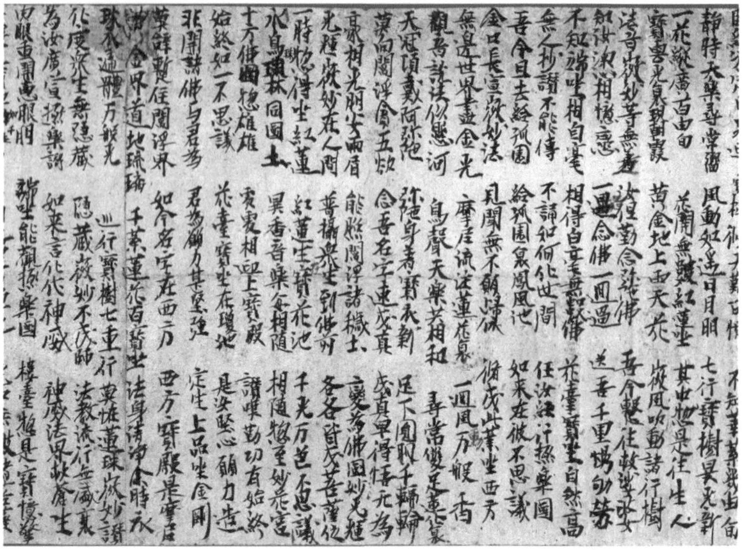

圖 16　寫卷正面—《淨土五會念佛誦經觀行儀卷下》

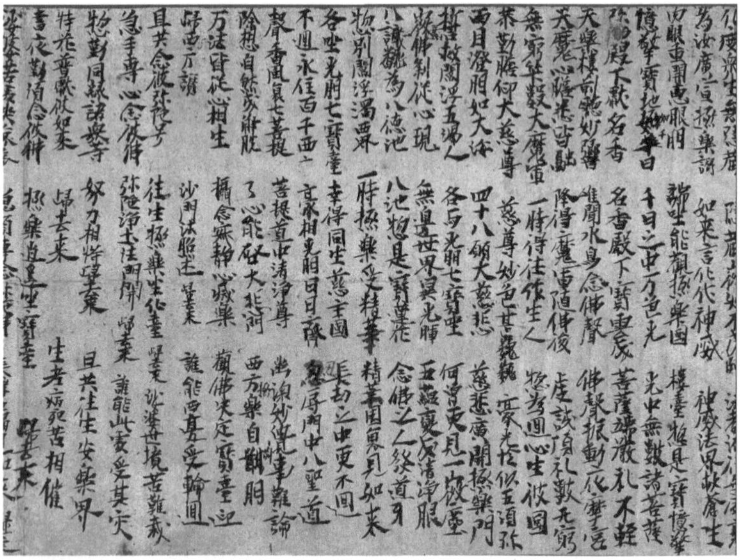

圖 17　寫卷正面—《淨土五會念佛誦經觀行儀卷下》

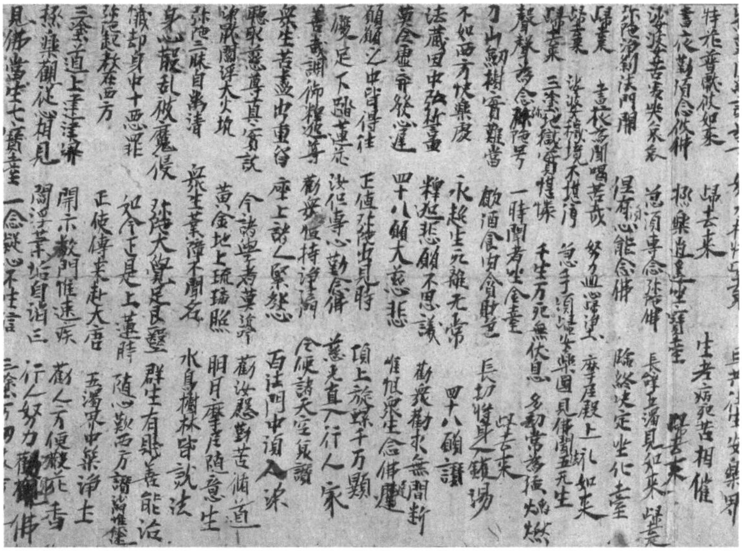

二　P. 2250《淨土五會念佛誦經觀行儀卷下》原件影印本　　143

圖 18　寫卷正面—《淨土五會念佛誦經觀行儀卷下》

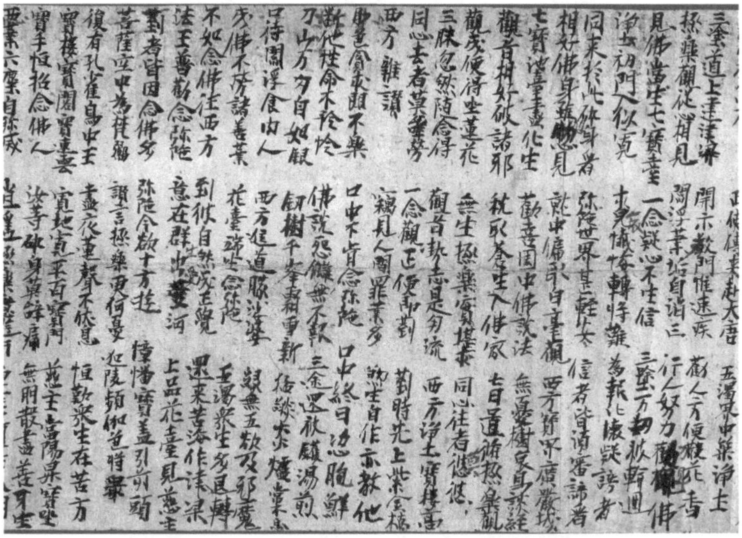

圖 19　寫卷正面—《淨土五會念佛誦經觀行儀卷下》

圖20　寫卷正面—《淨土五會念佛誦經觀行儀卷下》

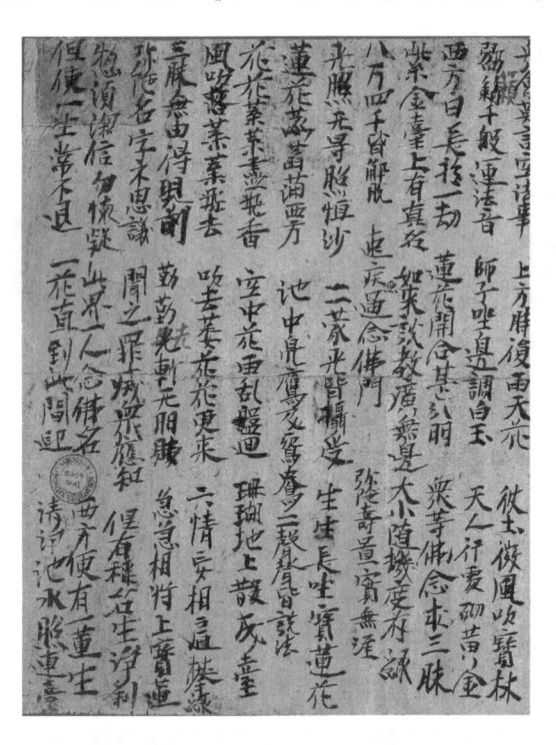

圖21　寫卷正面—《淨土五會念佛誦經觀行儀卷下》

二　P. 2250《淨土五會念佛誦經觀行儀卷下》原件影印本　　145

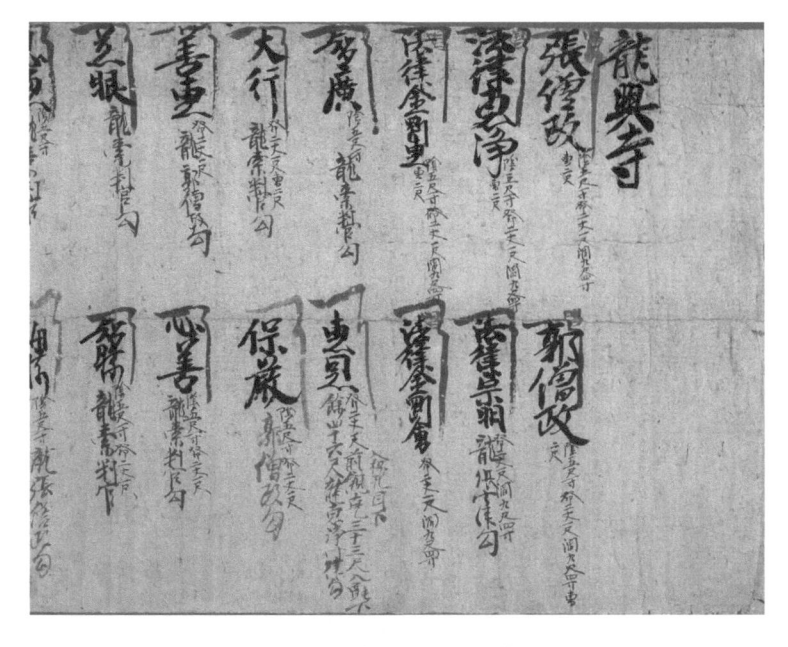

圖 22　寫卷正面—襯狀

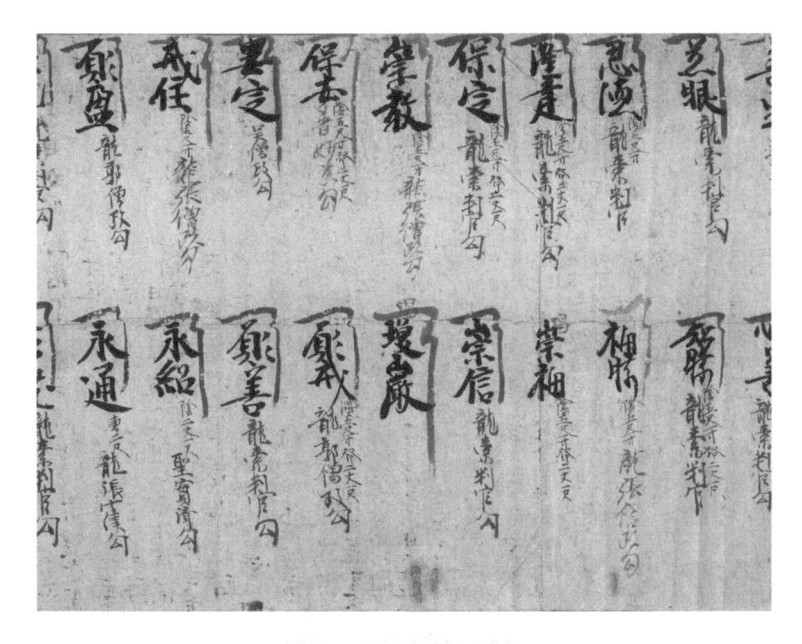

圖 23　寫卷正面—襯狀

146　下編　P. 2250《淨土五會念佛誦經觀行儀卷下》寫卷校錄

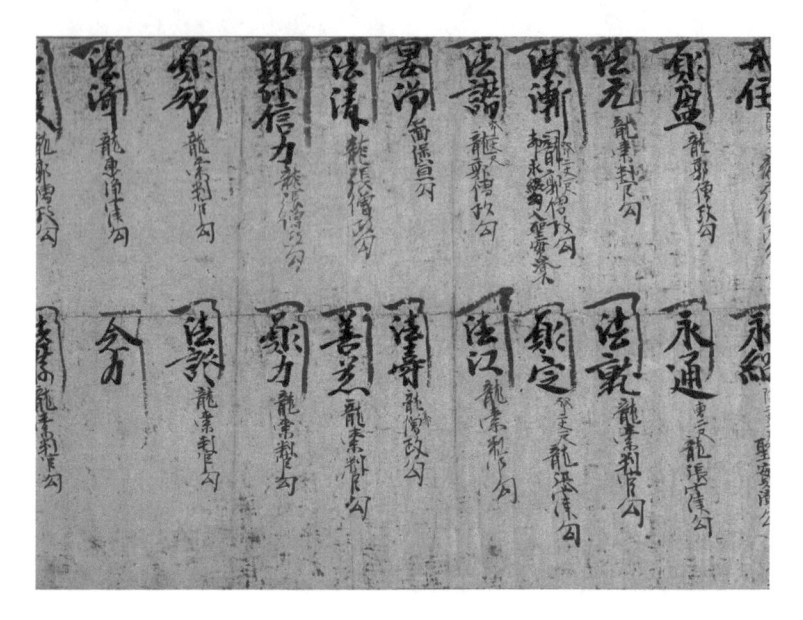

圖 24　寫卷正面—襯狀

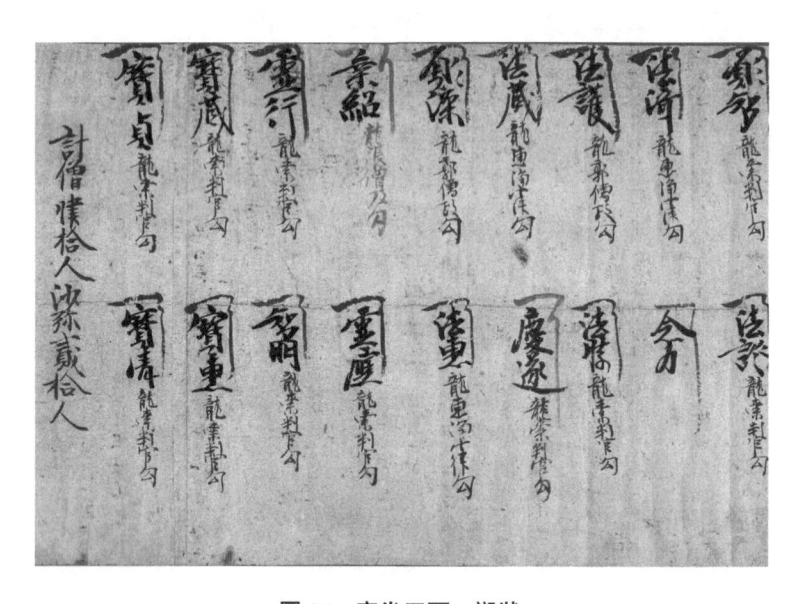

圖 25　寫卷正面—襯狀

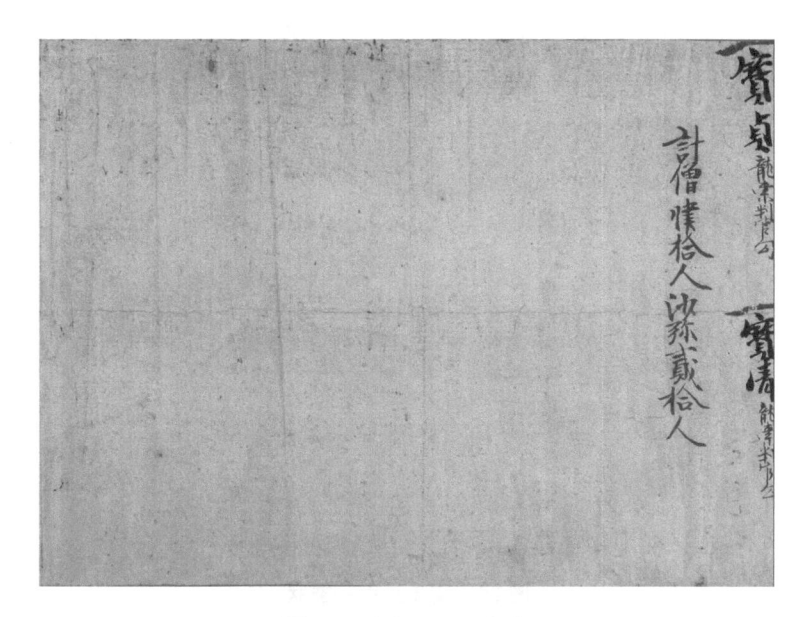

二　P. 2250《淨土五會念佛誦經觀行儀卷下》原件影印本　　147

圖 26　寫卷正面—襯狀

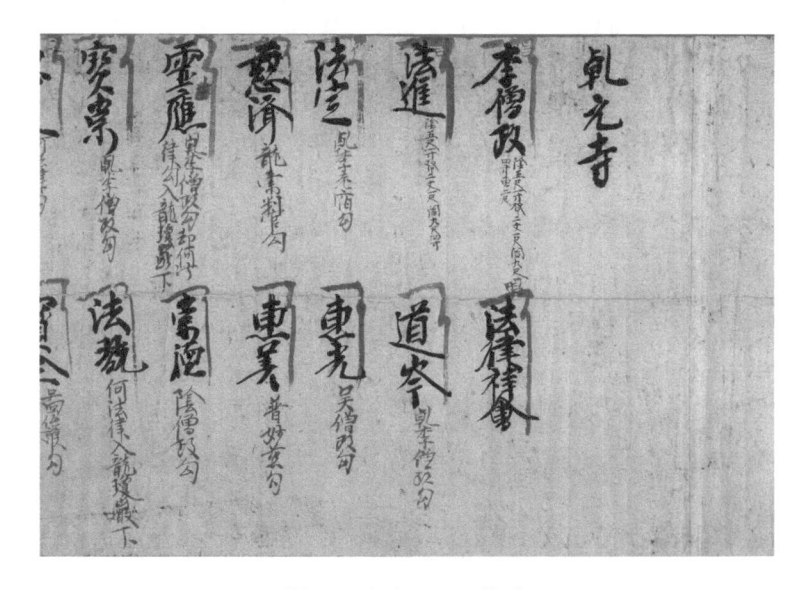

圖 27　寫卷正面—襯狀

148　下編　P. 2250《淨土五會念佛誦經觀行儀卷下》寫卷校錄

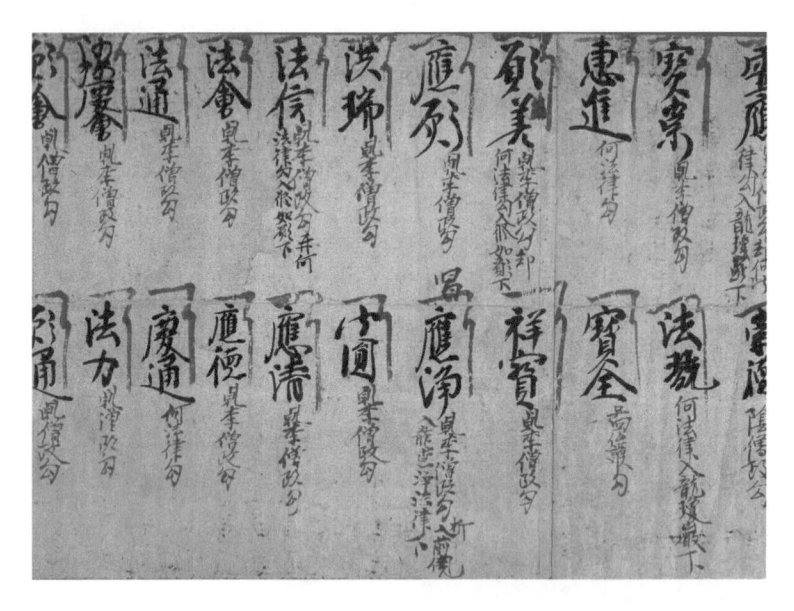

圖28　寫卷正面—襯狀

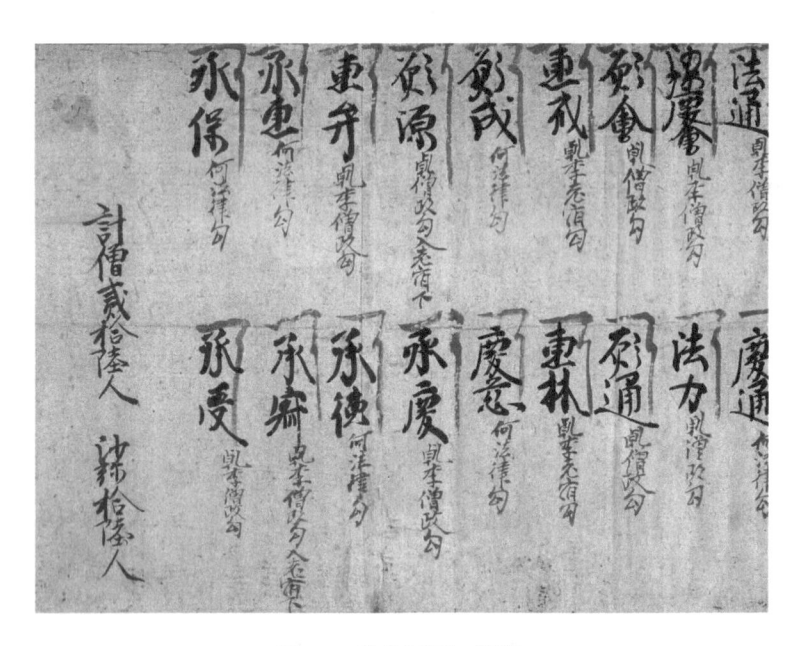

圖29　寫卷正面—襯狀

二　P. 2250《淨土五會念佛誦經觀行儀卷下》原件影印本　　149

圖 30　寫卷正面—襯狀

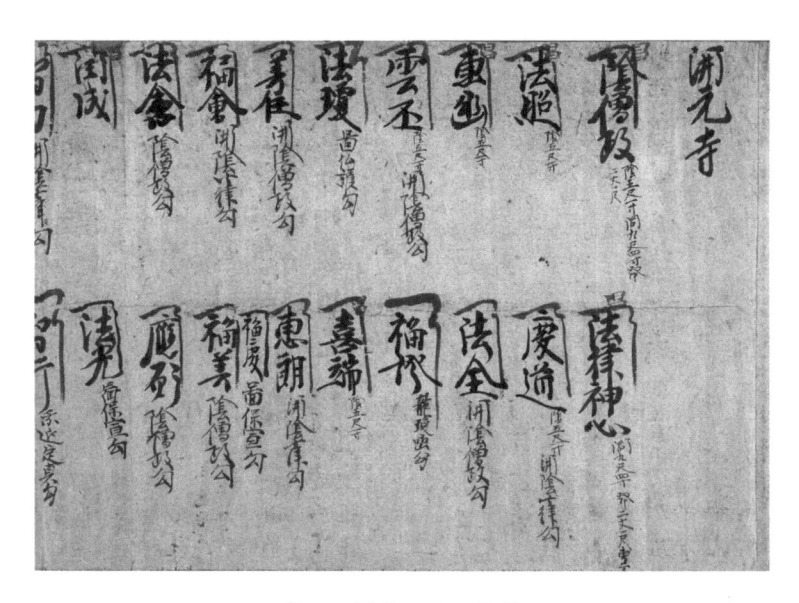

圖 31　寫卷正面—襯狀

150　下編　P. 2250《淨土五會念佛誦經觀行儀卷下》寫卷校錄

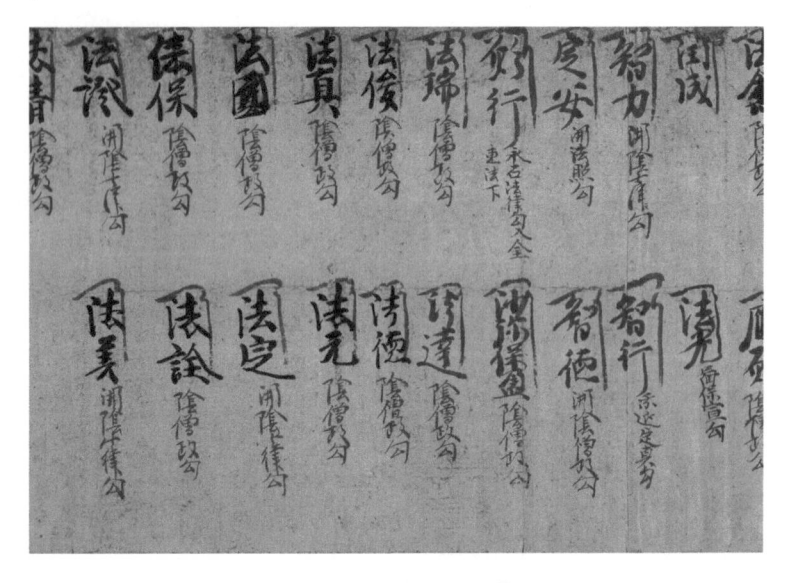

圖32　寫卷正面—襯狀

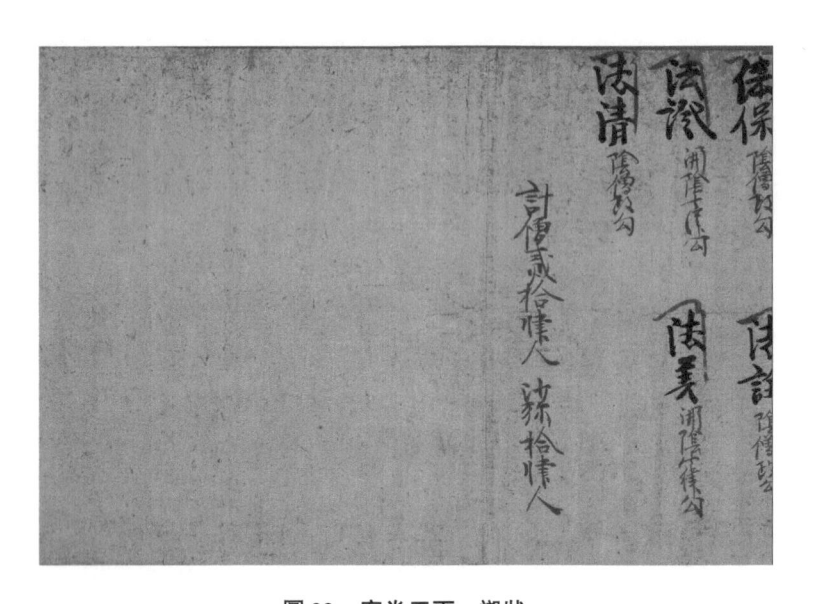

圖33　寫卷正面—襯狀

二 P. 2250《淨土五會念佛誦經觀行儀卷下》原件影印本   151

圖 34 寫卷正面—襯狀

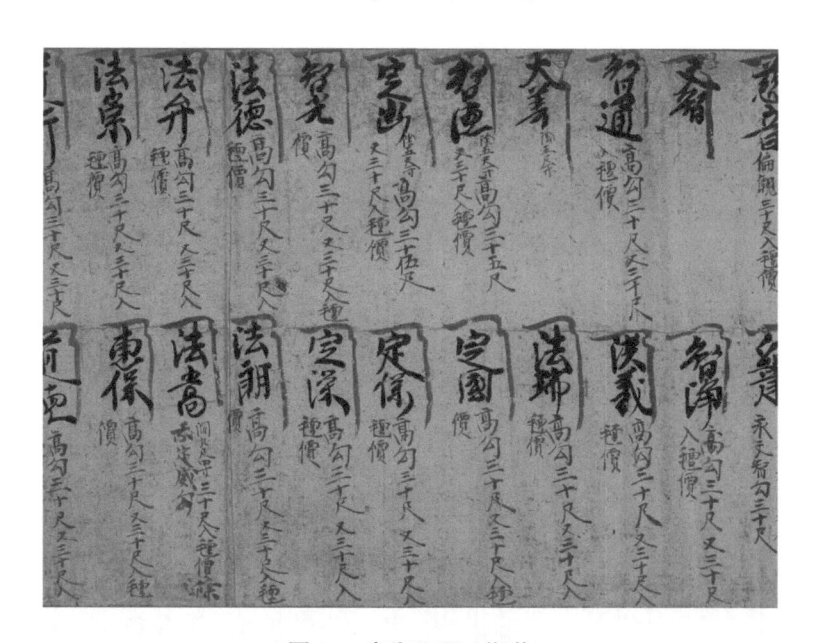

圖 35 寫卷正面—襯狀

152　下編　P. 2250《淨土五會念佛誦經觀行儀卷下》寫卷校錄

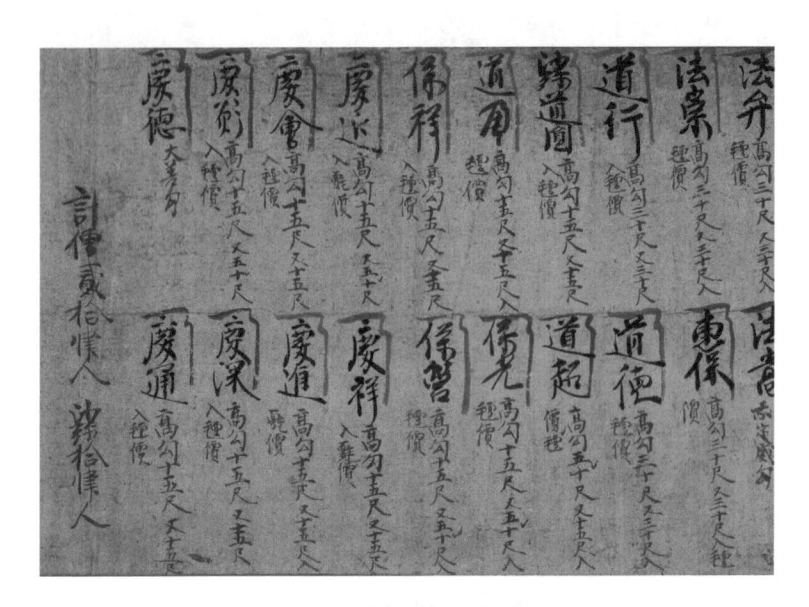

圖 36　寫卷正面—襯狀

圖 37　寫卷正面—襯狀

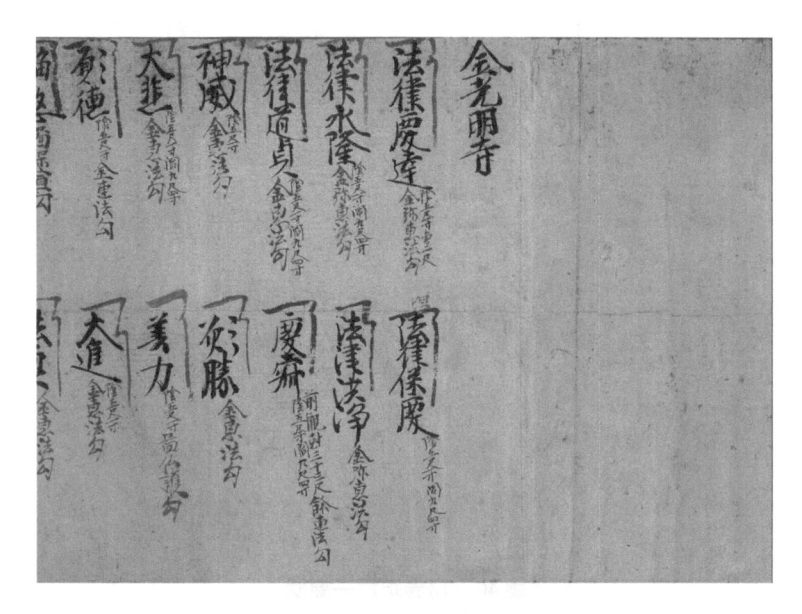

二　P. 2250《淨土五會念佛誦經觀行儀卷下》原件影印本　　153

圖38　寫卷正面—襯狀

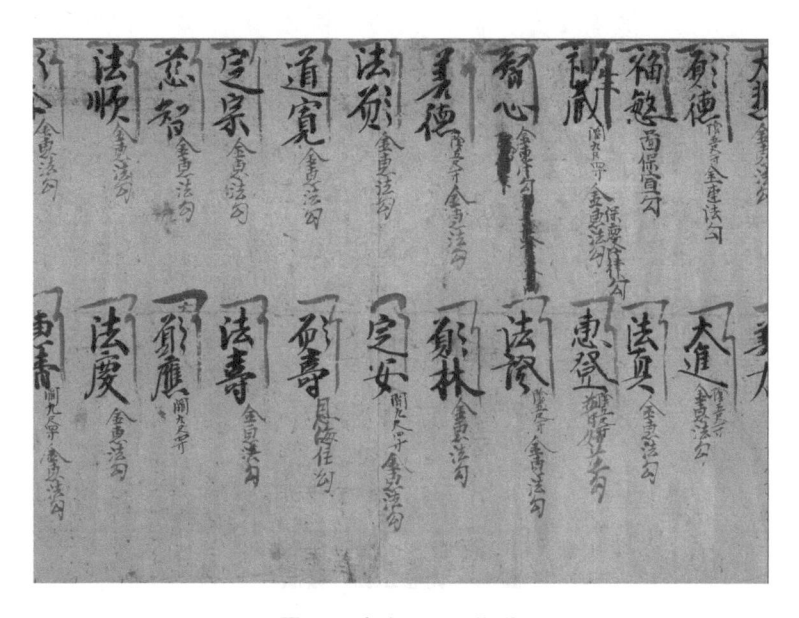

圖39　寫卷正面—襯狀

154　下編　P. 2250《淨土五會念佛誦經觀行儀卷下》寫卷校錄

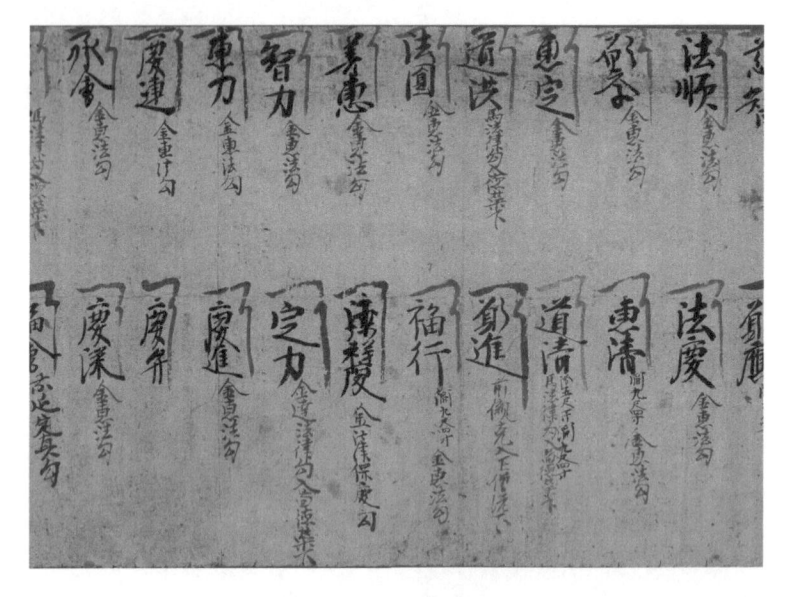

圖 40　寫卷正面—襯狀

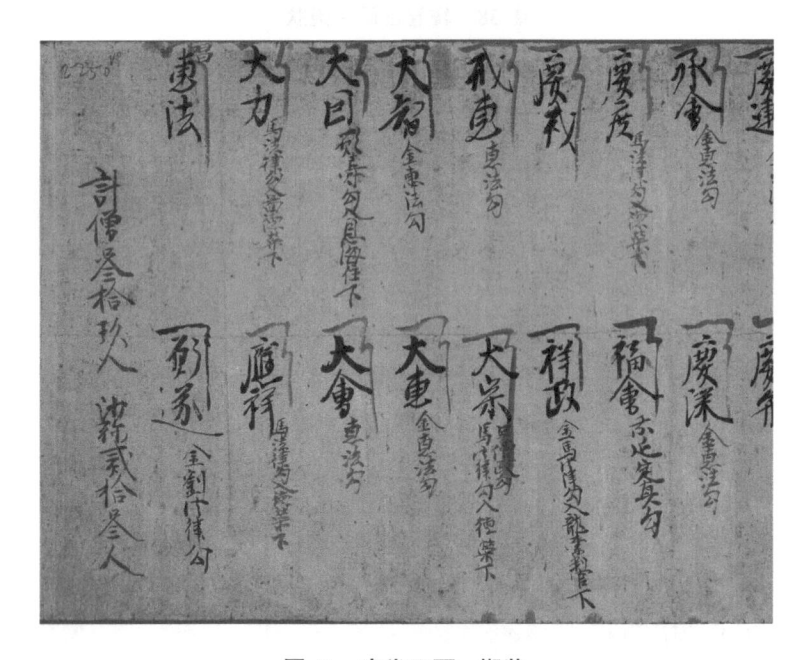

圖 41　寫卷正面—襯狀

二　P. 2250《淨土五會念佛誦經觀行儀卷下》原件影印本　　155

圖 42　寫卷正面—襯狀

三　錄文和校勘

錄文：

淨土五會念佛誦經觀行儀卷下[1]

南岳沙門法照撰[2]

此下一卷讚[3]，從弟八"讚佛得益門"分出[4]，衆等盡湏用第三會念佛和之[5]。其讚文行人惣湏誦取[6]，令使精熟[7]，切不得臨時執本讀之。亦通大會作法事誦之[8]。若非大會日，餘一切處誦讚念佛和之，並得廣略，必湏知時。應知。

依《無量壽觀經》讚 廿八偈[9]

釋法照述[10]

釋迦住在靈鷲山[阿弥陁佛][11]，為化娑婆出世间[阿弥陁佛,後復有阿弥陁佛][12]。
菩薩聲問无量衆[阿弥陁佛][13]，初欲聞經意未閑[阿弥陁佛,南无阿弥陁佛][14]。
阿闍太子在王城[准前和][15]，興逆徒囚父母形[已後讚諸依前弟三會念佛和之][16]。
韋提悲泣歸依佛[17]，求願不聞諸苦名[18]。
深心不樂閻浮界[19]，實為多諸鬼畜生[20]。唯願慈悲力指授[21]，他方淨土誓經行[22]。
釋迦如來知彼念[23]，湏臾沒在至王宮[24]。乃放眉間金色照[25]，

三　錄文和校勘　157

韋提障盡覩真容[26]。

諸餘淨刹雖无量[27]，白佛唯生極樂中[28]。願見弥陁疾授記[29]，刹那便證六神通[30]。

世尊微唉生歡喜[31]，口中即施五神光[32]。其光遂照娑羅頂[33]，隨機證果亦何妨[34]？

佛告韋提如知不[35]，弥陁去此名非遥[36]。但當勤脩三福行[37]，臨終迎子上金樓[38]。

亦為未來諸大衆[39]，五濁凡夫至惡人[40]。但使迴心觀彼國[41]，能令淨業斷貪嗔[42]。

扵是韋提更有疑[43]，如来令說汝應知[44]。據汝凡夫實未得[45]，為承請佛大慈悲[46]。

既聞說已生歡喜[47]，復為今時五苦人。云何當見弥陁界[48]，相好光明微妙身[49]？

世尊為說初觀日，意令注想向西方。智者必湏依此觀，曠劫塵沙罪滅亡[50]。

罪滅身心必清淨，次應想水易成氷[51]。湏臾便見流离地[52]，黃金界道以為繩[53]。

寶地澄澄千仞深[54]，明陎間錯是黃金[55]。花雨紛紛隨處下[56]，能令道者發真心[57]。

瓊林寶樹七重行[58]，處處垂陎異色光[59]。光中無數摩尼殿，諸天童子散花香[60]。

極樂城中七寶地[61]，蓮花光色不思議[62]。花開惣是摩尼水[63]，唯歎娑婆去者稀[64]。

瓊林寶開紫金光[65]，赫弈蓮輝照十方[66]。白玉池邊闻妙法[67]，蓮花葉裏更飛香[68]。

弥陁無數寶城樓，恒沙菩薩四邊遊[69]。各各持花供養佛[70]，塵勞永断更何憂。

碧玉樓中花坐開[71]，黃金作葉寶為臺。摩尼憧上真珠網[72]，莊嚴至意為如来[73]。

寶像瑠璃内外明[74]，六通如意覺身輕[75]。心湏子細勤觀想[76]，想成便即悟无生。

弥陁光光廣无邊[77]，普照群生度有緣[78]。但有湏心能念佛[79]，當来決定離人天[80]。

觀音補處不思議[81]，無邊世界現希奇[82]。但令念者皆生樂[83]，頂戴弥陁尊重時。

勢至菩薩甚難量[84]，雄雄猛利廣無方[85]。頂上寶瓶光顯照[86]，幽途永得離无常。

觀身自見往生時，蓮花寶座不經遲[87]。水鳥樹林皆說法[88]，弥陁迎接更無疑[89]。

如来神變不思議[90]，大小隨緣感赴機。衆等頃心勤念佛[91]，寶池寶内正无为[92]。

行業精誠湏轉高[93]，上品之人稱姓豪[94]。百法門中歡喜地[95]，金剛妙定自堅牢[96]。

念佛之人湏至誠[97]，弥陁決定自親迎[98]。到彼花開蒙授記[99]，登時聞法悟无生[100]。

十惡五逆至愚人，永刼沉淪在六塵[101]。一念稱得弥陁号[102]，至彼還同法性身[103]。

世尊說已向耆山[104]，阿難聞教廣宣傳[105]。大衆傾心皆頂戴，還將此法利人天[106]。

依《阿弥陁經》讚 十六偈[107]

釋法照 和准前定[108]

釋迦悲智廣无邊，先開淨教利人天。菩薩聲聞无量衆，其時聽在給孤園[109]。

初告聲聞舍利子[110]，吾今欲說汝應聽。去此西方十万億[111]，弥陁寶國紫金形。

三　錄文和校勘　159

其國衆生極妙樂，永劫不聞諸苦名。勸汝當今稱彼佛[112]，湏臾即至寶蓮城。

瓊林寶樹七重欄，衆等當湏審諦觀[113]。珠網層層千万億[114]，能令見者得心安[115]。

弥陁淨刹不思議，處處渠流七寶池[116]。池中惣是摩尼水，晝夜花開无盡時。

四岸流璃碧玉成[117]，香風拂體覺身輕[118]。寶閣樓臺千万億，無邊菩薩盡經行。

心心稽首法王家[119]，專想弥陁發道芽[120]。碧玉樓中闻妙法，黃金地上散天花。

衣祴持花十万億，聖衆塵沙受供同。一念還歸極樂國，永絕胞胎證六通[121]。

淨國弥陁寶鳥音，聞者皆生念佛心。此鳥寶非三惡趣[122]，為令宣演法幽深。

香風時動寶林鳴[123]，處處唯聞念仏聲[124]。聲中皆說无邊法，能令聽者證無生。

弥陁壽量豈能知[125]，國中人衆亦如斯。到彼皆同跛致位[126]，永超生死證無為[127]。

善根福少理難容[128]，七日湏成淨𡈽功[129]。念念頃心扵彼國[130]，剎那便即坐蓮宮。

弥陁願力不思議，莊嚴淨土甚希奇[131]。六方諸佛同時讚，意令諸子断狐疑。

人命无常如刹那，永劫沉淪惡趣多。急急湏專念彼佛[132]，共汝相將出愛河。

諸佛同心歎釋迦[133]，能扵苦海度人多。一一惣令專念佛[134]，生生常得見弥陁[135]。

如来說已阿難宣，普化群生被有緣。衆等頃心湏頂戴[136]，弘斯淨教廣流傳。

歎散花供養讚[137]

釋神英[138]

昔有仙人名善惠[139]，一時買得五莖花[140]。持將供養定光佛，因花果号釋迦尊[141]。

諸經皆說妙迦他，散花供養福田多[142]。但以一花散一佛，因花盡得見弥陁。

今時智者見經文，佛說花為成佛因[143]。便即散花供養佛，仍將花度有緣人。

紛紛正見散花時[144]，片片青蓮空裏飛[145]。一一爭前將手捧[146]，人人收得襯盛歸[147]。

空中片片雨天花[148]，散著人人發道芽[149]。但使勤勤花供養[150]，福田一一遍恒沙[151]。

花飛颭颭遍虛空[152]，翠葉翩翩滿界中[153]。浙瀝如鳥和雲下[154]，繽紛送子入蓮宮。

蓮花鬱鬱甚寬平[155]，花上群群菩薩行[156]。時時散花供養佛[157]，往往宣揚五會聲[158]。

般般聖衆襯盛花[159]，人人歷供遍恒沙[160]。一一食時還本國[161]，行行不離世尊家[162]。

時時天雨萬般花[163]，處處皆能發道芽[164]。一一持將奉諸佛[165]，朝朝恒在法王家[166]。

百寶鮮花隊隊飛[167]，空中讚歎不思議[168]。若有眾生能獻者[169]，當來決定證无为[170]。

金剛臺上說真宗，西方菩薩盡皆同。散花供養无休息[171]，皆生花上具神通。

氛氳香氣轉綿綿[172]，花去花来花更鮮。清足常持他國獻[173]，食時還到世尊前。

淨土五會讚^{通一切處誦[174]}

釋法照[175]

第一會時除乱意[176]，第二高聲遍有緣。第三嚮颺能哀雅[177]，第四和鳴真可怜[178]。

第五震動天魔散，能令念者如深禪[179]。五會聲中十種利，為令學者用心堅。

妙音五會摩尼寶[180]，能雨無邊聖法財。智者必湏依此學[181]，臨終一念坐蓮臺[182]。

寄語現前諸大衆，五會念佛利無窮。今日道場同行者[183]，相將定取坐黃宮[184]。

五會聖教是真宗，定捨娑婆出苦籠。衆等發心迴願往，西方世界獲神通。

寶樹森森是翠林[185]，微風五會演清音。花雨六時隨處下[186]，見聞之者發真心。

衆等今時發信心[187]，聽說弥陁五會音[188]。專求不妄稱名字，迎將極樂坐化林[189]。

五會合嚮讚池城，樓臺鬱鬱暎雲青[190]。瑠璃七寶金繩界[191]，處處唯聞念佛聲[192]。

弥陁五會是舟船[193]，永劫常扵苦海傳[194]。但使聞聲皆解脫，定超生死離人天。

極樂五會讚[195]

寶偈分明化有情，觀經妙讚定中成[196]。五會閻浮流布廣[197]，相期極樂五无生[198]。

弥陁寶讚實堪傳，恒為衆生作法船。五會佛聲聞解脫，一時盡得坐金蓮[199]。

西方五會遍娑婆[200]，意在衆生念佛多。寶國華開千万億，聞名去者幾恒河[201]。

千般伎樂遶金臺[202]，百寶蓮花出水開[203]。五會聲聲湏急念，臨終一一盡迎来[204]。

無邊化佛紫金身，守護流傳五會人。念念弥陁心不退，翩翩寶坐自相親[205]。

歎五會妙音讚[206]

弥陁五會嚮雄雄，智者傳来五濁中。五苦聞聲皆得樂[207]，乘斯五會入蓮宮[208]。

智者慈悲開五會[209]，五會意將除五燒[210]。五燒既因五會滅，皆乘五會出塵勞。

雄雄五會嚮清深[211]，隱隱雷聲寫妙音[212]。聖衆相將同讚歎，但是人聞皆發心。

西方微妙五音聲，將来五濁救衆生。五取聞名皆解脫[213]，五會引到寶蓮城。

泠泠五會出衡山[214]，隱隱如今遍五天。五衆咸言將利樂[215]，末法仍留五百年[216]。

弥陁五會貫人心，哀怨慈聲屈曲深[217]。無量壽經如此音[218]，寶水長流演妙音[219]。

五會嚮颺出雲霞，清音寥亮滿恒沙[220]。朝朝暮暮常能念[221]，世世生生在佛家。

香風颸起觸人身[222]，吹將五會蕩貪嗔[223]。五音兼能淨五蘊[224]，聞名永劫離囂塵[225]。

西方皷樂及絃歌[226]，琵琶簫笛雜相和[227]。一一唯宣五會法，聲聲皆說六波羅。

極樂欣猒讚[228]

釋靈振[229]

釋迦昔日同凡夫，歷劫苦行守真如。成佛往来八千返[230]，蒼生元未出閻浮。

　　閻浮衆生實苦哉，遞代相送坐哀哀[231]。蹔得人身還却去，湏臾万劫不迴来[232]。

　　沙門靈振自長呼，無常獸恨在閻浮[233]。不見如来興出世，今逢末法落凡夫。

　　自嗔自恨自推尋[234]，万劫千生罪障深[235]。生生不見越三界[236]，輪迴六道至于今[237]。

　　研心性相苦推窮，檢尋聖教自圓融[238]。雖得丈夫披法服[239]，不那生扵末法中[240]。

　　末法去聖漸迢遥，行門若箇獨能超[241]。今生但念弥陁佛，必免沉淪火宅燒[242]。

　　念佛能為急要門[243]，得出閻浮何可論[244]。若人不信生疑惑[245]，自看聖教勘經文[246]。

　　經文專遣念弥陁，急要之門更不過。但能深信無疑惑[247]，今生便得出娑婆。

　　弥陁經上自稱揚[248]，七日專念往西方。六万恒沙諸佛讚，功德咸言不可量[249]。

　　七日念佛尚如斯[250]，何況盡命至心持[251]。諸餘功德無倫疋，速疾之門唯佛知。

　　衆生欵欵審思量[252]，地獄三途難可當[253]。一失人身經万劫，緣何不樂往西方。

　　西方極樂鎮歡娛，直与天堂萬倍殊[254]。普告衆生湏速往，緣何苦死戀閻浮[255]。

　　閻浮五濁足貧窮，一切因緣有始終。苦海無涯無底莫[256]，千軍萬衆沒其中。

　　西方極樂樂無窮，水鳥和音說大乘。菩薩天人無中夭[257]，真言成佛是為終[258]。

　　閻浮田地足丘坑[259]，山岳堆阜不均平[260]。只為人心多不善，一切雜惡在中生。

西方極樂掌中平，一無堆阜及丘坑[261]。瑠璃作地黃金界，雜色蓮花遍滿生。

閻浮大海衆江河，魚鼈黿鼉甚似多[262]。一朝雨堕衡山谷[263]，漂流雜惡若相和。

西方極樂七寶池，八功德水不思義[264]。底有金沙岸香樹，蓮化涌出化生兒[265]。

閻浮託報女人胎，生熟二藏裏嬰孩[266]。亦至平安仍未語，無明人我逐身來。

西方淨土有嬰孩，一一託報出蓮臺。親見如來說妙法[267]，自然解脫悟心開。

閻浮草木衆聚林，高者無過五十尋。不得多年心朽爛，戀成灰土不堪任[268]。

西方極樂七寶林，五百萬里上餘侵[269]。微風吹動千般樂，皆說如來解脫音。

閻浮日日炙人傷，婉轉輪迴不定常。出沒之時有明夜，不免狂雲所翳光[270]。

西方極樂無樂邊光[271]，亦無明夜鎮恒常。得我如來一毛孔，更盖光明遍十方[272]。

閻浮父母及妻兒，香火恩情能幾時[273]。縱得團圓終不久，湏臾即見有分離。

西方極樂不如斯，弥陁如來是大師。菩薩人天為聖友[274]，同受歡娛無別時。

閻浮極苦苦無邊，男女恩愛命相連[275]。旦暮多求恐不活[276]，無暇歸真慕善緣。

西方極樂樂無邊，不愁男女及錢財。湏衣羅綺千里至，念食百味在傍邊。

閻浮男子女人身，同受四大兩般人[277]。彼此結心成地獄，湏曳万劫永沉淪。

西方極［樂］無女人[278]，生者皆同菩薩身。惣證三明八解脫，一生補處離囂塵[279]。

閻浮世界足錢財，一一皆從苦裏来[280]。得者榮身不作福，三途一閇遣誰開[281]。

西方極樂樂咍咍，不顧閻浮不淨財。舍宅園林離即有，衣裳百味遂心来。

閻浮五濁是凡人，託報不得自由身。妻子從頭索衣食，差科不辨所由嗔[282]。

西方極樂沒凡人，亦無妻子及慈親。生者皆登菩薩位，惣證金剛不壞身。

閻浮世界學修禪，雜悪之處足攀緣。流浪狂心難把捉，由如大海簸舟船。

西方極樂不如然，上品生者世尊前。得我如来一言教，百法明門自曉然。

閻浮說法度衆生，唯聽文句不依行。讚嘆隨心舉合掌[283]，違情觸著起无明。

西方說法度衆生，水鳥絃歌空裏鳴。聞者皆言念三寶，更無餘外別脩行。

閻浮世界不堪停[284]，西業因緣每日盈[285]。縱饒作得些些善[286]，不覺地獄向前成[287]。

西方淨土實堪停，長劫不聞諸苦聲。鼓樂絃歌空裏滿[288]，一一皆言解脫名。

閻浮持戒足無明[289]，由如白日闇中行。作意向前欲遷道，不覺失腳落深坑。

西方極樂樂轟轟，亦示衆苦及脩行[290]。親見彌陁說妙法，聞者悟解證无明。

衆生念佛喻乘船，假我如来增上緣[291]。七日七夜專心念，即敵餘心數百年。

　　衆生欲得出凡籠，急急專求念佛功。七日稱名生彼國，若比餘門定不同。

　　但知念佛莫生疑，不解之輩是愚癡。只為超昇令速疾，此地凡夫信者希。

　　衆生念佛佛来迎，無常了了甚分明。彈指即到如来所[292]，他方歷供證无生。

　　西方極樂鎮歡娛，釋迦所說豈傳虛。普勸有情生彼國，何得苦死戀閻浮。

　　專心念佛莫朦籠[293]，定得西方不弃功[294]。即今且在凡夫境，無常即獲六神通。

　　西方寶殿寶池亭，樹木水鳥解人情。鸚鵡和鳴讚三寶，聲中顯出大乘經。

　　西方寶樹寶根莖，寶花寶網甚分明。寶葉行行相間錯，寶葉重重出化生[295]。

　　寶池寶岸寶蓮花[296]，寶階寶底寶蓮花[297]。下生雖有離身障，菩提不發自生牙[298]。

　　花幢百億遶金臺，光明寶座座如來[299]。普為衆生說妙法，群生聞者悟心開。

　　朝朝暮暮念弥陁，為在閻浮除衆魔[300]。蟄菿西方親見佛[301]，還来度脫此娑婆。

　　西方淨土最為精，空中作樂万般聲。衣食自然隨意至，保無食者受其馨。

　　西方盡夜雨天衣，寶殿空裏逐身飛。百味一念隨心至，何故衆生去者稀。

極樂莊嚴讚[302]

釋法照[303]

　　弥陁願行廣无邊，悲濟群生普盡怜[304]。惣欲化令歸本國[305]，衆生罪業共無緣。

觀音菩薩大慈悲，能扵苦海現希奇[306]。紫金身相三十二，頂戴弥陀尊重時。

勢至菩薩甚難思，紫金身相等無虧[307]。頃上寶瓶光顯照[308]，普收念佛往生機。

自慶往昔宿緣深[309]，得遇弥陀淨教音。執持名号無休息，報盡臨終身紫金[310]。

我常自嘆苦精勤，希聞無上法清真。湏共無明賊鬪乱[311]，誓當破戒取金身[312]。

一念凝神往寶城，六通起意覺身輕[313]。足踏千葉蓮花上[314]，明月魔尼樹下行[315]。

弥陁淨剎甚精微，彼處娑婆人豈知。曠劫沉淪扵苦海[316]，何年得遇往生時。

極樂寶國無衰戀[317]，碧玉樓臺天自然。磨尼明月琉璃水[318]，光照池臺真可怜[319]。

極樂寶界甚希奇[320]，寶為名生来不知[321]。今日喜遇弥陁号[322]，頓捨娑婆去者稀[323]。

弥陁寶界不思議，唯嘆娑婆去者稀[324]。阿鼻地獄人名往[325]，一墮何年更出時[326]。

歸去来！歸去来！閻浮五濁足塵埃[327]，不如西方快樂處，剗彼花臺隨意開[328]。

猒此娑婆願生淨土讚

慈愍和上

遍觀三界咸皆苦，凡夫躭著事輕盈[329]。欲海業風波浪皷，出沒何曾有蹔停。

沉淪惡趣經多劫，時往人天一度行。癡貪愛取貪諸有，六道輪迴死復生。

上生非相還来下，隨入然燒万丈坑[330]。劍樹引身心膽碎[331]，那堪拔舌鐵犁耕[332]。

今日至誠歸命礼[333]，弥陁兩足世間明。唯願慈悲乘攝受，毫光攝受得開萌。

稱名念佛聲相續，七寶花臺聖衆擎。能扵彼國常翹仰，臨終必定佛親迎[334]。

歸向西方讚[335]

三界無安如火宅，四衢露地絡塵埃[336]。猒住死生居骨肉[337]，何能五蔭處胞胎。

正值今生發道意，稀逢淨土法門開[338]。願得西方安養國[339]，弥陀聖衆要相携。

定散二門能得往，精塵久品盡乘臺。菿彼三明八解脱[340]，長辞五濁見如来[341]。

念佛之時得見佛讚[342]

念佛一聲一化佛[343]，皆從口出生紅蓮[344]。念佛千聲千化佛[345]，跏趺正坐在吾前[346]。

一日常稱一万佛[347]，計佛高低出梵天[348]。願我臨終值諸佛[349]，迎將淨圡證三賢。

挍量坐禪念佛讚[350]

如来說法元无二[351]，只是衆生心不平[352]。脩禪志願禪心淨[353]，念佛唯求化佛迎[354]。

一箇駕車山上走，一箇乘舡水裏行[355]。山水高低雖有異[356]，成功德理兩俱平[357]。

高聲念佛讚[358]

釋法照[359]

弟一能排除睡障[360]，意令諸子離重昏。障滅身心必清靜[361]，更見西方百寶門[362]。

弟二動振天魔界[363]，令遣心歸念佛門。但使魔宮聞一念，因慈永劫奉慈尊[364]。

弟三聲遍十方界，為令惡取苦皆停[365]。一一能聞無量壽，咸登淨國任經行[366]。

弟四三途幽苦息[367]，湏臾變作寶蓮成[368]。罪人盡處花間坐[369]，登時聞法悟无生[370]。

弟五無令外聲入，心心直往法王家[371]。光明長照琉璃殿[372]，化生同子散金花[373]。

弟六妄念心無散，弥陁淨刹想中成。寶樹林間宣妙法，聲聲唯讚大乘經。

弟七勇捔勤精進[374]，無明塵埃自消除[375]。念念常觀極樂國，弥陁慈主贈明珠。

弟八諸佛皆歡喜[376]，當来護念信心人[377]。一一咸令不退轉，臨終證得紫金身。

弟九能入深三昧[378]，寂滅無為［無］漏禪[379]。念時無念見諸佛，永超生死離人天。

弟十由具諸功德，恒沙福智果圓明。臨終淨國蓮花坐[380]，弥陁聖衆自親迎。

極樂寶池讚[381]

琉璃為地暎池青[382]，念念頃心至寶城[383]。東域之人窮子苦[384]，若生極樂樹珠瓔。

衆生念佛莫狐疑，決定西方七寶池。每月課功千万遍[385]，迴

170　下編　P.2250《淨土五會念佛誦經觀行儀卷下》寫卷校錄

願弥陁早已知。

寶臺樓閣甚精微[386]，到彼西方應自知。努力迴心多念佛，蓮花臺上共為期[387]。

清淨池裏寶蓮臺[388]，淨刹香林暎日開[389]。慈主巍巍金色暎[390]，盡收念佛往生来[391]。

弥陁淨圡甚難思，求者心中莫致疑。狀似雲中開浪日，超然獨坐寶蓮時。

西方慈主甚巍巍，濁惡憑人豈得知[392]。百寶合為千尺樹，摩尼明月照金池[393]。

鴻鷟宛轉遶池遊[394]，諸天歌讚甚清幽。簫管空中為梵嚮，聞者咸同法性流[395]。

池臺樓閣巧能粧[396]，珠玡寶樹自成行[397]。碧水恒流扵玉樹，瓊珂葉裏放金光。

七寶蓮花出水来[398]，氛氳菡萏正解開[399]。課功作意由人進，念佛多者紫金臺。

念佛之人求願往，直至西方七寶池[400]。

六道讚[401]

欲知何處苦偏多，唯有埿犁更不過。罪人一入經塵劫[402]，受苦從頭無奈何。

渴飲鎔銅登劍樹，飢飡搖火渡灰河[403]。願離此苦生安樂，求生淨圡見弥陁。

思惟餓鬼實堪怜，遍體由来搖火燃[404]。兩耳不聞漿水字，一身唯有骨相蓮[405]。

值食將飡便作火，臨河欲飲見枯泉。願離此苦生安樂，長處西方坐寶蓮。

迷塗一配畜生身[406]，逕歷多年受苦辛[407]。嚴冬露地居寒雪，盛夏當街臥閰塵[408]。

衣裳盡用皮毛覆，飲食唯將水草珎。願離此苦生安樂，長處西方坐寶蓮[409]。

人身雖復甚難求，得已還生万種憂[410]。始見紅顏花欲茂，俄然自髮颩成秋[411]。

魂飛魄散身歸塚，命盡形銷肉糞坵。如何不樂生安樂，永坐金臺佛國遊。

脩羅諂詐性頑豪[412]，善根併被有疑燒[413]。由此身同鬼受苦，沉淪長劫處塵勞[414]。

由因不信墮脩羅，鬥戰相諍受苦多。願捨狐疑生淨國，西方長得近弥陁。

諸天快樂不思議，自為多生無盡期。一期報盡還遭苦，捨彼歡喜受五衰。

液中臭汗皆流出[415]，頭上天冠花更萎。盡是無常流轉處，不如極樂坐蓮池。

歎弥陁觀音勢至讚[416]

釋法照

凝神淨刹在微宮[417]，寶界天花滿翠中[418]。金殿已開慈主唉[419]，奉覩儀容讚未窮[420]。

寶樹樓臺光暎照，惣是弥陁願力功。一念相應皆往彼，湏更獲得六神通[421]。

衣祴賷持十万億[422]，聖衆塵沙受供同。從茲稽首常瞻仰[423]，定捨娑婆出苦籠。

觀音勢至人今見[424]，寶葉蓮花箇箇空。但念弥陁千万遍，不久還生極樂中。

西方十五願讚[425]

一願衆生普脩道[426]，二願一切莫生疑[427]。三願袈裟来掛體[428]，四願莫著女人身[429]。

五願粧粉終身斷[430]，六願素面見如来[431]。七願三塗離罪苦，八願捨離去慳財。

九願衆生敬三寶[432]，十願一切法門開。十一願衆生勤念佛，[十二願□□□□][433]。

[十三願□□□□][434]，十四願惣莉佛前朝。十五願西方生淨圡，更莫閻浮重受胎。

極樂連珠讚

極樂門中寶日圓，普照三千及大千。慈悲廣運弥陁主[435]，為汝重開千葉蓮。

寶池寶岸甚寬平[436]，寶地琉璃千仞明。普勸衆生勤念佛，臨終決定自来迎。

寶樹侵天難可惻[437]，不知華葉幾由旬[438]。靜時天樂尋常嚮，風動如遥日月明。

七行寶樹異光新[439]，一花縱廣百由旬。花開無數紅蓮坐，其中惣是往生人[440]。

寶雲光裏現朝霞，黃金地上雨天花。微風吹動諸行樹，法音微妙等無著。

汝但勤念弥陁佛，吾今蹔往救娑婆[441]。知汝深心相憶戀，一過念佛一迴過[442]。

送吾千里慢劬勞[443]，不知端坐相自毫。相得白毫無數佛，花臺寶坐自然高。

無人抄讚不能傳，不誦如何化世間。任汝經行極樂國，吾今且去給孤園。

給孤園裏鳳風池[444]，如來在彼不思議。金口長宣微妙法，見聞無不願歸依。

脩成此業坐西方，無邊世界盡金光。摩尼流注蓮花裏，一迴風

三　錄文和校勘　173

動万般香[445]。

　觀音說法似懸河，鳥聲天樂共相和。尋常雙足蓮化裏，天冠頂戴阿弥陁。

　弥陁身著寶衣新，足下圓明千輻輪[446]。莫向閻浮貪五欲，念吾名字速成真。

　成真早得悟无為，豪相光明安兩眉[447]。能照閻浮諸穢圡，變為佛國妙光輝。

　光輝微妙在人間，普攝眾生到佛前。各各皆成菩薩位，一時惣得坐紅蓮。

　紅蓮生在寶花池[448]，千光万色不思議。水鳥珠林同國圡[449]，異香音樂每相隨[450]。

　相隨惣至妙花宮，十方佛國惣雄雄。處處相迎上寶殿，讚嘆勤功有始終。

　始終如一不思議，花臺寶坐在瓊池。是汝堅心願力造，非開諸佛与君為[451]。

　君為願力甚堅強，定生上品坐金剛。莫辞蹔住閻浮界，如今名字在西方。

　西方寶殿是摩尼，黃金界道地琉璃[452]。千葉蓮花百寶坐，法身清淨尔時衣[453]。

　珠衣遍體万般光，巡行寶樹七重行。莫悕蓮珠微妙讚[454]，化度眾生無隱藏。

　隱藏微妙不成師，法教流行無盛衰[455]。為汝廣宣極樂讚，如来言化作神威[456]。

　神威法界救蒼生，肉眼重開惠眼明[457]。端坐能觀極樂國，樓臺惣是寶憶擎。

　憶擎寶地如千日[458]，千日之中万色光。光中無數諸菩薩，弥陁殿下獻名香[459]。

　名香殿下寶雲成，菩薩端嚴礼不輕。天樂樓前聽妙響，唯聞水鳥念佛聲。

佛聲振動夜摩宮，天魔心膽悉皆融。降得魔軍随佛後，虔誠頂礼數无窮。

無窮竿數大魔軍[460]，一時得往作生人。惣為迴心生彼國，恭勤瞻仰大慈尊。

慈尊妙色甚巍巍，豪光怜似五湏弥。兩目澄明如大海，四十八願大慈悲。

慈悲廣開極樂門，誓救閻浮五濁人。各與光明七寶坐[461]，何曾更見一微塵。

微塵佛剎從心現[462]，無邊世界異光暉。五蘊變成清淨眼[463]，八識飜為八德池[464]。

八池惣是寶蓮花，念佛之人發道牙[465]。惣別閻浮濁西界[466]，一時極樂受精華[467]。

精華園裏見如來[468]，各坐光明七寶臺[469]。幸得同生慈主國，長劫之中更不迴。

不迴永住百千西[470]，豪相光明日月齊。忍辱門中八聖道[471]，聲香風裏七菩提。

菩提道中清淨尊，幽深妙覺事難論。除想自然成解脫，了心能啓大悲門[472]。

西方極樂自前明[473]，万法皆從心相生[474]。攝念寂靜心滅樂，觀佛決定寶臺迎。

歸西方讚

沙門法照述

歸去来，誰能西邊受輪迴。且共念彼弥陁号，往生極樂坐化臺。

歸去来，娑婆世境苦難裁[475]。急手專心念彼佛，弥陁淨土法門開。

三　錄文和校勘　175

歸去来，誰能此處受其灾。惣勤同緣諸衆荨，努力相將歸去来。且共往生安樂界，持花普獻彼如来[476]。

歸去来，生老病死苦相催[477]。晝夜勤湏念彼佛[478]，極樂逍遥坐寶臺。

歸去来，娑婆苦處哭哀哀。急湏專念弥陁佛，長辞五濁見如来。

歸去来，弥陁淨刹法門開。但有湏心能念佛[479]，臨終决定坐化臺。

歸去来，晝枚為聞唱苦哉[480]。努力迴心歸淨圡，摩尼殿上礼如来。

歸去来，娑婆穢境不堪停[481]。急手湏歸安樂國，見佛聞法五无生[482]。

歸去来，三塗地獄實惶憐。千生万死無伏息[483]，多劫常為猛熖燃[484]。聲聲為念弥陁号[485]，一時聞者坐金臺。

歸去来，刀山劍樹實難當。飲酒食肉貪財色，長劫將身入鑊湯。不如西方快樂處，永超生死離无常。

四十八願讚

法藏因中弘誓重[486]，釋迦悲願不思議，勸衆勸求無間断[487]，莫令虛弃發心遲。

四十八願大慈悲，唯恨衆生念佛遲[488]。願願之中皆得往[489]，正值弥陁出見時。

頂上旋螺千万顯，一雙足下踏蓮花。汝但專心勤念佛，慈光直入行人家。

善哉調御釋迦尊，勸衆恒持淨法門。令使諸天空裏讚，衆生苦盡出重昏。

座上諸人緊發心，百法門中湏入深[490]。聽取慈尊真實說，今諸學者莫沉吟。

勸汝慇勤苦脩道，深猒閻浮大火坑。黃金地上琉璃照，明月摩尼随意生。

弥陁三昧自幽清，衆生業障不聞名。水鳥樹林皆說法，身心散乱被魔侵。

弥陁大覺足良醫[491]，群生有賤善能治[492]。懺却身中十惡罪[493]，如今正是上蓮時。

随心歎西方讚

沙門惟伏述[494]

弥陁起教在西方，正使傳来赴大唐[495]。五濁界中策淨玊[496]，三塗道上建津梁。

開示教門惟速疾[497]，勸人方便散花香。極樂觀從心相見，閻浮業垢自消亡。

行人努力勸觀佛[498]，見佛當生七寶臺。一念疑心不生信，三塗万劫被輪迴。

淨玊初門入似寬，求哀懺悔轉將難[499]。為報比懷疑謗者[500]，同来扵此碎身看。

弥陁世界甚輕安，信者皆湏審諦看。相好佛身雖惣見[501]，就中偏取白毫觀。

西方寶界廣嚴城，七寶池臺盡化生。歡喜園中佛說法，無憂樹裏鳥談經。

觀音相好破諸邪，稅取蒼生入佛家[502]。七日遣脩極樂觀[503]，觀成便得坐蓮花。

無生極樂實堪求，同心往者莫悠悠[504]。三昧忽然随念得，觀音勢志是朋流[505]。

西方淨玊寶樓高，同心去者莫辞勞。一念正觀便即到[506]，到時先上紫金橋。

西方雜讚

竊見人間罪業多，煞生自作亦教他[507]。財色貪求即不樂[508]，口中不肯念弥陁。

口中終日恣胞鮮[509]，断他性命不矜怜。佛說惡讎無不報[510]，三途還被鑊湯煎[511]。

刀山万刃自如銀[512]，劍樹千峯霜雪新[513]。猛燄炎爐常不息[514]，口待閻浮食肉人[515]。

西方進道勝娑婆[516]，緣無五欲及邪魔。成佛不勞諸善業，花臺端坐念弥陁。

五濁衆生多退轉，不如念佛往西方。到彼自然成正覺，還来苦海作津梁。

法王普勸念弥陁，意在群生出愛河[517]。上品花臺見慈主，到者皆因念佛多[518]。

弥陁今欲十方遊，幢幡寶盖引前頭[519]。菩薩空中為梵嚮，讚言極樂便何憂。

迦陵頻迦色將最[520]，復有孔雀鳥中王。盡夜蓮聲不伏息[521]，恒歎衆生在苦方。

寶樓寶閣寶連雲，寬地寬平百寶門。慈主當陽昇寶坐，寶手恒招念佛人。

汝等碎身莫辞痛，無明散盡善牙生[522]。惡業六塵自殄滅[523]，逍遥極樂意遊行[524]。

白毫光相甚分明，分身百億化群生。努力勤心多念佛，西方聖衆自来 迎 [525]。

紫臺金閣真珠網，寶幢高顯出雲霄。但是有緣皆得往，連辟相將過法橋[526]。

子細推尋諸聖教，念佛道理最能長。少用工夫亦成就，臨終聖衆自迎將。

莭彼西方安養界，决樂歡悅永無憂[527]。念念唯加功德長，生老病死永長伏[528]。

彼國衆生常决樂[529]，三惡六道不曾聞[530]。一念一時隨衆聽，聞一悟解百千門。

西方淨土實堪停，若欲求生發至誠。弥陁令遺稱名字，唯即專心盡一形。

急湏念佛莫悠悠，欲超苦海要船舟。稱名定是生安樂，永絕閻浮生死流。

万行之中為急要，迅速無過淨土門。不但本師金口說，十方諸佛共傳論。

莫辞念佛度朝朝，弥陁本願許相招。臨命終時生安樂，聞法悟解得逍遥．

西方極樂樂轟轟，聞者迴心願往生。道路未曾知遠近，慚荷如来親自迎。

慈尊願力置西方，翠宇凋携七寶庒[531]。珊瑚散飾遍階砌[532]，地布從金鬱鬱黃。

冷冷德水布金沙，影雜祥雲碎錦霞[533]。衆會莫言空法事，上方時復雨天花。

彼圡微風吹寶林，嚮籟千般運法音[534]。師子坐邊調白玉，天人行處砌黃金。

西方日長扵一劫，蓮花開合甚分明。衆等念佛求三昧[535]，紫金臺上有真名。

如来說教廣無邊，大小随機度有缘[536]。八万四千皆解脫，速疾無過年佛門[537]。

弥陁壽量實無涯[538]，光照无礙照恒沙[539]。一一蒙光皆攝受，生生長坐寶蓮花。

蓮花菡萏滿西方，池中凫鷹及鴛鴦[540]。一一聲聲皆說法，花花葉葉盡飛香[541]。

空中花雨乱盤迴，珊瑚地上散成臺。風吹落葉葉飛去，吹去菱花花更來。

六情妄相遍攀緣，三昧無由得現前。勤勤先斬无明賊[542]，急急相將上寶蓮。

弥陁名字不思議，聞之罪滅衆應知。但有稱名生淨刹，惣湏深信勿懷疑。

此界一人念佛名，西方便有一蓮生。但使一生常不退[543]，一花直到此間迎。

清淨池水照連臺。

（後缺）

校記：

[1]"淨"，原作"淨"，俗字，於本作"净"，"淨"與"净"同。古籍中多作"淨"，今"净"字通行。"圡"，"土"之俗字，《干祿字書》："圡、土，上通下正。""會"，原作"会"，俗字，《敦煌俗字典》收此字形，例如所引敦研186《道行般若波羅蜜經》卷第二："欲天梵天及諸天人，悉復在其中會，無有異人。""念"，原作"念"，俗字。"經"，原作"経"，俗字，《敦煌俗字典》收此字形，例如所引S.1604《四月廿八日節度使張承奉致都僧統牒》："所以時起禍患，皆是由僧徒不律，定心不虔，經力不愛二門。"其中的"經"與"経"字形微別，應是變體。"觀"，原作"観"，俗字，S.1722《兔園策府》卷第一《征東夷》："觀其向背之趣，議其姦宄之由，良以前王無懷遠之威，歷代寡牢籠之略。"以下字形相同者不復出校。另，"觀"字，原卷補寫在"經""儀"二字中間之右側，此處逕行補入文中。"行儀"，原作"儀行"，但"儀"、"行"二字中間之右側，書有一倒乙符號，據正。

[2]"撰"，原作"撰"，俗字。《敦煌俗字典》收此字形，例

180　下編　P.2250《淨土五會念佛誦經觀行儀卷下》寫卷校錄

如所引 P.2063《因明入正理論後疏》："慈門寺沙門淨眼續撰。"其中的"撰"與"撰"字形微別，應是變體。以下字形相同者不復出校。

［3］"讃"，於本作"讚"，"讃"為"讚"之俗字。《字彙·言部》："讃，俗讚字。"以下字形相同者不復出校。

［4］"從"，原作"従"，俗字，《敦煌俗字典》收此字形，例如所引 S.1674《禮懺文》："至心懺悔：我等自從无量劫，恆被六賊欺。""得"，原作"㝵"，俗字。"分"，原作"分"，俗字。以下字形相同者不復出校。"弟"，《大正藏》本、於本作"第"，"弟""第"為古今字。

［5］"衆"，原作"眾"，俗字，《敦煌俗字典》收此字形，例如所引 P.2642《發願文》："大眾虔誠。"其中的"眾"與"眾"字形微別，應是變體。"湏"，《大正藏》本、於本作"須"，"湏"為"須"之俗字，《敦煌俗字典》收此字形，例如所引 S.330《沙州三界寺授八戒牒六通》："欲網烈而須堅固；塵世出而坐寶華。"以下字形相同者不復出校。"芓"，《大正藏》本、於本作"等"，"芓"為"等"之俗字，《敦煌俗字典》收此字形，例如所引 P.2199《大智論》卷第五十一："是故三世等空相無所有故。""苐"，《大正藏》本、於本作"第"，"苐"為"第"之俗字，《干祿字書》："苐、第，次第字。上俗、下正。""念"，由於裁減之故，此處"念"字僅殘存上側之"今"部。

［6］"惚"，《大正藏》本、於本作"總"，"惚"為"總"之俗字。《敦煌俗字典》收此字形，例如所引 P.2173《御注金剛般若波羅蜜經宣演》卷上："先依論釋，後總料簡。"以下字形相同者不復出校。

［7］"令"，原作"令"，俗字，《敦煌俗字典》收此字形，例如所引 S.343《願文》："金色流暉，夸万令而獨出。""熟"，原作"熟"，俗字。以下字形相同者不復出校。

三　錄文和校勘　181

　　[8]"诵",《大正藏》本、於本作"誦",二字同,今"诵"為"誦"之簡化字。以下字形相同者不復出校。

　　[9]《大正藏》第四十七册所收之日本德川時刊本《淨土五會念佛略法事儀讚》中,亦見有《依〈無量壽觀經〉讚》,其文本內容,起自首題,迄於末句。以下錄文以 P.2250 為底本,用《大正藏》本、於本,以及《大正藏》第四十七册所收之日本德川時刊本《淨土五會念佛略法事儀讚》(稱其為甲本)參校。"依",甲本作"新"。"廿",《大正藏》本、於本作"二十","廿"與"廿"同。《玉篇·十部》："廿,二十并也,直為二十字。""廿八偈",甲本無。

　　[10]"釋",原卷作"释",俗字。以下字形相同者不復出校。此"釋"字,甲本無。

　　[11]"靈",原作"霊",俗字。《敦煌俗字典》收此字形,例如所引 S.6659《太上洞玄靈寶妙經眾篇序章》："諸地諸水,五岳靈山。"以下字形相同者不復出校。"鹫",《大正藏》本、於本作"鷲",二字同,今"鹫"為"鷲"之簡化字。"弥",《大正藏》本作"彌","弥"為"彌"之簡體俗字。"陑",《大正藏》本、於本作"陀","陑"同"陀",又寫作"阤"。

　　[12]"间",《大正藏》本、於本作"間","间"為"間"之俗字,今為其簡化字。《宋元以來俗字譜》："間",《取經詩話》、《通俗小說》、《古今雜劇》等作"间"。以下字形相同者不復出校。"復",《大正藏》本作"須",於本作"讚"。"後復有阿弥陑佛"句中的"阿弥陑佛"之名,原作"阿陑佛弥",《大正藏》本作"阿彌陀佛"、於本作"阿弥陀佛",按"弥"為"彌"之簡體俗字,"陑"同"陀",又寫作"阤"。

　　[13]"問",應作"聞",據文義校改,《大正藏》本、於本、甲本徑作"聞"。"聲聞",指聽聞佛陀聲教而證悟之出家弟子。"聲",原作"声",俗字,《敦煌俗字典》收此字形,例如所引

182　下編　P.2250《淨土五會念佛誦經觀行儀卷下》寫卷校錄

P.2173《御注金剛般若波羅蜜經宣演》卷上："俗諦者，謂諸凡夫、聲聞、獨覺、菩薩、如來，乃至名義智境，業、果相屬。"以下字形相同者不復出校。"无"，《大正藏》本、於本、甲本作"無"，二字同。《說文·亡部》："無，亡也。无，奇字无。"徐鍇繫傳："无者，虛無也。無者對有之稱，自有而無，所謂萬物之始。"今"无"為"無"之簡化字。"阿弥陁佛"，《大正藏》本作"阿彌陀佛"、於本作"阿弥陀佛"，按"弥"為"彌"之簡體俗字，"陁"同"陀"，又寫作"阤"。

[14]"初"，原作"初"，俗字。《敦煌俗字典》收此字形，例如所引 P.2094《金剛般若波羅蜜經》："昔梁時，招提寺僧琰師初作沙彌。"以下字形相同者不復出校。"闲"，《大正藏》本作"閑"，於本校改作"嫻"。按，"闲"為"閑"之俗字，今為其簡化字，《宋元以來俗字譜》："閑"，《古今雜劇》、《太平樂府》、《金瓶梅》作"闲"。"嫻"有"熟悉""嫻熟"義，於本之校改可從。"阿弥陁佛，南无阿弥陁佛"句中的"弥""陁"二字，《大正藏》本作"彌""陀"，於本作"弥""陀"，"弥"為"彌"之簡體俗字，"陁"同"陀"，又寫作"阤"。

[15]"阇"，甲本作"闍"，"阇"同"闍"，今為其簡化字。

[16]"迸"，"逆"之俗字，《敦煌俗字典》收此字形，例如所引敦研37《佛說舍利弗悔過經》："見人惡逆代其喜。""徒"，原作"徒"，俗字，《敦煌俗字典》收此字形，例如所引 P.3666《鷰子賦》："者漢大癡，好不自知。恰見寬縱，苟徒過時。""讚諸"，應作"諸讚"，據文義校改。"讚"，原卷作"讃"，俗字，《敦煌俗字典》已收，例如所引 P.3781《受戒方等道場祈光文》："因茲曇無德奉譯見行《四分》之名，薩婆多纂成光讚《十誦》之号。"此處"讚"字，《大正藏》本作"讚"，"讃"亦為"讚"之俗字。以下字形相同者不復出校。"興迸"，甲本作"收執"。"父母形"，甲本作"在獄刑"。

［17］"歸"，原作"归"，俗字。以下字形相同者不復出校。

［18］"求"，原作"氺"，俗字，《敦煌俗字典》收此字形，例如所引Ф96《雙恩記》："須是別求財寶，救接貧窮。""願"，原作"𠫊"，此字之左半邊為"員"部、右半邊為"水"部，俗字。"聞"，《大正藏》本、於本作"聞"，"闻"為"聞"之俗字，今為其簡化字。《宋元以來俗字譜》："聞"，《通俗小說》、《古今雜劇》、《目連記》作"闻"。以下字形相同者不復出校。"求"，甲本作"氺"，文義均可通。

［19］"樂"，原作"𠎀"，俗字。"閻"，原作"阎"，俗字，《敦煌俗字典》收此字形，例如所引 S.2614《大目乾連冥間救母變文》："南閻浮提眾生，見此水即是清涼之水。""界"，原作"界"，俗字，《敦煌俗字典》收此字形，例如所引浙敦27《大智度論》："汝等於無陰中見有陰，無人見有人，無界見有界。"以下字形相同者不復出校。

［20］"鬼"，原作"鬼"，俗字。《敦煌俗字典》收此字形，例如所引 S.6659《太上洞玄靈寶妙經眾篇序章》："不敬天地，不畏鬼神。"以下字形相同者不復出校。

［21］"唯"，原作"唯"，俗字，《敦煌俗字典》收此字形，例如所引 S.1810《勵忠節抄·道德部》："漢武帝問東平王蒼曰：'居家何以得其樂？'蒼曰：'唯念善事最為樂。'""指"，原作"指"，俗字，《敦煌俗字典》收此字形，例如所引 P.2299《太子成道經》："一手指天，一手指地，口云：'天上天下，為我獨尊！'"以下字形相同者不復出校。"悲"，應作"尊"，據文義校改，甲本即作"尊"，可為其證。"慈尊"，指彌勒菩薩。"力"，甲本作"為"，文義均可通。

［22］"誓"，原作"誓"，俗字，《敦煌俗字典》收此字形，例如所引 P.2915《亡女》："何圖一朝長誓，炬奄九泉。""行"，原作"彳"，俗字，《敦煌俗字典》收此字形，例如所引 P.2141《大

乘起信論略述》卷上："法力熏習是地前行，如實修行是地上行，滿足方便是地滿位。"以下字形相同者不復出校。

［23］"彼"，原作"![]"，俗字。《敦煌俗字典》收此字形，例如所引敦研365《大般涅槃經》卷第十六："令彼人民徹見於我。"以下字形相同者不復出校。

［24］"臾"，原作"![]"，俗字。《敦煌俗字典》收此字形，例如所引S.236《禮懺文》："人命一刹那，須臾難可報。""湏"，《大正藏》本、於本作"須"，"湏"為"須"之俗字，《敦煌俗字典》收此字形，參見同編校記［5］。以下字形相同者不復出校。"在"，甲本作"見"。

［25］"眉"，原作"![]"，俗字。"色"，原作"![]"，俗字。"照"，原作"![]"，俗字。以下字形相同者不復出校。

［26］"容"，原作"![]"，俗字。以下字形相同者不復出校。

［27］"刹"，原作"![]"，俗字。以下字形相同者不復出校。"无"，《大正藏》本、於本、甲本作"無"，二字同。《說文·亡部》："無，亡也。无，奇字无。"徐鍇繫傳："无者，虛無也。無者對有之稱，自有而無，所謂萬物之始。"今"无"為"無"之簡化字。

［28］"極"，原作"![]"，俗字。以下字形相同者不復出校。

［29］"記"，"記"之俗字。《敦煌俗字典》收此字形，例如所引S.5884《洞淵神呪經》卷第十："東向卅六拜祀五帝，乃上書奏告，天人必記子之至心矣。"以下字形相同者不復出校。

［30］"那"，原作"![]"，俗字。以下字形相同者不復出校。"證"，甲本作"具"，文義皆可通。

［31］"微"，原作"![]"，俗字，《干祿字書》："![]微：上通，下正。""哄"，"笑"之俗字，《敦煌俗字典》收此字形，例如所引西北師範大學12《十一面神呪心經》："當後一面，作暴惡大笑相。""歡"，原作"![]"，俗字，《敦煌俗字典》收此字形，

例如所引敦博 56《佛為首迦長者說業報差別經》："七者見怨病愈，心生歡喜。"

[32]"即施"，甲本作"常放"，文義皆可通。

[33]"娑羅"，甲本作"頻婆"。

[34]"果"，原作"杲"，俗字。《敦煌俗字典》收此字形，例如所引 S.6557《南陽和尚問答雜徵義》："果然不見。"以下字形相同者不復出校。

[35]"如"，甲本作"汝"，二字通，表第二人稱。《書·洛誥》："王如弗敢及天基命定命，予乃胤保，大相東土。"王國維《觀堂集林·洛誥解》："如，而也；而，汝也。"《莊子·人間世》："鳳兮鳳兮，何如德之衰也！"聞一多校釋："如讀為汝。"

[36]"名"，甲本作"亦"，按據文義，應作"亦"。"遙"，《大正藏》本、於本作"遥"，"遥"與"遙"同。

[37]"但"，原作"侣"，俗字，《敦煌俗字典》收此字形，例如所引 S.548V《太子成道經》："非但一生如是，百千萬億劫，精練身心，發其大願，種種苦行，令其心願滿足。""福"，原作"祔"，俗字，S.474《三寶社眾塑釋迦牟尼等佛像記》："次為我使主尚書長登寶位，福慶貞祥。""脩"，《大正藏》本、於本、甲本作"修"，"脩"、"修"音同義別，後世多混。以下字形相同者不復出校。

[38]"樓"，應作"橋"，據文義校改，甲本即作"橋"，可為旁證。

[39]"亦"，原作"亦"，俗字。《敦煌俗字典》收此字形，例如所引 S.2614《大目乾連冥間救母變文》："目連雖是聖人，亦得魂驚膽落。"以下字形相同者不復出校。

[40]"凡"，原作"凡"，俗字，P.2160《摩訶摩耶經》卷上："凡夫之人，亦復如是。""惡"，《大正藏》本、於本、甲本作"惡"，"惡"為"惡"之俗字，早在南北朝時期就已經流行。

《敦煌俗字典》收此字形，例如所引 S. 6659《太上洞玄靈寶妙經眾篇序章》："探竿錄籍，推校本原，无善无惡。"以下字形相同者不復出校。

［41］"但"，《大正藏》本、於本作"促"。"觀"，甲本作"生"。"迴"，原作"迴"，俗字，《敦煌俗字典》收此字形，例如所引 S. 1644V《禪門十二時》："曠劫輪迴受生死，良由不遇善因緣。人身難得今已得，云何不種未來因。"以下字形相同者不復出校。

［42］"業"，原作"業"，俗字，《敦煌俗字典》收此字形，例如所引 P. 3765《社文》："替榮業之非寶。""斷"，《大正藏》本、於本、甲本作"斷"，"斷"本為"斷"之俗字，今為其簡化字。《玉篇·斤部》："斷"，"斷"的俗字。"嗔"，甲本作"瞋"，"嗔"為"瞋"之俗字，《敦煌俗字典》收此字形，例如所引 S. 388《正名要錄》："瞋嗔"，"右正行者揩，脚注稍訛。"以下字形相同者不復出校。

［43］"扵"，《大正藏》本、於本、甲本作"於"，二字同。《改併四聲篇海·手部》引《餘文》："扵，音於，義同。""是"，原作"是"，俗字，敦研 17《大方等大集經》："成就具足如是持。""疑"，原作"疑"，俗字，《敦煌俗字典》收此字形，例如所引 S. 512《歸三十字母例》："疑：吟迎言魚攴。"其中的"疑"與"疑"字形微別，應是變體。以下字形相同者不復出校。

［44］"来"，《大正藏》本、於本作"來"，"来"為"來"之簡體俗字，今為其簡化字。"說"，原作"說"，俗字。以下字形相同者不復出校。"令"，應作"今"，據文義校改，於本徑作"今"，甲本亦作"今"。

［45］"據"，原作"據"，俗字。《敦煌俗字典》收此字形，例如所引 S. 2056V《大漢三年楚將季布罵陣漢王羞恥群臣拔馬收軍詞文》："據卿所奏大忠臣！戈戟相銜猶不退，如何聞罵肯抽軍？

卿既舌端懷辯捷，不得妖言誤寡人。"以下字形相同者不復出校。"汝"，甲本作"衆"。

［46］"請"，甲本作"諸"。按此處應作"諸"，"諸佛"與上句中"凡夫"二字相對。

［47］"既"，原作"既"，俗字。以下字形相同者不復出校。

［48］"云"，原作"云"，俗字。以下字形相同者不復出校。

［49］"明"，原作"明"，俗字。以下字形相同者不復出校。

［50］"滅"，原作"滅"，俗字。《敦煌俗字典》收此字形，例如所引敦研193《大般涅槃經》卷第十一："照於東方，悉令得滅無名黑闇。"以下字形相同者不復出校。

［51］"氷"，於本作"冰"，"氷"為"冰"之俗字。《字彙·水部》："氷，俗冰字。"以下字形相同者不復出校。

［52］"㳅"，"流"之俗字。《干祿字書》："㳅流：上俗，下正。"

以下字形相同者不復出校。"流离"，原作"黃金"，但"黃"、"金"二字之右側，又分別小字補寫有"流"、"离"二字。蓋涉下一句之"黃金"二字，書手為避免煩冗，而特意將"黃金"改為"流离"。《大正藏》本、於本作"琉璃"，甲本作"瑠璃"，"琉璃"、"瑠璃"與"流离"同，系佛教七寶之一。"地"，《大正藏》本、於本作"池"。

［53］"繩"，原作"繩"，俗字。《干祿字書》："繩繩：上通，下正。"以下字形相同者不復出校。

［54］"寶"，《大正藏》本、於本、甲本作"寶"，"寶"與"寶"同。《改併四聲篇海·宀部》引《玉篇》："寶，珍也；道尊也，愛也。"今本《玉篇》作"寶"。"地"，應作"池"，據文義校改，《大正藏》本徑作"池"，於本據文義校改作"池"，甲本亦作"池"。"澄澄"，第二個"澄"字，原作重文符號，據正。

［55］"陎"，應作"珠"，據文義校改，《大正藏》本、於本

188　下編　P.2250《淨土五會念佛誦經觀行儀卷下》寫卷校錄

徑作"珠",甲本亦作"珠"。

　　[56]"花",甲本作"華","花"為"華"之後起俗字。"紛紛",第二個"紛"字,原作重文符號,據正。"處",原作"處",俗字,《敦煌俗字典》收此字形,例如所引S.462《金光明經果報記》:"牒至,准法處分者。"以下字形相同者不復出校。

　　[57]"令",《大正藏》本、於本作"入"。"發",原作"發",俗字,《干祿字書》:"發發:上俗,下正。"以下字形相同者不復出校。"道者發真心",甲本作"道發真實心"。

　　[58]"行"字之前,原有一"光"字,但"光"字之右側,書有刪除符號,據正。

　　[59]"處處",第二個"處"字,原作重文符號,據正。《大正藏》本作"行處",系由於未能識讀出上句"光"字右側之刪除符號,以及本句第一個"處"字之后的重文符號而致誤。"垂",原作"垂",俗字,《敦煌俗字典》收此字形,例如所引S.1589V《十六大阿羅漢頌》:"我知尊者常居世,處處垂恩度有情。"以下字形相同者不復出校。"陳",應作"珠",據文義校改,《大正藏》本、於本徑作"珠",甲本作"琳"。

　　[60]"散",原作"散",俗字。《敦煌俗字典》收此字形,例如所引S.6825V想爾注《老子道經》卷上:"樸散淳薄更入耶。"其中的"散"與"散"字形微別,應是變體。以下字形相同者不復出校。

　　[61]"地",甲本作"池"。

　　[62]"花",甲本作"開"。

　　[63]"開",原作"開",俗字。《敦煌俗字典》收此字形,例如所引Ф96《雙恩記》:"太子依日時節開庫不遇,歲怒曰:……"其中的"開"與"開"字形微別,應是變體。以下字形相同者不復出校。"花開",甲本作"華間","花"為"華"之後起俗字。

　　[64]"歎",原作"歎",俗字。《敦煌俗字典》收此字形,

例如所引 S.388《正名要錄》："嘆歎","右字形雖別,音義是同。古而典者居上,今而要者居下。"以下字形相同者不復出校。"去者稀",甲本作"去來者"。

[65]"瓊林",甲本作"瓊樓"。"寶開",甲本作"寶閣"。

[66]"輝",原作"辉",俗字。以下字形相同者不復出校。"蓮",甲本作"連"。

[67]"玉",原作"王",俗字,《敦煌俗字典》收此字形,例如所引 S.328《伍子胥變文》:"今既天下清太,日月貞明,玉鞭齊打金鞍,乃為歌曰……""邊",原作"边",俗字,《敦煌俗字典》收此字形,例如所引 S.447《大乘淨土贊》:"漸到池邊立,洗却意中寧。""闻",《大正藏》本、於本作"聞","闻"本為"聞"之俗字,今為其簡化字。《宋元以來俗字譜》:"聞",《通俗小說》、《古今雜劇》、《目連記》作"闻"。以下字形相同者不復出校。

[68]"葉",原作"菓",因避諱而產生的俗字,《敦煌俗字典》收此字形,例如所引 P.3873《韓朋賦》:"道東生於桂樹,道西生於梧桐。枝枝相對,葉葉相籠。根下相連,下有流泉,絕道不通。"

"裏",原作"裡",俗字,《干祿字書》:"裡裏:上俗,下正。"

以下字形相同者不復出校。

[69]"菩薩",原作"𦬇","𦬇"為"菩"、"薩"二字之合文。"遊",《大正藏》本、於本、甲本作"遊","遊"為"遊"之俗字。《龍龕手鑑·辵部》:"遊,通;遊,正。"《篇海類編·人事類·辵部》:"遊,俗遊字。"以下字形相同者不復出校。

[70]"各各",第一個"各"字,原作"名",俗字;第二個"各"字,原作重文符號,據正。"養",原作"养",俗字,S.1624《唐虢州閿鄉縣萬迴和尚傳》:"尋乃為僧,帝請於內道場

供養。"以下字形相同者不復出校。

　　[71]"坐",《大正藏》本、於本、甲本作"坐","坐"為"坐"之俗字。《改併四聲篇海·土部》引《奚韻》:"坐,音義同坐。"《宋元以來俗字譜》:"坐,《嶺南逸事》作坐。"

　　[72]"憧",《大正藏》本、於本、甲本作"幢","憧"為"幢"之俗字。《敦煌俗字典》已收,例如所引 P. 3566《亡尼文》:"惟願袈裟幢之世界,證悟無生。"其中的"幢"字即為"憧"形。"網",原作"綱",俗字,《敦煌俗字典》已收,例如所引 Φ96《雙恩記》:"蝶遭蛛之網並,盡隨天使。"以下字形相同者不復出校。

　　[73]"嚴",原作"竒",俗字,《敦煌俗字典》已收,例如所引 S. 545《失名類書》:"霜威變序,動嚴氣於輕葭。"以下字形相同者不復出校。"庒","莊"之俗字,《干祿字書》:"庒莊莊:上俗,中通,下正。""莊嚴",系為漢魏六朝以來俗語詞,意為"裝飾"、"修飾"。

　　[74]"瑠",原作"瑠",俗字。《敦煌俗字典》已收,例如所引浙敦193《妙法蓮華經·見寶塔品》:"其諸幡蓋,以金、銀、瑠璃、車渠、馬瑙、真珠、玫瑰七寶合成。"以下字形相同者不復出校。

　　[75]"身",《大正藏》本、於本作"自"。

　　[76]"勤",甲本作"懃",二字同。《正字通·心部》:"懃,同勤。"

　　[77]第二個"光",應作"色",據文義校改。甲本即作"色",可為旁證。

　　[78]"有",《大正藏》本作"存"。"緣",原作"緣","緣"為"緣"之俗字。《敦煌俗字典》已收,例如所引 P. 2056《阿毗曇毗婆沙論》卷第五十二《智捷度他心智品》:"若以緣盡故名盡智者,滅智應是盡智。"以下字形相同者不復出校。

三　錄文和校勘　191

［79］"但"，《大正藏》本作"促"，形近致誤。"須心"，甲本作"傾心"。

［80］"決"，《大正藏》本、甲本作"决"，"决"為"決"之俗字，《玉篇·冫部》："决，俗決字。"刻本古籍中多作"决"，今"決"通行。"定"，原作"𠳲"，俗字，《敦煌俗字典》已收，例如所引 S.512《歸三十字母例》："定：亭堂田甜。""離"，原作"𩂉"，俗字。以下字形相同者不復出校。

［81］"觀"，原作"𮕩"，俗字。以下字形相同者不復出校。

［82］"希奇"，甲本作"希有"，文義均可通。

［83］"但"，應做"假"，據文義校改，《大正藏》本、於本徑作"假"。"皆"，原作"𣦵"，俗字。以下字形相同者不復出校。

［84］"勢"，原作"𫝑"，俗字。"難"，原作"𣀟"，俗字。以下字形相同者不復出校。

［85］"雄雄"，第二個"雄"字，原作重文符號，據正。

［86］"瓶"，原作"𤭬"，俗字。《敦煌俗字典》已收，例如所引浙敦 26《普賢菩薩說證明經》："繩床錫杖，香爐瓶鉢。"以下字形相同者不復出校。

［87］"座"，原作"𫝼"，俗字，《敦煌俗字典》已收，例如所引 P.2173《御注金剛般若波羅蜜經宣演》卷上："處座之辰，詎忘詞費？"以下字形相同者不復出校。"遲"，《大正藏》本、於本、甲本作"迟"，"迟"為"遲"之俗字。唐慧琳《一切經音義》卷八十九："遲君來：（迟）……傳文作迟，俗字。"

［88］"法"，原作"說"，"法"字乃小字補寫在"說"字之右側。顯系書手在複核寫卷時，發現了自己的抄寫錯誤而進行的更正。

［89］"疑"，原作"𢓡"，俗字。《敦煌俗字典》已收，例如所引 S.328《伍子胥變文》："即欲向前從乞食，心意懷疑生遊

豫。"以下字形相同者不復出校。"接",甲本作"攝"。

[90] "變",原作"变",俗字。以下字形相同者不復出校。

[91] "等",原作"𠃍",俗字,《敦煌俗字典》已收,例如所引 P. 3864《刺史書儀》:"臣某等得替歸闕,獲面天顏,臣無任瞻天荷聖,激切屏營之至。"其中的"等"與"𠃍"字形微别,應是變體。"頃",原作"顷",俗字,《大正藏》本作"須",甲本作"傾"。"顷"之字形,《敦煌俗字典》已收,例如所引敦研 123《思益梵天所問經》:"如一念頃。"以下字形相同者不復出校。

[92] "寶內",甲本作"華內"。

[93] "轉",原作"軿",俗字。以下字形相同者不復出校。

[94] "品",原作"𠮷",俗字,《敦煌俗字典》收此字形,例如所引 P. 2141《大乘起信論略述》卷上:"述曰:十信初心三品之人,初修行故,退易進難。""稱",原作"稱",俗字,以下字形相同者不復出校。"稱姓豪",甲本作"種姓高"。

[95] "門",原作"𠀉",俗字。以下字形相同者不復出校。"歡喜地",原作"堅回定",但此三字之右側,分别小字補寫"歡"、"喜"、"地",顯係書手在複核寫卷時所作修改,據正。

[96] "剛",原作"𠛼",俗字。"堅",原作"坚",俗字,《敦煌俗字典》收此字形,例如所引 Φ96《雙恩記》:"再三商量,堅請阿難上座說法。""若解信心堅周得,大難苦海錯漂沉。""剃除髮鬚堅持戒。"以下字形相同者不復出校。

[97] "至",原作"志",但"志"之右側行間空白處,小字補寫有一"至"字,顯係書手修訂所致,據正。

[98] "自",原作"目",俗字。《敦煌俗字典》收此字形,例如所引 P. 2305《妙法蓮華經講經文》:"一自為親,幾經寒暑,今朝忽擬生離,天地爭交教容許!"以下字形相同者不復出校。

[99] "彼",原作"𠁁",俗字。"授",原作"𢬃",俗字,《敦煌俗字典》收此字形,例如所引 S. 330《沙州三界寺授八界牒

六通》:"授戒女弟子程氏。""記",原作"北",俗字,《敦煌俗字典》收此字形,例如所引 S.1624《唐虢州閿鄉縣萬迴和尚傳》:"謹按傳記,唐中宗黃帝時。"以下字形相同者不復出校。

[100]"時",原作"旹",俗字,《敦煌俗字典》收此字形,例如所引 S.1776V《歷代法寶記》:"時有狂賊可達寒奴戮等,圍饒州城數匝,无有絡入,飛鳥不通。"以下字形相同者不復出校。"聞",《大正藏》本作"開"。"法",原本位於"聞""悟"兩字中間之右側的行間空白處,顯系書手補寫,此處徑行錄入句中。

[101]"刧",《大正藏》本、於本、甲本作"劫","刧"為"劫"之俗字,《敦煌俗字典》收此字形,例如所引《廣韻·業韻》:"劫,強取也。俗作刧。""沉",原作"沈",俗字,《敦煌俗字典》收此字形,例如所引 P.2299《太子成道經》:"甚生隊仗?白月西沉,紅日初生。"《大正藏》本、於本、甲本作"沈","沉"與"沈"同,《玉篇·水部》:"沉",同"沈"。"塵",原作"尘",俗字,《敦煌俗字典》收此字形,例如所引 S.6631《九相觀詩·嬰孩相第一》:"情塵交觸境,冥陰託靈魂。"以下字形相同者不復出校。

[102]"号",《大正藏》本、於本作"號","号"同"號"。《集韻·豪韻》:"號,《說文》:'呼也'。或作号。"

[103]"還",原作"迴",俗字。以下字形相同者不復出校。

[104]"者",原作"者",俗字。以下字形相同者不復出校。

[105]"宣",原作"宣",俗字。以下字形相同者不復出校。

[106]"人天",甲本作"天人",文義均可通。

[107]《大正藏》第四十七冊所收之日本德川時刊本《淨土五會念佛略法事儀讚》中,亦見有《依〈阿彌陀經〉讚》,起自首題,迄於末句。以下錄文以 P.2250 為底本,用《大正藏》本、於本,以及《大正藏》第四十七冊所收之日本德川時刊本《淨土五會念佛略法事儀讚》(稱其為甲本)參校。"依",甲本作"新"。

"陁"，原卷書寫在"經"字之右側，但字體相對較小，顯系補寫。

［108］甲本無作者署名。"前"，原作"𦯧"，此字上半邊為"艹"部，下半邊似"如"部，系為"前"之俗字。以下字形相同者不復出校。

［109］"聽"，原作"𦔻"，俗字。以下字形相同者不復出校。

［110］"舍"，《大正藏》本、於本、甲本作"舍"，"舍"為"舍"之俗字。《敦煌俗字典》收此字形，例如所引 S.5454《千字文》："丙舍傍啓。"以下字形相同者不復出校。"舍利子"，甲本作"舍利弗"，二者名雖有異，實則為一。"舍利弗"，為佛陀十大弟子之一。其梵名，梵漢并譯，則稱"舍利子"或"舍梨子"。

［111］"万"，《大正藏》本作"萬"，"万"為"萬"之古本字，後世以"萬"代"万"，但是並未完全取代，敦煌寫本中二字並行，意義無別。以下字形相同者不復出校。

［112］"勸"，原作"勸"，俗字，《敦煌俗字典》收此字形，例如所引 S.5584《開蒙要訓》："酣觴飲酒，勸酌酬［醒］。""當"，原作"當"，俗字。以下字形相同者不復出校。"今"，甲本作"勤"。

［113］"䓁"，甲本作"等"，"䓁"為"等"之俗字。S.4642《發願文範本等》："自餘諸公等，［或道］或俗，咸慶悅而相臨；且故且新，並悲懼而竟慰。"以下字形相同者不復出校。

［114］"層層"，第二個"層"字，原作重文符號，據正。

［115］"安"，原作"安"，俗字。《敦煌俗字典》收此字形，例如所引 P.2299《太子成道經》："日輪之中乃有一孩兒，十相具足，甚是端嚴。兼乘［六］牙白象，從妾頂門而入，在於右脅下安之。"以下字形相同者不復出校。

［116］"處處"，第二個"處"字，原作重文符號，據正。"渠"，原作"渠"，俗字，《敦煌俗字典》收此字形，例如所引敦研 105《妙法蓮華經》："以金、銀、琉璃、車渠、馬瑙、真珠、

玫瑰七寶合成。"以下字形相同者不復出校。

［117］"流"，"流"之俗字，《干祿字書》："流流：上俗，下正。"《大正藏》本、於本、甲本作"琉"，據文義，應作"琉"。"琉璃"，即"瑠璃"，也作"流離"。《集韻·尤韻》："瑠，瑠璃，珠也。或作琉。"《說文·玉部》："珋，石之有光，璧珋也。"段玉裁注："璧珋，即璧流離也……今人省言之曰流離，改其字為瑠璃。"以下字形相同者不復出校。

［118］"拂"，《大正藏》本、於本、甲本作"拂"，"拂"為"拂"之俗字。《敦煌俗字典》收此字形，例如所引 S. 343《願文》："八万塵勞，拂慈光而永散。"以下字形相同者不復出校。

［119］"稽"，《大正藏》本、於本、甲本作"稽"，"稽"為"稽"之俗字。《敦煌俗字典》收此字形，例如所引 S. 6315《祈雨文》："稽首再賀於前恩，鼓腹歌謠於聖造。"以下字形相同者不復出校。

［120］"專"，"專"之俗字。《敦煌俗字典》收此字形，例如所引 S. 6267《鷰子賦》："專差鴰鶄往捉。"其中的"專"與"專"字形微別，應是變體。以下字形相同者不復出校。"發道芽"，甲本作"散道引"。

［121］"永"，原作"氶"，俗字。《敦煌俗字典》收此字形，例如所引 S. 446《加應道尊號大赦文》："永懷舅氏，追感渭陽，宜申國恩，再復榮秩。"以下字形相同者不復出校。

［122］"寶"，於本據文義校改作"實"，可從。甲本亦作"實"，可為旁證。

［123］"時動"，應作"動時"，據文義校改。甲本即作"動時"，可為旁證。

［124］"處處"，第二個"處"字，原作重文符號，據正。"仏"，《大正藏》本、於本、甲本作"佛"，"仏"為"佛"之俗字，系由"佛"字草書楷化而來。

［125］"豈"，原作"荳"，俗字。《敦煌俗字典》收此字形，例如所引S.2165《青峰山祖誡肉偈》："食者貪今味，追尋後豈惺。"以下字形相同者不復出校。

［126］"跋"，原作"𧺆"，俗字，《敦煌俗字典》收此字形，例如所引S.1589V《十六大阿羅漢頌》："跋提河畔佛將滅，且留尊者住人間。"《大正藏》本作"趺"。"致"，原作"致"，俗字，《敦煌俗字典》收此字形，例如所引S.238《金真玉光八景飛經》："行之八年，致徘徊玉輦之下。""降致玄輿飛輦，得與真人同升。"以下字形相同者不復出校。

［127］"死"，原作"歹"，俗字。以下字形相同者不復出校。

［128］"善"，原作"𦎫"，俗字。《敦煌俗字典》收此字形，例如所引S.189《老子道德經》："善者吾善之，不善者吾亦善之，德善。"以下字形相同者不復出校。

［129］"功"，原作"刀"，俗字。《干祿字書》："刀功：上俗，下正。"以下字形相同者不復出校。

［130］"念念"，第二個"念"字，原作重文符號，據正。甲本作"十念"，文義均可通。《無量壽經》、《觀無量壽經》均載有以十念念佛即可往生彌陀淨土之說，此說系淨土宗重要教義之根據。"頃"，《大正藏》本、甲本作"傾"，"頃"為"傾"之古字，后"傾"行而"頃"廢。

［131］"淨土"，甲本作"淨國"，文義均可通。"淨國"，指佛國。"希奇"，甲本作"奇希"。

［132］"急急"，第二個"急"字，原作重文符號，據正。

［133］"同心"，甲本作"同聲"，文義均可通。"歎"，甲本作"讚"。

［134］"一一"，第二個"一"字，原作重文符號，據正。

［135］"生生"，第二個"生"字，原作重文符號，據正。"常得"，甲本作"當得"。

三　錄文和校勘　197

［136］"頃"，《大正藏》本作"須"，形近致誤。於本、甲本作"傾"，"頃"為"傾"之古字，后"傾"行而"頃"廢。

［137］《大正藏》第四十七冊所收之日本德川時刊本《淨土五會念佛略法事儀讚》中，亦見有《歎散花供養讚》，起自首題，迄於末句。以下錄文以 P.2250 為底本，用《大正藏》本、於本，以及《大正藏》第四十七冊所收之日本德川時刊本《淨土五會念佛略法事儀讚》（稱其為甲本）參校。"花"，甲本作"華"，"花"、"華"音義相同，"花"乃"華"之後起俗字。

［138］甲本無作者署名。"英"，原作"英"，俗字。《敦煌俗字典》收此字形，例如所引 Φ96《雙恩記》："國強山勝地英靈。"以下字形相同者不復出校。

［139］"惠"，甲本作"慧"，"惠"通"慧"。《列子·周穆王》："秦人逢氏有子，少而惠。"《世說新語·夙惠》："何晏七歲，明惠若神。"

［140］"花"，甲本作"蓮"，文義皆可通。"五莖蓮"、"五莖花"，均為"五莖蓮花"之省。

［141］"号"，甲本作"號"，"号"同"號"。《集韻·豪韻》："號，《說文》：'呼也'。或作号。"

［142］"多"，《大正藏》本作"名"，形近致誤。

［143］"佛"，甲本作"但"。

［144］"紛紛"，第二個"紛"字，原作重文符號，據正。

［145］"蓮"，《大正藏》本作"運"，形近致誤。

［146］"一一"，第二個"一"字，原作重文符號，據正。

［147］"人人"，第二個"人"字，原作重文符號，據正。"收"，原作"収"，俗字。《干祿字書》："収收：上通，下正。"《敦煌俗字典》亦收此字形，例如所引 S.238《金真玉光八景飛經》："促校北帝錄，收攝群魔名。"以下字形相同者不復出校。

［148］"片片"，第二個"片"字，原作重文符號，據正。

198　下編　P. 2250《淨土五會念佛誦經觀行儀卷下》寫卷校錄

[149]"人人",第二個"人"字,原作重文符號,據正。"發",原作"散",但"散"字之右側行間空白處,又補寫一"發"字,顯系書手更正之舉,據正。

[150]"勤勤",第二個"勤"字,原作重文符號,據正。

[151]"一一",第二個"一"字,原作重文符號,據正。

[152]"花飛",甲本作"飛華",按此處應作"飛華",以與次句之"翠葉"相對。"颮颮",第二個"颮"字,原作重文符號,據正。《大正藏》本、於本、甲本作"颯颯","颮"為"颯"之俗字。S. 2832《願文等範文·十二月時景兼陰晴雲雪諸節》:"下旬木落窮秋,鴻飛季月。涼風颯至,驚漢帝之詞;墜葉紛紛,動安仁之思。"

[153]"翠",原作"翠",俗字。以下字形相同者不復出校。"翩翩",第二個"翩"字,原作重文符號,據正。

[154]"淅",《大正藏》本作"浙",於本校改作"淅",敦煌寫本中"扌"旁、"木"旁常混用,故不煩校改,可徑釋作"淅"。"鳥",原作"鳥",俗字。以下字形相同者不復出校。

[155]"鬱",底本原作"鬱",俗字。以下字形相同者不復出校。《大正藏》本、於本作"欝","鬱"與"欝"同。《廣韻·物韻》:"欝",同"鬱"。

[156]第一個"群"字,原作"群",俗字。《敦煌俗字典》收此字形,例如所引敦研10《佛說檀特羅麻油述經》:"群有四子人行空閑處。"以下字形相同者不復出校。

[157]"時時",第二個"時"字,原作重文符號,據正。

[158]"往往",第二個"往"字,原作重文符號,據正。

[159]"般般",第二個"般"字,原作重文符號,據正。

[160]"人人",第二個"人"字,原作重文符號,據正。"沙",甲本作"妙",據文義,應作"沙",以與下文"行行不離世尊家"句中之"家"字為韻。

［161］"一一"，第二個"一"字，原作重文符號，據正。

［162］"行行"，第二個"行"字，原作重文符號，據正。"世尊"，甲本作"世界"，顯誤。

［163］"時時"，第二個"時"字，原作重文符號，據正。

［164］"處處"，第二個"處"字，原作重文符號，據正。

［165］"一一"，第二個"一"字，原作重文符號，據正。

［166］"朝朝"，第二個"朝"字，原作重文符號，據正。

［167］"隊隊"，第二個"隊"字，原作重文符號，據正。甲本作"墜墜"。

［168］"歎"，甲本作"嘆"，"歎"同"嘆"。《正字通·欠部》："歎，與嘆同。"以下字形相同者不復出校。

［169］"獻"，《大正藏》本作"厭"，形近致誤。

［170］"决"，甲本作"決"，"决"為"決"之俗字。《玉篇·冫部》："决，俗決字。"刻本古籍中多作"决"，今"决"字通行。"證"，原作"𭤰"，俗字，《大正藏》本作"澄"，形近致誤。"无"，甲本作"無"，"无"與"無"同。"为"，《大正藏》本、於本作"爲"，"为"乃"爲"之俗字，今為其簡化字。以下字形相同者不復出校。

［171］"休"，原作"㳜"，俗字。《敦煌俗字典》收此字形，例如所引 P.2086《十地論·法雲地》卷第十之十二："爾時十方一切世界皆大震動，一切惡道皆悉休息，光明普照一切法界。"以下字形相同者不復出校。

［172］"氤氲"，《大正藏》本、甲本作"氛氛"。"綿綿"，第二個"綿"字，原作重文符號，據正。

［173］"足"，應作"旦"，據文義校改，《大正藏》本、於本、甲本徑作"旦"。底本原作"𠯆"，俗字，《敦煌俗字典》收此字形，例如所引 S.388《正名要錄》："足𠯆"，上正，下"相承用"。"右依顏監《字樣》甄錄要用者，考定折衷，刊削紕繆。"

200　下編　P.2250《淨土五會念佛誦經觀行儀卷下》寫卷校錄

以下字形相同者不復出校。"他國",《大正藏》本作"外國"。"他國獻",甲本作"獻他國",按此處應作"他國獻","獻"字與次句之"前"字為韻。

　　[174]《大正藏》第四十七冊所收之日本德川時刊本《淨土五會念佛略法事儀讚》中,亦見有《淨土五會讚》,起自首題,迄於末句。以下錄文以P.2250為底本,用《大正藏》本、於本,以及《大正藏》第四十七冊所收之日本德川時刊本《淨土五會念佛略法事儀讚》(稱其為甲本)參校。甲本無首題及題下注文。

　　[175]甲本無作者署名。

　　[176]"苐",甲本作"第","苐"為"第"之俗字,《干祿字書》:"苐、第,次第字。上俗、下正。""除",原作"隂",俗字,《敦煌俗字典》收此字形,例如所引P.2056《阿毗曇毗婆沙論》卷第五十二《智捷度他心智品》:"復次念前世智證明,除過去無知黑闇;生死智證明,除未來無知黑闇;漏盡智證明,除於涅槃無知黑闇。""乱",《大正藏》本、於本、甲本作"亂","乱"為"亂"之簡體俗字。以下字形相同者不復出校。

　　[177]"嚮",《大正藏》本、於本、甲本作"響","嚮"通"響"。《易·繫辭上》:"其受命也如嚮。陸德明釋文:"嚮,又作響。"

　　"哀",原作"𠰱",此字"點橫"變"撇橫",故為俗字,甲本作"裏"。以下字形相同者不復出校。

　　[178]"鳴",甲本作"鳥"。"怜",甲本作"憐","怜"與"憐"同,今為其簡化字。《集韻·先韻》:"憐,《說文》:'哀也。'或作怜。"

　　[179]"如",應作"入",據文義校改。甲本即作"入",可為旁證。

　　[180]"尼",原作"𡰪",俗字。《干祿字書》:"𡰪尼:上俗,下正。"以下字形相同者不復出校。

[181]"學",原作"覺",但書手徑在"覺"字之上,將"見"部改為"子"部,故而此處釋作"學"。

[182]"坐",甲本作"坐","坐"為"坐"之俗字。《改併四聲篇海·土部》引《奚韻》:"坐,音義同坐。"《宋元以來俗字譜》:"坐,《嶺南逸事》作坐。""蓮臺",甲本作"華臺",二者皆指佛、菩薩所坐之蓮華臺座,故均可通。

[183]"場",此字系補寫在同句之"道"、"同"二字中間之右側,故此處徑將其錄入句中。

[184]"黃宮",甲本作"華宮"。

[185]"寶樹",甲本作"寶林"。

[186]"花",甲本作"華","花"為"華"之後起俗字。

[187]"發",甲本作"生"。

[188]"聽說",甲本作"聽法"。

[189]"化林",甲本作"華林","化"為"華"之同音借字。

[190]"暎",甲本作"映","暎"與"映"同。《集韻·映韻》:"映,亦从英。"

[191]"界",甲本作"果"。

[192]"處處",甲本作"家家",文義均可通。

[193]"船",原作"𦪇",俗字。《敦煌俗字典》收此字形,例如所引 S. 328《伍子胥變文》:"潰潰如鼓角之聲,并無船而可渡。""執鈎乘船之仕!暫屈就岸相看,勿辭之勞,幸願存情相顧。"以下字形相同者不復出校。

[194]"扵",甲本作"於",二字同。《改併四聲篇海·手部》引《餘文》:"扵,音於,義同。"

[195]《大正藏》第四十七冊所收之日本德川時刊本《淨土五會念佛略法事儀讚》中,亦見有《極樂五會讚》,起自首題,迄於末句。以下錄文以 P. 2250 為底本,用《大正藏》本、於本,以及

《大正藏》第四十七冊所收之日本德川時刊本《淨土五會念佛略法事儀讚》（稱其為甲本）參校。

[196]"寶偈分明化有情，觀經妙讚定中成"兩句，甲本作"觀經妙讚定中成，寶偈分明化有情"。

[197]"流"，《大正藏》本、於本、甲本作"流"，按"流"為"流"之俗字，《干祿字書》："流流：上俗，下正。"此字位於在同句之"浮"、"布"二字中間之右側，顯系書手補寫，此處徑將其錄入句中。

[198]"无"，此字位於同句之"五"、"生"二字中間之右側，顯系書手補寫，此處徑將其錄入句中。"无"字，於本文義校改作"悟"，《大正藏》本徑作"悟"，甲本亦作"悟"。

[199]"坐"，甲本作"坐"，"坐"為"坐"之俗字。《改併四聲篇海·土部》引《奚韻》："坐，音義同坐。"《宋元以來俗字譜》："坐，《嶺南逸事》作坐。"

[200]"婆"，因寫卷被裁減之故，此字僅存上側之"波"部。

[201]"恒河"，甲本作"恒沙"。按此處應作"恒河"，以與上文"意在眾生念佛多"句末之"多"字為韻。

[202]"遶"，甲本作"遠"。

[203]"花"，甲本作"華"，"花"為"華"之後起俗字。

[204]"迎来"，甲本作"來迎"。按此處應作"迎来"，以與上文"百寶蓮花出水開"句末之"開"字為韻。

[205]"寶坐"，甲本作"寶蓮"。"自相親"，甲本作"坐自相"。

[206]《大正藏》第四十七冊所收之日本德川時刊本《淨土五會念佛略法事儀讚》中，亦見有《歎五會妙音讚》，起自首題，迄於末句。以下錄文以 P. 2250 為底本，用《大正藏》本、於本，以及《大正藏》第四十七冊所收之日本德川時刊本《淨土五會念佛略法事儀讚》（稱其為甲本）參校。

三　錄文和校勘　203

［207］"聲"，此字原在"皆"字之后，但"皆""聲"二字中間之右側，書有一倒乙符號，據正。

［208］"乘"，原作"![]"，俗字。《敦煌俗字典》收此字形，例如所引 P.2299《太子成道經》："日輪之中乃有一孩兒，十相具足，甚是端嚴。兼乘［六］牙白象，從妾頂門而入，在於右脇下安之。"以下字形相同者不復出校。

［209］"開"，甲本作"傳"。

［210］此句，甲本作"意在將傳滅五燒"。

［211］"清深"，甲本作"清音"。

［212］"隱"，原作"![]"，俗字。《干祿字書》："![]隱"，上俗，下正。《敦煌俗字典》亦收有此字形，例如所引 S.189《老子道德經》："大音希聲，大象無形，大隱无名。"以下字形相同者不復出校。

［213］"五取"，甲本作"五趣"，"取"為"趣"之同音借字。"五趣"，即地獄、餓鬼、畜生、人、天等五種輪迴處所。

［214］"泠泠"，甲本作"零零"。按"泠泠"與"零零"，皆有"清幽""清潤"之義，故皆可通。

［215］"將"，甲本作"皆"，文義皆可通。

［216］"留"，原作"![]"，俗字。《干祿字書》："![]留：上通，下正。"《敦煌俗字典》亦收有此字形，例如所引 S.1589V《十六大阿羅漢頌》："跋提河畔佛將滅，且留尊者住人間。"以下字形相同者不復出校。

［217］"哀怨"，甲本作"哀婉"，按據文義，應以"哀婉"為是。

［218］"音"，甲本作"說"，按據文義，應以"說"為是。

［219］"流"，甲本作"留"，按據文義，應以"流"為是。

［220］"寥"，原作"![]"，俗字。《敦煌俗字典》收此字形，例如所引 P.2173《御注金剛般若波羅蜜經宣演》卷上："真際寥

廓，理絕遐邇；妙覺杳冥，本亡言論。"以下字形相同者不復出校。

［221］"念"，由於寫卷裁減之故，原卷僅存上側之"今"部。

［222］"颮"，甲本作"颯"，"颮"為"颯"之俗字。S.2832《願文等範文·十二月時景兼陰晴雲雪諸節》："下旬木落窮秋，鴻飛季月。涼風颯至，驚漢帝之詞；墜葉紛紛，動安仁之思。"以下字形相同者不復出校。

［223］"吹"，甲本作"唯"，文義皆可通。"蕩"，甲本作"斷"，文義均可通。

［224］"兼"，原作"𫟪"，俗字。《敦煌俗字典》收此字形，例如所引 Φ96《雙恩記》："太半兼歸於地閨。"以下字形相同者不復出校。

［225］"永劫"，甲本作"五劫"。"罋"，原作"𦉫"，俗字，《敦煌俗字典》收此字形，例如所引 S.238《金真玉光八景飛經》："罋氣何紛紛，穢道當塗生。"以下字形相同者不復出校。

［226］"皷"，甲本作"鼓"，"皷"為"鼓"之俗字。《正字通·皮部》："皷，俗鼓字。"以下字形相同者不復出校。

［227］"琵琶"，甲本作"琴瑟"，文義皆可通。"笛"，原本小字書寫在同句"簫"、"雜"二字中間之右側，且墨色較淡，顯系書手補寫，此處徑行錄入句中。

［228］敦煌文獻中存見《極樂欣厭讚》的寫卷，尚有 P.2130、BD5441（菓041）。兩卷均起自首句，迄於"自然解脱悟心開"句，中間偶有脱漏，且彼此之間有著明顯的因循關係，屬於同一抄寫系統。以下錄文以 P.2250 為底本，用《大正藏》本、於本，以及 P.2130（稱其為甲本）、BD5441（菓041）（稱其為乙本）參校。"極樂欣猒"，甲本、乙本作"極樂閻浮"，其中的"閻浮"，乃須彌山四大洲之南洲"閻浮洲"之略稱。

[229] 甲本、乙本無作者署名。

[230]"佛",甲本作"仏","仏"為"佛"之俗字,系由"佛"字草書楷化而来。

[231]"遞",原作"遞",俗字,《敦煌俗字典》收此字形,例如所引Φ96《雙恩記》:"因此街坊人眾,遞互相傳,裝裹衣裳,供給茶飯。"以下字形相同者不復出校。"坐",應做"哭",據文義校改,於本徑作"哭"。甲本、乙本亦作"哭",可為旁證。

[232]"万",《大正藏》本作"滿",誤。"不迴来",甲本在"不"字後,衍一"還"字。

[233]"無",應作"每",據文義校改。甲本、乙本即作"每",可為旁證。

[234]"退尋",乙本作"吹尋"。

[235]"障",乙本作"彰","彰"為"障"之同音借字。

[236] 此句至"檢尋聖教自圓融"句,甲本、乙本無。

[237]"今",《大正藏》本作"令",形近致誤。

[238]"圓",原作"圎",俗字,《敦煌俗字典》收此字形,例如所引S.1625V《佛圖澄和尚因緣》:"左乳傍先有一孔,圓四五寸,或時腸中出,以絮塞之。夜欲誦經,拔取其絮,則一室洞明。""融",原作"融",俗字。以下字形相同者不復出校。

[239]"服",原作"服",俗字,《敦煌俗字典》收此字形,例如所引S.800《論語》:"參分天下有其二,以服事殷。"以下字形相同者不復出校。

[240]"末",原作"末",俗字,《敦煌俗字典》收此字形,例如所引P.2807《七月十五日夏終設齋文》:"拂衣救末代之蒼生,振錫化無緣之品類。"以下字形相同者不復出校。

[241]"箇",於本作"個","箇"同"個"。《字彙·人部》:"個,與箇同。"《正字通·人部》:"個與个、箇並同。"

[242]"必免",《大正藏》本作"亦兌"。"必"、"免",原

卷分別作"忩"、"兇",均為俗字。其中,"兇"字形,《敦煌俗字典》已收,例如所引甘博16《勸善經》:"今勸眾生寫此經免一門難,寫兩本,免陸親難。"以下字形相同者不復出校。"淪",《大正藏》本作"論",形近致誤。

[243] 此句,甲本作"專心念仏莫朦朧",乙本作"專心念佛莫朦籠"。

[244] "出",甲本、乙本作"生"。

[245] "不",甲本脫。"惑",乙本作"或"。

[246] 此句至"但能深信無疑惑"句,乙本無。"看",原作"𥄢",俗字。《敦煌俗字典》收此字形,例如所引S.2073《廬山遠公話》:"歎念之次,看人轉多。"以下字形相同者不復出校。

[247] "但",甲本作"若"。

[248] "揚",乙本作"楊"。

[249] "量",原作"曡",俗字。《敦煌俗字典》收此字形,例如所引P.2173《御注金剛般若波羅蜜經宣演》卷上:"總說此等,名一切法相,所有挍量,身命資財,持經福等,及諸功德。"以下字形相同者不復出校。

[250] "尚",乙本作"上"。

[251] "持",原作"持",俗字。《敦煌俗字典》收此字形,例如所引敦研189《妙法蓮華經觀世音菩薩普門品》:"有一商主將諸[商人],齎持重寶,逕過險路。"以下字形相同者不復出校。

[252] "欵","款"之俗字。《字彙·欠部》:"欵,俗款字。"以下字形相同者不復出校。

[253] "途"、"難",乙本殘缺。

[254] "与",《大正藏》本、於本作"與",二字同。《說文·勺部》:"与,賜予也。一勺為与。此与與同。"《玉篇·勺部》:"与,賜也,許也,予也。亦作與。"今"与"為"與"之簡化字。"堂",原作"𡉴",俗字,《敦煌俗字典》收此字形,例如所引

P. 2090《妙法蓮華經》卷第七："若在殿堂，若山谷曠野，是中皆應起塔供養。""萬"，甲本、乙本作"万"，"万"為"萬"之古本字，后世以"萬"代"万"，但並未完全取代，敦煌寫本中二字並行，意義無別。以下字形相同者不復出校。

［255］"戀"，原作"恋"，俗字。以下字形相同者不復出校。

［256］"莫"，原作"莫"，俗字。以下字形相同者不復出校。

［257］"夭"，原作"夭"，俗字。《敦煌俗字典》收此字形，例如所引 P. 2602《無上秘要》卷第廿九："門有浩劫公，地無夭年子。"以下字形相同者不復出校。

［258］此句至"真言成佛是為終"句，甲本、乙本無。

［259］"坑"，原作"坑"，俗字。以下字形相同者不復出校。

［260］"阜"，甲本、乙本作"埠"，按土山曰"阜"，據上下文義，此處應以"阜"為是。"均平"，甲本、乙本作"蠲平"，按"均平"意作"平正"，而"蠲平"意作"消除"，據上下文義，此處顯然應以"均平"為是。

［261］"阜"，甲本、乙本作"埠"。按句中的"堆阜"與"丘坑"兩詞對舉，此處顯然應作"阜"。

［262］"似"，《大正藏》本作"以"，甲本、乙本作"已"。"鼈"，原作"鼈"，俗字，《敦煌俗字典》收此字形，例如所引 S. 2614《大目乾連冥間救母變文》："［魚］鼈見此水，即是潤澤；青提見水，即是膿河猛火。""黿"，原作"黿"，俗字，《敦煌俗字典》收此字形，例如所引上博 48《尊勝真言啓請》："觀見黿鼈及水錄，後見餓鬼道中安。""鼉"，原作"鼉"，俗字，《敦煌俗字典》收此字形，例如所引 S. 2073《廬山遠公話》："如江潮大海，其中有多少眾生，或即是黿鼉，或若是蝦蟹龍魚，如是多般，盡屬於水。"其中的"鼉"與"鼉"字形微別，應是變體。以下字形相同者不復出校。

［263］"墮"，《大正藏》本、於本作"墮"，二字同。《龍龕

手鑑・土部》："墮"，同"墮"。今"墮"為"墮"之簡化字。"衡"，甲本作"皈"。

[264]"義"，《大正藏》本、於本作"議"，二字音同，故可通假。《荀子・不苟》："正義直指，舉人之過，非毀疵也。"王念孫雜志："義，讀為議。……《韓策》曰'嚴遂政議直指，舉韓傀之過'，是其證。"以下字形相同者不復出校。

[265]"化"，甲本、乙本作"花"，於本校改作"華"。按"化"為"花"之同音借字，"花"為"華"之後起俗字。"涌"，甲本、乙本作"踊"，二字同。《六書故・人九》："踊，又作涌。"

[266]"裹"，原作"東"，即"裹"之俗字，但"東"字右側又有一"裹"字，"裹"為"裹"之俗字。書手顯然是想將"東"，改作"裹"，故而此處作"裹"。《大正藏》本、於本徑作"裹"。

[267]"妙"，甲本作"沙"。

[268]"灰"，原作"灰"，俗字。《干祿字書》："灰灰：上俗，下正。"以下字形相同者不復出校。

[269]"侵"，原作"侵"，俗字。《敦煌俗字典》收此字形，例如所引 P.2613V《安傘文》："慮灾產以侵人，恐妖氛之害物。"以下字形相同者不復出校。

[270]"免"，原作"免"，俗字。《敦煌俗字典》收此字形，例如所引上圖16《歡喜國王緣》："朕今已見，恐亡夫人，不免心中懷惆悵。"以下字形相同者不復出校。

[271] 第二個"樂"，系為衍字。

[272]"盖"，《大正藏》本、於本作"蓋"，"盖"本為"蓋"之俗字，今為"蓋"之簡化字。《正字通・皿部》："盖，俗蓋字。"以下字形相同者不復出校。

[273]"恩"，《大正藏》本作"思"，形近致誤。

[274]"友"，原作"友"，俗字。《敦煌俗字典》收此字形，

例如所引甘圖 17《金光明最勝王經》卷第九："親友生嗔恚。"以下字形相同者不復出校。

［275］"男"，原作"󰀀"，俗字。《敦煌俗字典》收此字形，例如所引 S.548V《太子成道經》："傾杯不為諸餘事，大王男女相兼乞一雙。"以下字形相同者不復出校。

［276］"且"，《大正藏》本作"且"，形近致誤。"恐"，"恐"之俗字。《敦煌俗字典》收此字形，例如所引 S.388《正名要錄》："恐"，"右依顏監《字樣》甄錄要用者，考定折衷，刊削紕繆。"以下字形相同者不復出校。

［277］"兩"，《大正藏》本作"雨"，形近致誤。

［278］"樂"，據句式及文義補。

［279］"補"，原作"󰀀"，俗字。以下字形相同者不復出校。

［280］"裹"，《大正藏》本作"速"。

［281］"閇"，《大正藏》本、於本作"閉"，"閇"為"閉"之俗字。《玉篇·門部》："閇"，"閉"的俗字。唐慧琳《一切經音義》卷二八《薩曇分陀利經》音義："閉，俗從下作閇。"以下字形相同者不復出校。

［282］"差"，原作"󰀀"，俗字，《干祿字書》："󰀀差：上俗，下正。""科"，原作"󰀀"，俗字，《大正藏》本作"別"。"󰀀"之字形，《敦煌俗字典》已收，例如所引 P.3494《願文》："約金科而表瀾，佩玉印以全真。""所"，原作"󰀀"，俗字。以下字形相同者不復出校。

［283］"嘆"，原本作"󰀀"，但"󰀀"字右側，又有一"嘆"字，顯系書手的訂補文字，故而此處釋作"嘆"。

［284］"堪"，原作"󰀀"，俗字。"停"，原作"󰀀"，俗字，《敦煌俗字典》收此字形，例如所引 S.381《鳴鐘詩》："一切地獄得停酸，永拔眾生長夜苦。"以下字形相同者不復出校。

［285］"西"，於本據文義校改作"惡"，"惡"為"惡"之

俗字，早在南北朝時期就已經流行。《敦煌俗字典》收此字形，例如所引 S.6659《太上洞玄靈寶妙經眾篇序章》："探竿錄籍，推校本原，无善无惡。"以下字形相同者不復出校。

［286］"些"，原作"╰╯"，俗字。以下字形相同者不復出校。

［287］"前"，《大正藏》本作"刹"。

［288］"鼓"，原作"皷"，俗字。《干祿字書》："皷鼓：上俗，下正。"以下字形相同者不復出校。

［289］"戒"，原作"戒"，俗字。以下字形相同者不復出校。

［290］"亦"，原作"示"，俗字，《大正藏》本、於本作"名"。"示"之字形，《敦煌俗字典》已收，例如所引 P.2475《太玄真一本際經》卷第二："天尊曰：'是亦二種下士小心常畏諸塵之所染汙，故入巖阜林藪之間，避諸穢惡。'"以下字形相同者不復出校。"示"，《大正藏》本作"亦"，形近致誤。

［291］"假"，原作"假"，俗字。以下字形相同者不復出校。

［292］"所"，原作"所"，俗字。《敦煌俗字典》收此字形，例如所引甘博16C《佛說摩利支天經》："國王、大臣及諸比丘人民等聞是摩利天陀羅尼，一心受持者，不為如上諸惡所害。"以下字形相同者不復出校。

［293］此句，甲本、乙本均在前文"必免沉淪火宅燒"句之後。"佛"，甲本作"仏"，"仏"為"佛"之俗字，系由"佛"字草書楷化而来。"籠"，甲本作"朧"，按應作"朧"，句中"朦朧"一詞，本義為"模糊不清"，此處引申作"意志堅定"，文從字順。

［294］"弃"，《大正藏》本、於本作"棄"，二字同。《說文·華部》："弃，古文棄。"刻本古籍中多作"棄"，今"弃"字通行。

［295］"重重"，第二個"重"字，原作重文符號，且被補寫在"重"、"出"二字中間之右側空白處，據正。此二字，《大正藏》本脫。

［296］"岸"，原作"岍"，俗字。《敦煌俗字典》收此字形，例如所引 S. 343《禪師》："於是爐焚海岸，梵轉魚山；邀眾等於王城，進香飯於方室。"以下字形相同者不復出校。

［297］第二個"寶"，位於同句中"階"、"底"二字中間之右側空白處，顯系書手補寫。

［298］"生"，書寫了兩遍。第一個"生"，塗去；第二個"生"，補寫在第一個"生"字右側行間。"牙"，於本校改作"芽"，"牙""芽"為古今字。

［299］第二個"座"，於本據文義校改作"坐"，"座"為"坐"之增旁後起字，亦是其俗字。《正字通·广部》："座，古作坐，俗作座。"

［300］"除"，原作"陊"，俗字，《大正藏》本、於本作"降"。以下字形相同者不復出校。

［301］"菿"，應作"到"，據文義校改，《大正藏》本、於本徑作"到"。

［302］《大正藏》第四十七冊所收之日本德川時刊本《淨土五會念佛略法事儀讚》中，亦見有《極樂莊嚴讚》，起自首題，迄於末句。以下錄文以 P. 2250 為底本，用《大正藏》本、於本，以及《大正藏》第四十七冊所收之日本德川時刊本《淨土五會念佛略法事儀讚》（稱其為甲本）參校。"庒"，甲本作"莊"，"庒"為"莊"之俗字。《干祿字書》："庒荘莊：上俗，中通，下正。"以下字形相同者不復出校。

［303］甲本無作者署名。

［304］"怜"，甲本作"憐"，"怜"與"憐"同，今為其簡化字。《集韻·先韻》："憐，《說文》：'哀也。'或作怜。"以下字形相同者不復出校。

［305］"惣"，甲本作"總"，"惣"為"總"之俗字。《敦煌俗字典》收此字形，參見同篇校記［6］。以下字形相同者不復出

校。"令",《大正藏》本作"今",形近致誤。

[306]"扵",甲本作"於",二字同。《改併四聲篇海·手部》引《餘文》:"扵,音於,義同。""希奇",甲本作"希有"。

[307]"苐",甲本作"等","苐"為"等"之俗字,《敦煌俗字典》收此字形,參見校記[5]。

[308]"頃",應作"頂",據文義校改,《大正藏》本、於本徑作"頂"。甲本亦作"頂",可為旁證。"寳",甲本作"寶",二字同。《改併四聲篇海·宀部》引《玉篇》:"寳,珍也;道尊也,愛也。"今本《玉篇》作"寶"。

[309]"慶",原作"庆",俗字。以下字形相同者不復出校。

[310]"身紫金",甲本作"紫金身",按據文義,此處應以"紫金身"為是。

[311]"賊",《大正藏》本作"時",形近致誤。此字底本原作"賤",但右側行間又有一墨色相對較淡之"戎"字,顯系書手將"賤"字右半之"戔"部,改為"戎"部,據正。"乱",甲本作"戰"。

[312]"戒",《大正藏》本、甲本作"滅",據文義,此處應以"滅"為是,"破滅"意作"破除""消滅"。"金身",甲本作"金真",據文義,此處應以"金真"為是,"金真"意作"真詮""真理"。

[313]"覺",底本原作"學",但"學"字之下半"子"部上,又書有一墨色相對較淡之"見"字,顯系書手訂正,故而此處釋作"覺"。《大正藏》本則作"學",誤。

[314]"花",甲本作"華","花""華"音義相同,"花"為"華"之後起俗字。

[315]"魔",於本據文義校改作"摩",可從。

[316]"沉",甲本作"沈",二字同。《玉篇·水部》:"沉",同"沈"。以下字形相同者不復出校。

［317］"戀"，應作"變"，據文義校改，《大正藏》本、於本徑作"變"。甲本亦作"變"。

［318］"琉璃"，甲本作"瑠璃"。"琉璃"與"瑠璃"同，亦作"流离"，三者可通用，系佛教七寶之一。

［319］"光照"，甲本作"光明"。

［320］"希奇"，甲本作"希有"。

［321］"寶"，甲本作"實"。"名生"，甲本作"多生"。

［322］"号"，甲本作"尊"。

［323］"去者稀"，甲本作"五濁時"。

［324］"稀"，甲本作"希"，"稀"與"希"同。《文選·曹植〈朔風詩〉》："昔我初遷，朱華未希；今我旋止，素雪雲飛。"李善注："希，與'稀'同，古字通也。"

［325］"名"，應作"多"，據文義校改。甲本即作"多"，可為旁證。

［326］"堕"，甲本作"墮"，二字同，今"堕"為"墮"之簡化字。《龍龕手鑑·土部》："堕"，同"墮"。以下字形相同者不復出校。

［327］"足"，甲本作"是"。

［328］"莉"，甲本作"到"，據文義，應以"到"為是。

［329］"躭"，"耽"之俗字。《玉篇·身部》："躭，俗耽也。"以下字形相同者不復出校。

［330］"然"，於本校改作"燃"，"然"、"燃"為古今字。《說文·火部》："然，燒也。"徐鉉注："然，今俗別作燃。"以下字形相同者不復出校。

［331］"碎"，原作"砕"，俗字。《敦煌俗字典》收此字形，例如所引 S.2614《大目乾連冥間救母變文》："髑髏碎，骨肉爛，筋皮折，手膽斷。"以下字形相同者不復出校。

［332］"拔"，原作"㧞"，俗字，《敦煌俗字典》收此字形，

例如所引 S.189《老子道德經》："善建不拔，善抱不脫。""秡"，"耕"之俗字，《干祿字書》："秡耕：上俗，下正。"以下字形相同者不復出校。

［333］"礼"，《大正藏》本、於本作"禮"，二字同，"礼"魏晉南北朝以來俗字。以下字形相同者不復出校。

［334］"必"，《大正藏》本、於本作"亦"，形近致誤。

［335］敦煌文獻中見有《歸向西方讚》的寫卷，尚有P.3118、P.4572。兩卷均為完本，起自首句，迄於末句。以下錄文以 P.2250 為底本，用《大正藏》本、於本，以及 P.3118（稱其為甲本）、P.4572（稱其為乙本）參校。"向"，乙本無。

［336］"絡"，甲本、乙本作"終"。按"絡"有"纏繞"意，而"終"有"終結"意，二字此處均可通。

［337］"住"，甲本作"往"。"死生"，甲本作"生死"。

［338］"逢"，乙本作"蓬"。按此句中的"稀逢"，與上句中的"正值"對舉，故而應以"逢"為是。

［339］"養"，甲本作"樂"，按據文義，應以"樂"為是。"安樂國"，即西方極樂世界。

［340］"菿"，甲本、乙本作"到"，據文義，應以"到"為是。

［341］"辞"，《大正藏》本、於本作"辭"，"辞"為"辭"之俗字。《正字通·辛部》："辞，俗辭字。"以下字形相同者不復出校。

［342］敦煌文獻中見有《念佛之時得見佛讚》的寫卷，尚有 P.3118、BD5441（菓041）、上博 048。三件寫卷所見文本內容均為全篇，起自首句，迄於末句，但三件寫卷的裝幀形式有所區別。P.3118 與 BD5441（菓041）為卷子裝，上博 048 為冊頁裝。以下錄文以 P.2250 為底本，用《大正藏》本、於本，以及 P.3118（稱其為甲本）、BD5441（菓041）（稱其為乙本）、上博 048（稱

三　錄文和校勘　215

其為丙本）參校。首題，乙本作"念佛讚"。

［343］"化"，丙本作"花"，二字音同，故可通假。以下字形相同者不復出校。

［344］"生"，位於同句"出"、"紅"二字中間之右側，顯系書手補寫，此處逕行錄入句中。"生"字，乙本、丙本作"坐"，據文義，此處應以"生"為是。"紅"，丙本作"仮"，據文義，此處應以"紅"為是。"紅蓮"，即"紅蓮華"。

［345］"聲"，原卷抄寫兩遍。其中，第一個"聲"字有誤，故而書手在其右上角又補寫一"聲"字。

［346］"坐"，乙本作"座"，"坐"為"坐"之俗字，"座"為"坐"之增旁後起字。參見同編校記［199］。

［347］"一日"，乙本作"每日"，文義皆可通。

［348］"低"，原作"伍"，俗字。以下字形相同者不復出校。

［349］"佛"，乙本作"仏"，"仏"為"佛"之俗字，系由"佛"字草書楷化而來。

［350］敦煌文獻中見有《校量坐禪念佛讚》的寫卷，尚有P.2130、P.3118、BD5441（菓041）、上博048。這四件敦煌寫卷所見文本，均為全篇，起自首句，迄於末句。其中，P.2130、P.3118、BD5441（菓041）為卷子裝，上博048為冊頁裝。以下錄文以P.2250為底本，用《大正藏》本、於本，以及P.2130（稱其為甲本）、P.3118（稱其為乙本）、BD5441（菓041）（稱其為丙本）、上博048（稱其為丁本）參校。《大正藏》本未能將此讚單列，而是將其並入上一讚文。"挍"，《大正藏》本、於本作"校"，"挍"為"校"之俗字。清錢大昕《十駕齋養新錄·陸氏釋文多俗字》："《說文·手部》無挍字，漢碑木旁字多作手旁，此隸體之變，非別有挍字。""坐禪"，甲本作"修禪"、丙本作"脩禪"，文義皆可通。乙本作"坐稻"，顯誤。"佛"，甲本作"仏"，"仏"為"佛"之俗字，系由"佛"字草書楷化而來。

[351]"法",甲本脫。"无",甲本、丙本、丁本作"無",二字同。《說文·亡部》:"無,亡也。无,奇字无。"徐鍇繫傳:"无者,虛無也。無者對有之稱,自有而無,所謂萬物之始。"

[352]"只是",丁本作"只為",據文義,此處應以"只是"為善。

[353]"禪",乙本作"稻"。"願",《大正藏》本作"發",誤。

[354]"佛",甲本作"仏","仏"為"佛"之俗字,系由"佛"字草書楷化而來。

[355]"舡",《大正藏》本、於本作"船","舡"為"船"之俗字。《集韻·僊部》:"船,俗作舡。"

[356]"雖",乙本作"難",據文義,此處應以"雖"字為是。

[357]"德",丙本、丁本作"得",二字通。《廣雅·釋詁二》:"德,得也。"《墨子·節用上》:"是故用財不費,民德不勞,其興利多矣。"孫詒讓閒詁:"德與得通。""理",甲本、丁本作"利",據文義,此處應以"理"字為是。此句,丙本作"成功得兩俱安平",脫"利"字,衍"安"字。

[358]敦煌文獻中見有《高聲念佛讚》的寫卷,尚有S.5572、P.3892、上博048。S.5572號寫卷所見文本,起自首句,迄於末句,其首題與尾題皆作:"高聲念佛讚。"P.3892號寫卷所見文本,起自首句,迄於"光明長照琉璃殿"句。上博048號寫卷所見文本,起自首句,迄於末句,且首題之後有小字注文:"有十種功德。"S.5572、P.3892為卷子裝,上博048為冊頁裝。以下錄文以P.2250為底本,用《大正藏》本、於本,以及S.5572(稱其為甲本)、P.3892(稱其為乙本)、上博048(稱其為丙本)參校。"佛",《大正藏》本、於本脫。

[359]丙本並無作者署名。

三　錄文和校勘　217

　　［360］"弟"，甲本、乙本作"苐"，"苐"為"弟"之俗字。《干祿字書》："苐、第，次第字。上俗、下正。""棑"，《大正藏》本、於本、甲本、乙本作"排"，"棑"為"排"之俗字。《敦煌俗字典》收此字形，例如所引 S.2056V《大漢三年楚將季布罵陣漢王羞恥群臣拔馬收軍詞文》："臣見兩家排陣訖，虎鬥龍爭必損人。""睡"，原作"𰻞"，俗字。以下字形相同者不復出校。

　　［361］"必"，《大正藏》本作"亦"，形近致誤；丙本作"心"，可能是涉同句中前一個"心"字而致誤。"靜"，甲本、乙本、丙本作"淨"，"靜"與"淨"同。唐杜甫《渼陂行》："沉竿續蔓深莫測，菱葉荷花靜如拭。"舊注："靜，作淨。"

　　［362］"更見"，甲本、乙本、丙本作"便見"，文義皆可通。

　　［363］"動振"，甲本、乙本、丙本作"振動"，此處應以"動振"為是，"動振"與下句中"心歸"對舉。

　　［364］"尊"，甲本脫。

　　［365］"取"，甲本、乙本、丙本作"趣"，《大正藏》本徑作"趣"。按"取"通"趣"，《古今韻會舉要·遇韻》："趣，通作取。"句中"惡取"，即"惡趣"，"惡"為"惡"之俗字。

　　［366］"任"，《大正藏》本作"住"，形近致誤耳。

　　［367］"途"，原作"𡍼"，俗字。丙本作"塗"，按"途"通"塗"，《集韻·模韻》："途，通作塗。""三途"，即"三塗"，佛教語，指火途、血途、刀途。以下字形相同者不復出校。

　　［368］"變"，原作"戀"，書手後來又在"戀"字下半之"心"部上，複書一"夂"部，據正。《大正藏》本、於本徑作"變"。

　　［369］"坐"，丙本作"座"，"坐"為"坐"之俗字，而"座"為"坐"之增旁後起字。參見同編校記［199］。

　　［370］"无"，丙本作"無"，二字同。《說文·亡部》："無，亡也。无，奇字無。"徐鍇繫傳："无者，虛無也。無者對有之稱，

自有而無，所謂萬物之始。"今"无"為"無"之簡化字。

［371］"直"，甲本作"真"，文義皆可通。"往"，丙本作"見"，文義皆可通。

［372］"琉"，原作"琉"，俗字，丙本作"䟽"。以下字形相同者不復出校。"璃"，丙本作"𥝢"，其左半作"离"、右半作"亻"與"亠"，顯系沒有寫完之殘字。揣摩丙本中"琉璃"二字的書寫情境，書手應是在將"琉"字訛寫作左半為"离"、右半為"㐬"之"䟽"字時，并沒有意識到自己的錯誤，而是繼續書寫"璃"字。但在書寫完"𥝢"字之"离"、"亻"、"亠"等部首之後，書手才恍然大悟。故而停筆，不再續寫，轉而書寫另一篇贊文。

［373］"同"，甲本、丙本作"童"，"同"與"童"通。《管子·侈靡》："山不同而用㧤。"戴望校正："陳先生云：'同讀為童。'"

［374］"勇"，原作"㺯"，俗字。"猛"，《大正藏》本、於本、甲本、丙本作"猛"，"猛"為"猛"之俗字，《敦煌俗字典》收此字形，例如所引津藝41《賢劫千佛名》："南無猛威德佛。"其中的"猛"與"猛"字形微別，應是變體。以下字形相同者不復出校。

［375］"塵埃"，丙本作"塵垢"，文義皆可通。

［376］"佛"，位於同句"諸"、"皆"二字中間之右側，顯系書手補寫，此處徑將其錄入句中。

［377］"當来"，丙本作"常来"，按文義雖皆可通，但是兩相對比，此處以"當來"一詞為善。

［378］"入"，原作"人"，書手後又在"人"字之上，復寫一"入"字，據正。《大正藏》本、於本徑作"入"。

［379］"寂"，原作"𡧳"，俗字。《敦煌俗字典》收此字形，例如所引S.462《金光明經果報記》："遂於衛州禪寂寺檢得抄寫，

隨身供養。"以下字形相同者不復出校。"減",應作"滅",據文義校改,《大正藏》本、於本徑作"滅"。據文義及句式推測,此句應有脫字,於本疑在"漏"字之前脫一"無"字,可從。按甲本、丙本在"漏"字前,均有"無"字,可為旁證。

[380]"坐",甲本、丙本作"座","坐"為"坐"之俗字,"座"為"坐"之增旁後起字。參見同編校記[199]。

[381] 敦煌文獻中見有《極樂寶池讚》的寫卷,尚有S.5572。S.5572號寫卷為冊頁裝,所見文本,起自首句,迄於末句。以下錄文以 P.2250 為底本,用《大正藏》本、於本,以及S.5572(稱其為甲本)參校。"池",甲本作"地",據文義,此處應以"池"為是。

[382]"暎",原作"睽",俗字。以下字形相同者不復出校。《大正藏》本作"映",按"暎"與"映"。《集韻·映韻》:"映,亦从英。"

[383]"頃",原作"㑌",俗字。《敦煌俗字典》收此字形,例如所引 P.2524《語對》:"王頃陂。""㑌"之字形,《大正藏》本作"須",形近致誤。以下字形相同者不復出校。

[384]"域",原作"𡊄",俗字。《大正藏》本、於本作"城",形近致誤。以下字形相同者不復出校。

[385]"月",甲本作"日"。

[386]"閣","閣"之俗字,《敦煌俗字典》收此字形,例如所引 P.2524《語對》:"東閣。"《大正藏》本、於本徑作"閣"。以下字形相同者不復出校。

[387]"期","䢇",俗字。以下字形相同者不復出校。

[388]"淨",甲本作"清",據文義,此處應以"淨"字為是。

[389]"暎",原作"㬜",俗字。此俗字,與上文"琉璃為地暎池青"句中"暎"之俗字"睽",雖然出自同一書手之手,但

兩字之間有細微差別。與此俗字相比，上文中所見"暎"字之俗字"睮"，其右半缺一橫筆畫。《大正藏》本作"映"，"暎"與"映"同。以下字形相同者不復出校。

［390］"哭"，於本作"笑"，"哭"為"笑"之俗字。《敦煌俗字典》收此字形，參見同編校記［31］。

［391］"收"，甲本作"教"。

［392］"憑"，原作"渦"，書手後來在"渦"字右半之"禺"部的下方，又補寫一"心"部，故而此處釋作"憑"。不過，"憑"，應作"愚"，據文義校改，《大正藏》本、於本即逕作"愚"。

［393］"月"，原本位於同句之"明"、"照"二字中間的右側空白處，顯系書手補寫，此處逕將其錄入句中。

［394］"鸞"，原作"䲞"，俗字。以下字形相同者不復出校。

［395］"性"，原作其他字形（由於墨色濃黑，該字目前已無法識別），"性"字即是書手在該字基礎之上訂正而來。

［396］"巧"，原作"丂"，俗字。《干祿字書》："丂巧：上通，下正。"以下字形相同者不復出校。

［397］"珎"，《大正藏》本、於本作"珍"，"珎"為"珍"之俗字。漢代已有此寫法。《玉篇·玉部》："珎，同珍。"清顧藹吉《隸辨》卷二侵韻"籴"下有："從參之字或變作尒，如珍為珎……之類甚多，故參亦作籴。"以下字形相同者不復出校。

［398］"花"，甲本作"華"，"花""華"音義相同，"花"為"華"之後起俗字。

［399］"菡"，原作"䓤"，俗字。"菡""萏"，原卷分別作"䓤""苔"，皆為俗字，《敦煌俗字典》收兩字形，例如所引P.2588V《慶經文》："然後幽扃七祖，承斯菡萏之蓮宮。"以下字形相同者不復出校。"解"，甲本作"能"，按據文義，以"解"字為善。

三　錄文和校勘　221

［400］"方"，原本位於同句之"西"、"七"二字中間的右側，且墨色相對較淡，顯系書手補寫，據正。據文義及句式推測，此句之後至少應脫兩句，俟考。

［401］敦煌文獻中見有《六道讚》的寫卷，另有 P. 2250。以下錄文以 P. 2250 為底本，用《大正藏》本、於本參校。

［402］"入"，原作"人"，但書手覆又在"人"字的基礎上訂正作"入"，據正。《大正藏》本作"人"，誤。

［403］"湌"，《大正藏》本作"喰"，"湌"同"喰"，二字皆為"餐"之俗字。《廣韻・寒韻》："湌，餐同。俗作湌。""喰"之字形，《敦煌俗字典》已收，例如所引 S. 4128《太子成道變文》："阿奴聞諸仙久居巖峻，服氣餐霞。""渡"，《大正藏》本、於本作"度"，"渡"與"度"通。《廣雅・釋詁二》："渡，去也。"王念孫疏證："渡者，《九歎》'年忽忽而日度'注云：'度，去也。'度與渡通。"以下字形相同者不復出校。

［404］"猛"，《大正藏》本、於本作"猛"，"猛"為"猛"之俗字。"猛"，《敦煌俗字典》已收，例如所引津藝41《賢劫千佛名》："南無猛威德佛。"其中的"猛"與"猛"字形微別，應是變體。以下字形相同者不復出校。

［405］"蓮"，於本據文義校改作"連"，可從。

［406］"塗"，原作"塗"，俗字。《敦煌俗字典》收此字形，例如所引 S. 388《正名要錄》："塗：道。亦泥。""右本音雖同字義各別例。"以下字形相同者不復出校。

［407］"迯"，原作"迯"，俗字。《敦煌俗字典》收此字形，例如所引 BD2496（成 96）《目連變文》："聖者來於幽迯，行至奈河邊，見八九箇男子女人，逍遙取性無事。""善男善女是何人？共行幽迯沒災迍。"以下字形相同者不復出校。

［408］"臥"，原作"卧"，俗字。以下字形相同者不復出校。

［409］"寶"，原本書寫在同句中"坐"、"蓮"二字中間之右

側空白處，且字體相對較小、墨色相對較淡，顯系補寫。此外，此句末尾尚有一"臺"字，字體大小與書寫筆跡均與前文相同，但墨色相對較淡，顯系書手刻意刮擦紙張而產生的效果。此句原本書作"長處西方坐蓮臺"，但書手在複核時，為使文義貫通，而將句末之"臺"字抹去，另在右側行間補一"寶"字。

［410］"種"，原作他字，但由於書寫有誤，書手又在同句"万"字之右側空白處，補寫一"種"字，且字體相對較小，據正。

［411］"自"，於本據文義校改作"白"，可從。"髮"，原作"髮"，俗字。以下字形相同者不復出校。

［412］"頑"，原作"頑"，俗字。《敦煌俗字典》收此字形，例如所引 S.76《食療本草》："木瓜：溫。……又頑痺人若吐逆下，病轉筋不止者，取枝葉煮湯飲之，愈。"以下字形相同者不復出校。

［413］"燒"，據殘筆畫及文義補，《大正藏》本、於本徑作"燒"。

［414］"勞"，底本原作"勞"，下部應有誤筆，《大正藏》本、於本徑作"勞"。

［415］"臭"，原作"臭"，俗字。《敦煌俗字典》收此字形，例如所引敦博56《佛為首迦長者說業報差別經》："身口臭穢，諸根殘缺。"以下字形相同者不復出校。

［416］敦煌文獻中見有《歡彌陁觀音勢至讚》的寫卷，尚有 S.5572、P.3118。兩寫卷均為卷子裝，所見文本內容，起自首句，迄於末句。以下錄文以 P.2250 為底本，用《大正藏》本、於本，以及 S.5572（稱其為甲本）、P.3118（稱其為乙本）參校。"歡"，乙本作"歡"。"弥陁"，乙本脫。

［417］"凝"，原作"凝"，俗字。以下字形相同者不復出校。

［418］"翠"，原作"翠"，俗字。《敦煌俗字典》收此字形，

例如所引天津市文物公司藏卷第16號《大般若波羅蜜多經》："池中多有眾鳥：……翡翠、精衛、鷗雞、鸚鵡、鷄鵝、鶵鳳、妙翅、鵝鵠、傑羅頻伽、命命鳥等，音聲相和，遊戲其中。"

以下字形相同者不復出校。

［419］"哭"，《大正藏》本、於本作"笑"，"哭"為"笑"之俗字。《敦煌俗字典》收此字形，參見同編校記［31］。以下字形相同者不復出校。

［420］"容"，原作"客"，俗字。以下字形相同者不復出校。

［421］"更"，甲本、乙本作"奧"，據文義，應作"奧"。"更"字，底本原作"更"，俗字。《敦煌俗字典》收此字形，例如所引 P. 3627 + P. 3867《漢將王陵變》："陵道捉便須捉，陵道斬便須斬。凡人斫營，捉得个知更官健，斬為三段，喚作厭兵之法；若捉他知更官健不得，火急出營，莫洛他楚家奸便。"以下字形相同者不復出校。

［422］"賫"，於本作"齋"，"賫"為"齋"之俗字。《字彙補・貝部》："賫，俗齋字。"以下字形相同者不復出校。

［423］"稽"，原作"稽"，俗字。以下字形相同者不復出校。

［424］"見"，乙本作"是"。

［425］敦煌文獻中見有《西方十五願讚》的寫卷，尚有 S. 3287、S. 5572、P. 1069、P. 2130、P. 2483、P. 3216、BD5441（菓041）以及 Дx1563B + Дx2067B。其中，S. 3287 所見文本，題作"十五願礼佛懺"，起自首句，迄於"十願一切法門開"句；S. 5572 所見文本，題作"西方十五願讚"，起自首句，迄於末句；P. 1069 所見文本，題作"十五願讚一本"，從左至右逆向書寫，起自首句，迄於末句，但在末句之后，又有一"閻浮衆生實苦灾"句；P. 2130、P. 2483、P. 3216 三寫卷所見文本，無題，起自首句，迄於末句；BD5441（菓041）所見文本，題作"十五願"，起自首句，迄於末句；Дx1563B + Дx2067B 所見文本，起自"二願一

224　下編　P. 2250《淨土五會念佛誦經觀行儀卷下》寫卷校錄

切莫生疑"句，迄於"九願衆生勤念佛"句，但中間略有缺失。以下錄文以 P. 2250 為底本，用《大正藏》本、於本，以及 S. 3287（稱其為甲本）、S. 5572（稱其為乙本）、P. 1069（稱其為丙本）、P. 2130（稱其為丁本）、P. 2483（稱其為戊本）、P. 3216（稱其為己本）、BD5441（菓 041）（稱其為庚本）、Дx1563B + Дx2067B（稱其為辛本）參校。

　　［426］此句，辛本殘失。"脩道"，丁本作"脩福"，文義皆可通。

　　［427］"一切"，甲本脫。"疑"，甲本作"儀"，丙本作"宜"。

　　［428］"掛"，甲本、丙本作"實"。"體"，丙本、丁本、戊本、己本、庚本、辛本作"躰"，"躰"為"體"之俗字。《玉篇·身部》："躰，俗體字。"以下字形相同者不復出校。

　　［429］此句，辛本僅殘存"人""衣"二字。"著"，原作"着"，俗字。以下字形相同者不復出校。"身"，甲本、丙本作"衣"。

　　［430］此句，丁本作"五願衆生勤念佛"。"粧"，原作"粧"，俗字。"粉"，甲本作"畚"，底本原作"䊹"，俗字。以下字形相同者不復出校。"終"，甲本作"從"，乙本脫。"終身斷"，丙本作"從心去"，辛本殘失"身""斷"二字。

　　［431］"見"，甲本殘存此字上半之"目"部。"如来"，甲本殘失。

　　［432］"敬"，原作"敬"，俗字。《敦煌俗字典》收此字形，例如所引甘博136《道行般若經》卷第九："敬當如敬佛無有異。"以下字形相同者不復出校。

　　［433］據文義補。

　　［434］據文義補。

　　［435］"運"，《大正藏》本作"連"，形近致誤。

[436]"寬",原作"寬",俗字。《敦煌俗字典》收此字形,例如所S.6659《太上洞玄靈寶妙經眾篇序章》:"雖受寬泰,年命无幾,復受死壞。"以下字形相同者不復出校。

[437]"侵",《大正藏》本作"浸",形近致誤。"惻",於本據文義校改作"測",可從。

[438]"華",原作"華",俗字。《敦煌俗字典》收此字形,例如所引BD7《妙法蓮華經》卷第三:"華菓敷實,雖一地所生,一雨所潤,而諸草木各有差別。"以下字形相同者不復出校。

[439]"異",原作"異",俗字。以下字形相同者不復出校。

[440]"惣","總"之俗字。"往",《大正藏》本作"住",形近致誤。

[441]"蹔","暫"之俗字。"往",《大正藏》本作"住",形近致誤。

[442]"過",底本原作"遇",書手後來複又將其塗去,並在右側行間空白處書一"過"字。

[443]"慢",原作"慢",俗字。以下字形相同者不復出校。

[444]"風",應作"鳳",據文義校改,《大正藏》本、於本徑作"鳳"。

[445]"動",原卷書寫在同句中"万"字之右側,且墨色相對較淡,顯系書手補寫,此處徑將其錄入句中。

[446]"輻",原作"輻",俗字。以下字形相同者不復出校。

[447]"眉",原作"眉",俗字。《敦煌俗字典》收此字形,例如所引甘博40《佛說觀無量壽佛經》:"佛身高六十萬億那由他恒河沙由旬,眉間白毫右旋,宛轉如五須彌山。"以下字形相同者不復出校。

[448]"在",原卷書寫在"寶"字之右上側,且墨色相對較淡,顯系補寫,此處徑將其錄入句中。

[449]"珠",底本原作他字,但是由於該字有誤,書手複又

在其右上側空白處，小字補寫一"珠"字。

［450］"随"，《大正藏》本、於本作"隨"，"随"為"隨"之俗字，今為其簡化字。以下字形相同者不復出校。

［451］"開"，於本疑其為"關"之訛字。按於本所疑為是，"關"字更契合文義。

［452］"黃"，《大正藏》本未能釋讀，而是作缺文處理，按"黃"字之上半部雖然有塗改痕跡，但仍可辨識。

［453］"尔"，此字有塗改痕跡，雖然模糊，但可辨識。《大正藏》本作"餘"，誤。

［454］"恠"，《大正藏》本、於本作"怪"，"恠"為"怪"之俗字。《玉篇·心部》："恠"，"怪"的俗字。《正字通·心部》："恠，俗怪字。"以下字形相同者不復出校。

［455］"衰"，原作"衺"，俗字。《干祿字書》："衺衰：上通，下正。"《敦煌俗字典》亦收此字形，例如所引 P. 2820《意錬》："伏願眾意者，以女弟子吳氏見染衰疾，故就此晨，供陳香餗。"以下字形相同者不復出校。

［456］"作"，原作"㑅"，俗字。以下字形相同者不復出校。

［457］"惠"，於本據文義校改作"慧"，按"惠"與"慧"通，不煩校改。

［458］"如"、"千"，底本原作他字，但是書手複又作了修正，在原字之右側，分別小字補寫一"如"字與"千"字。

［459］"弥"、"陁"，據殘筆畫及文義補。

［460］"笇"，《大正藏》本、於本作"算"，"笇"同"算"，也作"筭"。《玉篇·竹部》："笇，同筭。"《爾雅·釋詁下》："算，數也。"唐陸德明釋文："算，又作筭。"

［461］"與"，原作"与"，俗字。《敦煌俗字典》亦收此字形，例如所引 Ф96《雙恩記》："大把憂煎與改移，廣將貧困令除掃。"以下字形相同者不復出校。

[462]"塵",原卷補寫在同句"微"、"佛"二字中間之右側。

[463]"眼",原作"眼",俗字。《敦煌俗字典》亦收此字形,例如所引浙敦26《普賢菩薩說證明經》:"若有黄色鬼,若有赤色鬼,若有惡眼毒精鬼。"以下字形相同者不復出校。

[464]"飜",於本作"翻","飜"與"翻"同。《玉篇·飛部》:"飜,亦作翻。"

[465]"牙",於本校改作"芽","牙""芽"為古今字。

[466]"西",《大正藏》本、於本作"惡","西"為"悪"之讹省,"悪"又為"惡"之俗字。

[467]"華",底本原作"葉",書手複又改寫作"華"。

[468]"華",底本原作"葉",書手複又改寫作"華"。

[469]"明",原作"肟"(幾近"朋"字),俗字。以下字形相同者不復出校。

[470]句末有一"丶"部,蓋涉下一句之首字而衍生。

[471]"忍",底本原作"怱",書手複又改寫作"忍"。

[472]"啓",原作"ᅗ",俗字。《敦煌俗字典》亦收此字形,例如所引 P.2173《御注金剛般若波羅蜜經宣演》:"贊揚經注,略啟五門。"以下字形相同者不復出校。

[473]"極",系為補寫,位於同句中"方"字之右下側。"前",底本原作他字,書手複又改寫作"前"。

[474]"皆",《大正藏》本、於本作"者",形近致誤。

[475]"裁",《大正藏》本作"哉",形近致誤。

[476]"持",原作"特",幾類"特"字,實為"持"之俗字。《敦煌俗字典》收此字形,例如所引敦研189《妙法蓮華經觀世音菩薩普門品》:"有一商主將諸[商人],齎持重寶,逕過險路。"《大正藏》本徑作"特",形近致誤。以下字形相同者不復出校。

［477］"老"，原作"[字形]"，俗字。《干祿字書》："[字形]老：上俗，下正。"以下字形相同者不復出校。

［478］"彼"，原作"[字形]"，俗字。《敦煌俗字典》收此字形，例如所引浙敦25（靈隱寺1）《摩訶般若波羅蜜經·燈柱品》："是人念念常在彼女人所。"以下字形相同者不復出校。

［479］"須"，系為書手補寫，位於同句中的"有"字之右側。

［480］"柂"，於本據文義校改作"夜"，可從。《大正藏》本經作"夜"，

［481］"停"，原作"[字形]"，俗字。以下字形相同者不復出校。

［482］"法"，系為書手補寫，位於同句中的"五"字之右側。

［483］"伏"，應作"休"，據文義校改，《大正藏》本、於本徑作"休"。

［484］"劫"，底本原作"功"，書手複又將"功"字之"工"部，改寫為"去"部而成"刧"，"刧"為"劫"之俗字。《廣韻·業韻》："劫，強取也。俗作刧。""焰"，《大正藏》本、於本作"焰"，"焰"為"焰"之俗字。"焰"之字形，《敦煌俗字典》已收，例如所引北大D73《佛說阿彌陀佛》："南方世界有日月燈佛、名聞光佛、大焰肩佛、須彌燈佛、無量精進佛，如是等恒河沙數諸佛。"以下字形相同者不復出校。

［485］"弥"，底本原作他字，書手複又改寫作"弥"。

［486］"誓"，原作"[字形]"，俗字。以下字形相同者不復出校。

［487］"勸"，應作"勤"，據文義校改。

［488］"遲"，底本原作他字，書手複又將其塗去，并在右側行間補寫"遟"字。按"遟"為"遲"之俗字。唐慧琳《一切經音義》卷八十九："遟君來：（遟）……傳文作遲，俗字。"以下字形相同者不復出校。

［489］"皆"，於本作"苦"，形近致誤。

［490］"入"，底本原作"人"，書手複又改寫作"入"。

［491］"良"，原作"良"，俗字。"醫"，原作"毉"，俗字，《敦煌俗字典》收此字形，例如所引甘博43《大般若波羅蜜多經》卷第五百四十四："設有十方無邊世界一切有情，一一於彼諸菩薩所，皆持上妙衣服、飲食、臥具、醫藥及無量種上妙樂具。"以下字形相同者不復出校。

［492］"賤"，應作"賊"，據文義校改，《大正藏》本、於本逕作"賊"。

［493］"却"，於本作"卻"，"却"為"卻"之俗字。《玉篇・卩部》："卻，俗作却。"刻本古籍中多作"卻"，今"却"字通行。以下字形相同者不復出校。

［494］"伏"，應作"休"，據文義校改，"休"為僧名常用字，《大正藏》本、於本逕作"休"。

［495］"唐"，原作"唐"，俗字。以下字形相同者不復出校。

［496］"策"，原作"策"，俗字。《敦煌俗字典》收此字形，例如所引S.2832《願文等範本・亡兄弟》："伏惟太守公奇才天縱，撫安以仁慈之心；異策通神，於家國而竭矜憐貧窮。"以下字形相同者不復出校。

［497］"教"，底本原作"敬"，書手複又改寫作"教"。

［498］"勸"，底本原作"觀"，書手複又將"觀"字右半之"見"部塗去，並補寫一"力"部而作"勸"。"觀"，底本原作他字（左半為"雚"部、右半似"頁"部），書手複又將其右半塗去，並補寫一"見"部而作"觀"。

［499］"哀"，底本原作"兒"，書手複又改寫作"哀"。

［500］"比"，《大正藏》本作"化"，形近致誤。"懷"，底本原作"壞"，書手複又將"壞"左半之"土"部，改寫作"忄"部而作"懷"。

［501］"惚"，底本原作他字，但書手將其改寫作"惚"。或許是由於改寫后之"惚"字潦草辨識，書手複又在右側行間添寫一"惚"字。

［502］"稅"，於本據文義校改作"說"，可從。《大正藏》本則作"攝"，形近致誤。

［503］"遣"，原作"⿱"，俗字。以下字形相同者不復出校。

［504］"莫"，位於同句中的第一個"悠"字之右側，且墨色相對較淡，顯系書手補寫。"悠"，原作"⿱"，俗字。以下字形相同者不復出校。

［505］"志"，應作"至"，據文義校改。"朋"，原作"⿱"，俗字。"朋"之俗寫如"用"而右傾斜，敦煌寫本中頗為常見。以下字形相同者不復出校。

［506］"正觀"，原作"觀正"，但二字中間之右側，書有倒乙符號，據正。

［507］"煞"，《大正藏》本作"然"，形近致誤。

［508］"即"，原作"⿱"，俗字。《大正藏》本、於本作"則"，形近致誤。以下字形相同者不復出校。

［509］"胞"，底本原作"胸"，書手後來將"胸"右半之"句"部，改寫作"包"部而為"胞"。

［510］"惌"，"怨"之俗字，《敦煌俗字典》收此字形，例如所引 S.388《正名要錄》："右依顏監《字樣》甄錄要用者，考定折衷，刊削紕繆。""讎"，原作"⿱"，俗字。以下字形相同者不復出校。

［511］"被"，《大正藏》本、於本作"彼"，形近致誤。

［512］"刃"，原作"⿱"，俗字。以下字形相同者不復出校。"自"，於本據文義校改作"白"，可從。

［513］"峯"，與"峰"同。《集韻·鍾韻》："峯，或書作峰。"以下字形相同者不復出校。

三 錄文和校勘　231

[514]"燄",《大正藏》本、於本作"焰","焰"、"燄"為古今字。《說文·炎部》:"燄,火行微燄燄也。从炎,舀聲。"徐灝注箋:"《一切經音義》七引《字詁》云:'焰,古文燄。'"以下字形相同者不復出校。

[515]"口",應作"只",據文義校改,《大正藏》本、於本徑作"只"。

[516]"勝",原作"䏦",俗字。以下字形相同者不復出校。

[517]"生",位於同句中的"群"、"出"二字中間之右側,且字體相對較小、墨色相對較淡,顯系書手補寫。"愛",原作"薆",書手後來將該字塗抹掉,並在右上側空白處補寫一"愛"字。

[518]"到",原作"荊",但書手後來將"荊"字上半之"艹"部塗去而作"到"。

[519]"盖",《大正藏》本、於本作"蓋","盖"本為"蓋"之俗字,今為"蓋"之簡化字。《正字通·皿部》:"盖,俗蓋字。"以下字形相同者不復出校。

[520]"將",《大正藏》本作"特",形近致誤。

[521]"盡",應作"晝",據文義校改。"伏",應作"休",據文義校改,《大正藏》本、於本徑作"休"。

[522]"牙",於本校改作"芽","牙""芽"為古今字。

[523]"恶",原作"西",書手後來在"西"字之下端,補寫一"心"字而作"恶"。"恶"為"惡"之俗字。"殊",《大正藏》本作"稱",於本作"珍","殊"為"珍"之俗字。

[524]"遥",《大正藏》本作"遙","遥"與"遙"同。以下字形相同者不復出校。

[525]"迎",據文義及殘筆畫補。

[526]"辟",於本據文義校改作"臂",可從。

[527]"決",應作"快",據文義校改,《大正藏》本、於本

徑作"快"。

[528]"伏"，應作"休"，據文義校改，《大正藏》本、於本徑作"休"。

[529]"决"，應作"快"，據文義校改，《大正藏》本、於本徑作"快"。

[530]"不"，位於同句中的"曾"字之右上側空白處，且字體相對較小，顯系書手補寫。

[531]"字"，原作"㝉"，俗字，《敦煌俗字典》收此字形，例如所引 S.238《金真玉光八景飛經》："華香散玉宇，烟氣徹玉京。""凋"，於本作"彫"，"凋"通"彫"。清朱駿聲《說文通訓定聲·孚部》："彫，假借為凋。""携"，於本校改作"镌"，且疑"携"為"镌"之換旁俗字，按於本所疑為是。

[532]"珊"，原作"珊"，俗字。《敦煌俗字典》收此字形，例如所引 P.2305《妙法蓮華經講經文》："真珠結作間簾，珊瑚排為行樹；八珍兮終歲如山，七寶兮長年滿庫。"以下字形相同者不復出校。

[533]"影"，原作"影"，俗字。《敦煌俗字典》收此字形，例如所引 S.1722《兔園策府》卷第一《辨天地》："星昭白榆之影，憑於万物之精；河疏析木之津，假以百川之氣。"以下字形相同者不復出校。

[534]"籲"，底本原作他字（上半部為"竹"，下半部為左"束"右"真"），書手後來在該字之右側書寫一"籲"字，而墨色相對較淡。

[535]"念佛"，原作"佛念"，但"佛""念"二字中間之右側，書有一倒乙符號，據正。

[536]"有"，原作"冇"，俗字。敦煌俗字典》收此字形，例如所引 S.1807《禮懺文》："大眾雖非煞父母，皆有不孝罪因緣。"以下字形相同者不復出校。

[537]"無",原卷書寫在同句中的"疾"、"過"二字中間之右側,且字體相對較小,顯系補寫。

　　[538]"量",原作"昬",俗字。以下字形相同者不復出校。

　　[539]"礙",原作"㝵",俗字。《敦煌俗字典》收此字形,例如所引津藝38《大方廣佛華嚴經》卷第十七:"深入一切無礙門。"以下字形相同者不復出校。

　　[540]"凫",原作"凫",俗字。以下字形相同者不復出校。

　　[541]"葉",《大正藏》本作"莖",形近致誤。

　　[542]"先",底本原作"光",後來改寫作"先",《大正藏》本作"光"。"无",《大正藏》本作"無",二字同。"賊",底本原作"賤",後來改寫作"賊"。

　　[543]"生",《大正藏》本作"坐",形近致誤。

附編一　中國文化遺產研究院所藏敦煌本劉向《說苑》殘片考

摘　要：《說苑》是西漢劉向根據皇家藏書和民間圖書加以選擇、整理而成的一部雜著類編，在中古時期民間社會，曾以手寫紙本形態廣為流傳，並在知識人中間產生過較大影響。敦煌文獻中就見有《說苑》寫卷，它們是彌足珍貴的吉光片羽。不過，學界過去一般認為，敦煌文獻中的僅有 P.2872、敦研 328 兩件《說苑》寫本而已。但實際上，中國文化遺產研究院也收藏有一件出自敦煌藏經洞的《說苑》殘片。這件《說苑》殘片，長期不為人所知。本文認為，該殘片是上個世紀五十或六十年代，隴上學人馮國瑞先生，受國家文物局委派，從甘肅舊書肆收購得來。它與 P.2872《說苑》寫本之間的關聯，存在著諸多可能性，無法確考；與敦研 328《說苑》寫本，是由同一位書手抄寫，且用紙與行款基本相同、文本內容互不重複，然而兩卷彼此之間卻並不存在綴合關係，屬於兩個獨立的抄寫系統。同一位書手對《說苑》文本進行反復抄寫，這一行為足以說明，成書於西漢時期的劉向《說苑》一書，在中古時期的敦煌社會很被當地人士所接受。究其原因，或許與此書在內容、編纂體例、寫作形式上的獨特性有關。

關鍵字：中國文化遺產研究院；《說苑》；劉向；殘片

附編一　中國文化遺產研究院所藏敦煌本劉向《說苑》殘片考　235

　　《說苑》一書，成書於西漢成帝鴻嘉四年（前17），是劉向校書時據當時皇家所藏與民間流行的書冊資料選擇、整理而成，系爲《漢書·藝文志》所錄"劉向所序六十七篇"中的一篇。該書取材廣博，上自周秦經子，下及漢人雜著（大多取材於周秦經子，少量取材於漢人雜著），原著共計二十卷，且每卷按類記事、各有標目，依次爲：君道、臣術、建本、立節、貴德、複恩、政理、尊賢、正諫、敬慎、善說、奉使、權謀、至公、指武、談叢、雜言、辨物、修文、反質。南朝劉勰在《文心雕龍》中將《說苑》納入"諸子"，並不吝譽美，給予高度讚揚，言其："標心於萬古之上，而送懷於千載之下。"

　　在自漢至唐的各代《藝文志》中，此書均見有著錄。但到了宋代，《說苑》一書卻曾一度散佚。北宋景祐中（1034—1037），王堯臣等人編撰《崇文總目》時，僅覓得《說苑》其中五卷。後經位列"唐宋八大家"之一的曾鞏搜輯，最終得以增補爲二十卷①。不過，實際上也並不完整。南宋淳熙十二年（1185）十月六日，陸遊寫有《跋說苑》一篇。陸遊在跋文中，記錄了北宋李德芻的如下言論可爲佐證："館中《說苑》二十卷，而缺《反質》一卷。曾鞏乃分《修文》爲上、下，以足二十卷。後高麗進一卷，遂足。"② 二十世紀初，在莫高窟藏經洞（現編號16窟）中發現的敦煌文獻，價值自不待言。敦煌文獻中就見有手寫紙本形態的《說苑》寫卷。藏經洞封閉的時間是在宋初，那麼，敦煌文獻中的《說苑》寫本，無疑比王堯臣、曾鞏等人見到的本子更早，因此更顯珍貴。

　　一直以來，學界以爲，敦煌文獻中僅有敦研328、P.2872兩件《說苑》寫本。但殊不知，中國文化遺產研究院也藏有一件出自敦煌藏經洞的《說苑》寫本，迄今尚未引起足夠關注。筆者不

---

① （北宋）曾鞏：《曾鞏集》，中華書局1984年版，第190頁。
② （南宋）陸遊：《陸遊集》，中國文史出版社1999年版，第1333頁。

揣淺陋，試從寫本學的視角予以考察。

（一）中國文化遺產研究院藏 159 號《說苑》殘片的文本與來源

中國文化遺產研究院是國家文物局直屬的文化遺產保護科學技術研究機構，其前身可追溯至成立於 1935 年 1 月的舊都文物整理委員會及其執行機構北平文物整理實施事務處，是新中國第一個由中央政府主辦並管理的文物保護專業機構。該部門在不同歷史時期相繼匯集了大批的文物文獻，西域文獻就是其中的一部分。2011 年，該機構將所藏 5 至 14 世紀西域文獻殘片 235 件彩印出版，是為《中國文化遺產研究院藏西域文獻遺珍》一書。書中刊布的編號為 "159" 的小殘片，就是《說苑》殘片。據《中國文化遺產研究院藏西域文獻遺珍·圖記》知，中國文化遺產研究院藏 159 號（以下簡稱 "文研院 159"）《說苑》寫本，是一件首尾皆殘、通卷下殘的小殘片。該殘片縱高 10.8 釐米，橫長 8.2 釐米，黃麻紙，殘存四行，有上橫線及烏絲欄，天頭 1.9 釐米，欄寬 2 釐米，楷書，起 "禽滑厘問墨子" 句，訖 "而務在於完堅" 句，所存內容屬卷二十 "反質" 篇。《中國文化遺產研究院藏西域文獻遺珍·圖記》言此卷 "有朱筆斷句"，但筆者細讀書中的彩色圖版，未見任何朱筆斷句痕跡。以此卷為底本，以《四部叢刊》參校，殘片的釋文曰：

（前缺）

（1）禽滑厘問［於］①墨子曰："錦繡絺紵，將安用之？"墨子曰："惡！

（2）是非吾［用］②務也！古有無文者，得之矣。夏禹是也。

---

① "於"，底本無，據《四部叢刊》及文義補。
② "用"，底本無，據《四部叢刊》及文義補。

附編一　中國文化遺產研究院所藏敦煌本劉向《說苑》殘片考　237

卑小

（3）宮室，損薄飲食，土①階三等，衣裳細布。當此之時，

齭

（4）黻無所用，而務

（後缺）

禽滑厘是墨子的首席大弟子，並深得墨子信任。文研院159《說苑》寫本的文本內容雖有殘缺，但我們可據傳世文獻中的記載，獲知此段對話的全篇。據《四部叢刊》中的《說苑》卷二十"反質"篇可知，在此段對話中，禽滑厘向墨子請教了一個"錦繡絺紵，將安用之？"的問題。墨子先從正反兩個角度，舉例作瞭解答，然後又通過"得珠者不得粟，得粟者不得珠。子將何擇？"的反問，闡述了自己"惡在事夫奢也。長無用，好末淫，非聖人之所急"，"食必常飽，然後求美；衣必常暖，然後求麗；居必常安，然後求樂。為可長，行可久，先質而後文，此聖人之務"的觀點。《漢書·藝文志》載《墨子》七十一篇，但流傳至今者僅五十三篇。禽滑厘與墨子的上述對話，不見於今本五十三篇，因此很可能是劉向從那遺失的《墨子》十八篇中選擇、整理而來。

中國文化遺產研究院收藏的這件《說苑》殘片，是否出自敦煌藏經洞呢？據《中國文化遺產研究院藏西域文獻遺珍·著錄總目編例》，此件《說苑》殘片與其他39件殘片，在原初入藏時，經簡單托裱後合訂成冊，且書衣上題有："敦煌石室群書玉屑刊本附仲翔署簽。"可見，包括這件《說苑》殘片在內的40件殘片，均出自敦煌藏經洞。

書衣所題"仲翔署簽"中的"仲翔"，指的是隴上學人馮國瑞先生。"仲翔"，是他的字。馮國瑞，生於1901年，卒於1963年，甘肅天水人，號牛翁，又號漁翁，晚號麥積山樵、石蓮穀人。

---

① "土"，據殘筆劃及文義補。

1927年夏，從北京清華學校國學研究院畢業，然後返回隴右。建國後，先後擔任過蘭州圖書館特藏部主任、甘肅省文物管理委員會主任、甘肅省政府文化教育委員會委員、甘肅省政協委員、省文史館館員等職。據榮新江先生所撰《敦煌學大辭典》"馮國瑞舊藏"條目，回到故鄉的馮國瑞，"關心隴右文獻掌故，藏有少量敦煌寫經，歿後，有九件寫本捐獻入公，歸北京圖書館收藏，其中包括唐寫本《春秋穀梁傳》。"[①]

據《中國文化遺產研究院藏西域文獻遺珍·序言》，中國文化遺產研究院所藏西域文獻，其來源有以下兩種：一、上世紀五六十年代國家文物局派員從舊書肆收購而得；二、二〇〇五年國家文物局的收購。包括文研院159《說苑》殘片在內的40件殘片，其來源應為前者，系上世紀五六十年代，受國家文物局委派、在甘肅任職的馮國瑞從當地舊書肆收購得來。

（二）文研院159《說苑》殘片與P.2872《說苑》寫本之關聯

敦研328《說苑》寫本首缺尾全，起"秦始皇帝既兼天下"句，訖尾題"說苑反質第廿"，所存內容屬卷二十"反質"篇；P.2872《說苑》寫本首尾均缺，起"皆五星盈縮之所生也"句，訖"十一年，幽王乃滅，周乃東遷"句，所存內容屬卷十八"辨物"篇[②]。經王繼如先生考證，這兩件《說苑》寫本並非出自同一個抄手，"是否當時有兩部《說苑》抄卷，抑或是同一部抄卷而有不同的抄手，……就均不得而知了。"[③]那麼，文研院159號《說苑》殘片與上述兩件《說苑》寫本之間，分別是何種關聯呢？

---

① 季羨林：《敦煌學大辭典》，上海辭書出版社1998年版，第794頁。
② 王繼如：《伯2872號考證——敦煌文獻新發現〈說苑〉殘片》，《敦煌研究》2007年第3期，第61—66頁。
③ 王繼如：《伯2872號考證——敦煌文獻新發現〈說苑〉殘片》，《敦煌研究》2007年第3期，第61—66頁。

我們首先來分析一下，文研院159號《說苑》殘片與P.2872《說苑》寫本之間的關聯。據《法藏敦煌文獻漢文寫本注記目錄》、IDP（國際敦煌專案：絲綢之路線上）網站等提供的資訊，P.2872《說苑》寫本縱高27.5—27.9釐米，橫長69.4釐米，裝幀形式為卷軸裝，用紙為黃麻紙，34行，每行約20字，有上下橫線、烏絲欄及朱筆斷句。其在用紙、行款等寫本要素上，與文研院159號《說苑》殘片大致相同。

不過，兩卷的字跡，卻有所區別。以"是""也""而"三字為例，此三字在P.2872《說苑》寫本中，依次書作"是""也""而"，而在文研院159《說苑》殘片中，卻分別書作"是""也""而"。對比後可以發現，兩卷中的"也"字，差異明顯，顯非出自同一位書手；兩卷中的"是"字與"而"字，雖然結構相似，但在運筆上，卻有較大差異。P.2872中"是"字中間的那一"橫"（一），就比文研院159中"是"字中間的那一"橫"（一）短促；P.2872中"而"字中的第三個"豎"（丨），就比文研院159中"而"字中的第三個"豎"（丨）彎曲。字跡上的不同，使得它們之間的關聯，存在著諸多可能性。它們有可能是同一寫卷斷裂為二者，只是該寫卷出自多人之手而已，也有可能本身就隸屬於兩個不同的寫卷。

（三）文研院159《說苑》殘片與敦研328《說苑》寫本之關聯

文研院159、敦研328兩件《說苑》寫本的文本內容，均屬《說苑·反質》，但不相重複。文研院159的文本內容，恰好是敦研328殘損的文本內容之一。

1. 文研院159、敦研328兩件《說苑》寫本系由同一位書手抄寫

據《甘肅藏敦煌文獻·敘錄》知，敦研328《說苑》寫本首

缺尾全，用紙為黃麻紙，橫長383釐米，縱高28.6釐米，天頭1.9釐米，地腳2釐米，有上下橫線與烏絲欄，欄寬2釐米；單紙長43.3釐米，書22行，行19至24字不等；共8紙又前5行、後9行，總185行。在用紙、行款等寫本要素上，此卷與文研院159《說苑》殘片基本一致。

兩卷的字跡，是否相同呢？舉例言之。敦研328《說苑》寫本中的"是""非""也""古""元""所""而""有"，文研院159《說苑》寫本中依次書寫作"是""非""也""古""无""所""而""有"。對比後可以發現，兩卷中相同的兩個字，在結構、運筆上完全相同。可見，文研院159、敦研328兩件《說苑》寫本，是由同一位書手抄寫的。

這似乎已經足以證明這兩件《說苑》寫本之間，存在著綴合關係。但實際上，並非如此。

2. 文研院159、敦研328兩件《說苑》寫本不能綴合

據鄧明先生考證，敦研328《說苑》寫本是江蘇宜興人楊丙辰，於1933至1937年任職敦煌縣縣長時獲得的。楊卸任後，寓居蘭州。期間，因事需錢，遂將此卷轉讓給了臨洮張作謀。1947年，張持此卷到了南京，請同為西北同鄉的監察院院長于右任、監察委員王新令觀賞。新中國建立後，張作謀因生活困頓，約在1963年前後，將此卷轉讓給了當時的敦煌文物研究所①。其實，文獻學名家張舜徽先生早在1946年秋，就曾從張作謀處借閱過此卷。

據張舜徽在《敦煌古寫本〈說苑〉殘卷校勘記》（以下簡稱"校勘記"）中的敘述，此事的緣由與經過是：1946年秋，張來到甘肅，"欲得敦煌寫卷以勘正古書"，遂四處訪求敦煌寫卷。但由於在此前的數十年間，敦煌寫卷已被搜羅殆盡，張雖能在冷攤上尋得一二件寫卷，但書法拙劣，不盡如人意。後來，張結交了馮

---

① 鄧明：《敦煌卷子〈說苑卷二十反質〉的來龍去脈》，《檔案》2007年第2期，第49—50頁。

附編一　中國文化遺產研究院所藏敦煌本劉向《說苑》殘片考　241

國瑞，遂從馮處得知，張作謀藏有此件《說苑》寫本。經馮介紹，張在張作謀寓所見到了此卷，"把玩移時，不忍釋手"。張作謀見狀，欣然將此卷借出。張攜歸後，"取明程榮校刊本，平湖葛氏傳樸堂藏明抄本，及坊刻諸本，雜校之"，撰寫了《校勘記》一文。該文的完成時間，是在 1946 年 11 月 16 日①。一年後，此卷才被張作謀攜往南京，受到於右任、王新令等人的觀賞。

不過，我們現在見到的敦研 328 號寫卷，並非張舜徽先生當年見到的樣子。據《校勘記》中的校勘內容，張舜徽當年見到的卷子，起"䌷敝無所用，而務在於完堅"句，迄尾題"說苑反質第廿"，卷首的一些校勘內容，不見於敦研 328 號寫卷。也就是說，張舜徽當年見到的卷子，其卷首在 1946 年以後，又散佚了一部分。

文研院 159《說苑》殘片，是否即是卷首散失的那部分呢？答案是否定的。因為，文研院 159《說苑》殘片所存四行文字，僅最後一行"敝無所用，而務 在於完堅"句，出現在了《校勘記》中。這就說明，張舜徽當年見到的卷子中並沒有文研院 159《說苑》殘片所存前三行文字，文研院 159《說苑》殘片也並非從張舜徽當年所見卷子上脫落者，而是屬於同一位書手抄寫的另一件《說苑》寫本。文研院 159《說苑》殘片與敦研 328《說苑》寫本之間，並不存在綴合關係。

此兩件《說苑》寫本，既然是同一位書手抄寫的，那麼其產生時間理應相近。《中國文化遺產研究院藏西域文獻遺珍》將文研院 159 定為"七至八世紀唐寫本"，《甘肅藏敦煌文獻》將敦研 328 定為"隋至初唐寫本"，兩書中的定年接近，與常理相符，應是無誤的。這兩件《說苑》寫本所用的紙張均為有上下橫線、烏

---

① 張舜徽：《敦煌古寫本《說苑》殘卷校勘記》，見於《舊學輯存》，華中師範大學出版社 2008 年版，第 803 頁。

絲欄的黃麻紙，這種紙張是敦煌地區抄寫圖書的標準紙。敦煌是個紙張相對匱乏的地方社會，同一位書手用這種標準紙，抄寫了兩件彼此不能綴合的《說苑》寫本。這一抄寫現象說明，《說苑》一書在隋至初唐時期，很被敦煌人士所接受。

（四）結語

《說苑》一書的特點，雖歷代評價不一，但今人屈守元先生在為向宗魯《說苑校證》所作序文中，給出了較為精當的概括："它是古代雜著的類編，從編纂體例上說，像後來的類書。編纂者劉向雖然是個儒家，但它的內容資料並不粹然為儒者之言；按《漢

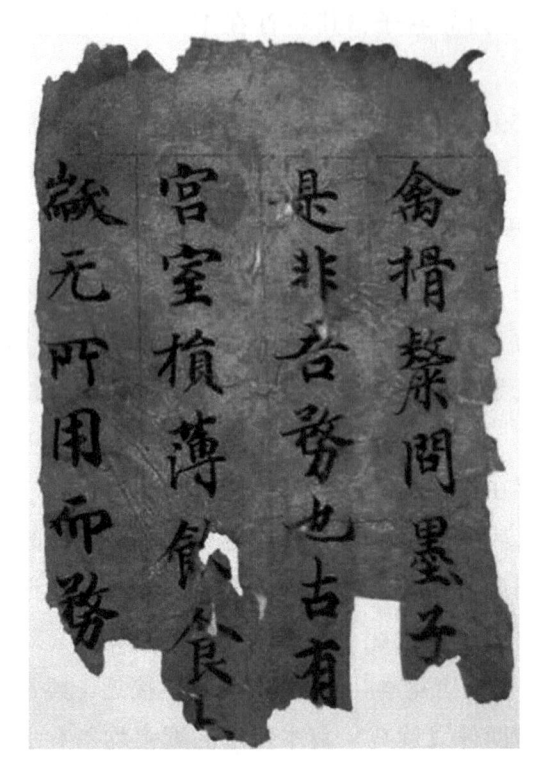

中國文化遺產研究院藏 159 號敦煌劉向《說苑》殘片，
採自《中國文化遺產研究院藏西域文獻遺珍》一書。

書‧藝文志》的分類，倒很像雜家。從它的寫作形式上看，頗具故事性，多為對話體，甚至還有些情節出於虛構，可以認為其中有些作品屬於古代短篇小說。《說苑》就是這樣複雜的古代典籍，任何管窺蠡測，以偏概全的看法都是不恰當的。"[1]《說苑》的被接受，或許與此書在內容、編纂體例、寫作形式上的上述獨特性有關。

---

[1] 屈守元:《向宗魯先生遺著〈說苑校注〉序言》,《四川師範學院學報》, 1985年第期, 第2頁。

附編二 中唐淨土宗僧釋法照生平事蹟新探

摘　要：法照史料，廣泛存在於僧史著作、石刻、敦煌文獻、方志等多種類型的文獻中。前賢在論證法照生平事蹟時，並未窮盡所有的史料，且未能充分考慮所用史料的真實性。比如，前賢經常引以為據的《（康熙）漢南郡志》所載一篇署名"邑紳関文叔"的《念佛岩大悟禪師碑記》，其作偽痕跡就極為明顯。本文對目前所見全部法照史料的可信度進行考辨，並據其中可作"信史"的史料，對法照生平事蹟再作探討，同時辨析出《全唐詩續拾》從《（光緒）洋縣誌》中輯補的兩首法照詩歌作品，均為托名之作。

關鍵字：法照；行跡；詩歌；辨偽

中唐僧人釋法照，是宗曉"淨土六祖說"中的三祖、志磐"淨土七祖說"中的四祖，在淨土宗史上具有重要地位。在研究早期淨土宗史的過程中，法照是個不可逾越的人物。對於其生平事跡，學界已有討論，但莫衷一是[①]。前賢在各自的研究中，未能窮

[①] 前賢的討論，集中在"生年"、"卒年"與"籍貫"三個問題上。具體而言：法照生年，施萍婷認為生於天寶九年（750），劉長東認為生於天寶五年（746）；法照卒年，陳垣認為卒於大曆十二年（777）以後，施萍婷、劉長東認為卒於開成三年（838）；法照籍貫，施萍婷認為在涼州，劉長東、李利安、謝志斌認為在陝西漢中洋縣大浤裹，日本塚本善隆則認為在四川北部（陳垣：《釋氏疑年錄》，中華書局1964年版，第119頁；施萍婷：《法照與敦煌初探》，《1994年敦煌學國際研討會文集（轉下頁）

盡目前所見全部的法照史料，且一味地將所用史料視作"信史"，因此得出的結論，仍有待商榷。有鑒於此，本文試從辨析史料的可信度入手，對法照的生平事跡再作探討。不當之處，祈請方家指正。

（一）僧史著作、石刻中的釋法照史料

筆者以"法照"為關鍵詞，對中華電子佛典（CBETA）進行檢索，發現在唐宋至明清的佛教典籍中，共有25部載有法照生平事跡的僧史著作。按編纂年代劃分，計有北宋3部、南宋5部、元代4部、明代6部、清代7部；按作者身份劃分，出自釋門弟子之手者17部，出自世俗人士之手者8部（其中不乏袁宏道、李贄等名冠一時的飽學之士）。詳見下表1：

通讀上述僧史著作中的法照史料後可以發現，《南嶽宗勝集》、《釋氏通鑒》、《隆興佛教編年通論》、《佛祖歷代通載》、《歷朝釋氏資鑒》、《錦江禪燈》等6部著作中的記載，均來源於唐柳宗元《南嶽彌陀和尚碑》①。其餘19部著作中，《宋高僧傳》以外的18部著作中的記載，均沒有逾越贊寧《宋高僧傳》的內容。其中，《淨土往生傳》、《廬山蓮宗寶鑒》、《新修科分六學僧傳》、《往生集》、《法海觀瀾》、《西方直指》、《淨土資糧全集》、《淨土訣》、《歸元直指集》、《高僧摘要》、《淨土聖賢錄》、《淨土全書》、《淨土晨鐘》、《歸戒要集》諸著作中的記載，更是直接節錄或改編自《宋高僧傳》。

（接上頁）（宗教文史卷）》甘肅民族出版社2000年版，第75—104頁；劉長東：《法照生卒、籍貫新考》，《敦煌文學論集》，四川人民出版社1997年版，第427—441頁；李利安、謝志斌：《唐代法照籍貫及出家地等問題新議》，《世界宗教文化》2018年第6期，第101—106頁）。法照其他事蹟，施萍婷、劉長東、日本塚本善隆等三位學者用力甚勤，但在部分行跡上仍有分歧（施萍婷：《法照與敦煌文學》，《社科縱橫》1994年第4期，第12—15頁；劉長東：《敦煌事蹟新考》，《佛學研究》1998年第7期，第38—45頁；[日]塚本善隆：《中國淨土教史研究》，大東出版社1976年版）。

① 《南嶽宗勝集》、《釋氏通鑒》、《隆興佛教編年通論》、《佛祖歷代通載》、《歷朝釋氏資鑒》、《錦江禪燈》諸著作，在正文中均有明確提示。

表1　　民國以前載有法照生平事跡的僧史著作

序号	时代	书名	著者	具体卷次
1	北宋	宋高僧传	释赞宁	卷二十一《唐五台山竹林寺法照传》
2		广清凉传	释延一	卷中"法照和尚入化竹林寺"条
3		净土往生传	释戒珠	卷下"唐五台释法照"条
4	南宋	乐邦文类	释宗晓	卷三《莲社继祖五大法师传》
5		佛祖统纪	释志磐	卷二十六"莲社七祖"条
6		南岳宗胜集	陈田夫	卷下"叙唐宋得道异人高僧"条
7		释氏通鉴	释本觉	卷十"元和七年"条
8		隆兴佛教编年通论	释祖琇	卷二十一"元和七年"条
9	元	庐山莲宗宝鉴	释普度	卷四"金台法照大师"条
10		佛祖历代通载	释念常	卷十五
11		新修科分六学僧传	释昙噩	卷二十六"释法照"条
12		历朝释氏资鉴	释熙仲	卷七"贞元七年"条
13	明	往生集	释袾宏	卷一"五会法师"条
14		法海观澜	释指旭	卷五"净土玄门"条
15		西方直指	释一念	卷中"三大圣人现身劝人修净业"条
16		净土资粮全集	庄广还	卷五"六时念佛"篇
17		净土诀	李贽	"三大圣人现身劝修净土"条
18		归元直指集	释宗本	卷上"三大圣人决疑文"条
19	清	学佛考训	释净挺	卷四"莲宗"条
20		高僧摘要	徐昌治	卷四"释法照"条
21		锦江禅灯	释通醉	卷二十"法师承远"条
22		净土圣贤录	彭希涑	卷三"法照"条
23		净土全书	俞行敏	卷下"五会法师"条
24		净土晨钟	周克复	卷十"比丘往生"条
25		归戒要集	释弘赞	卷中"受五戒法"条

《宋高僧傳》所在法照傳文的末尾有一小注，注言："絳州兵掾王士詹述《聖寺記》云。"① 這揭示出，贊寧撰寫法照傳文，依據的是王士詹《聖寺記》②。《全唐文》卷621載有王士詹所撰《五臺山設萬僧供記》，該文在簡略敘述法照行跡後言："具紀於大師實錄，海□□播，故略而不書。"③ 可見，曾經有一份詳細記載法照行跡的實錄，在王士詹所處的時代流行，且王士詹本人就見到過這份實錄。那麼，王士詹《聖寺記》中關於法照的記載，以及贊寧據之撰寫的法照傳文，多屬當世人記當時事，應是可信的。

　　石刻中的法照史料，共有以下三種：柳宗元《南嶽彌陀和尚碑》（以下簡稱《柳碑》）、呂溫《南嶽彌陀寺承遠和尚碑》（以下簡稱《呂碑》）、釋鏡霜《章敬寺法照和尚塔銘》。這三種石刻的碑石均已不存，但我們可在《柳宗元集》、《文苑英華》、《全唐文》等總集或別集中，獲睹《柳碑》與《呂碑》的碑文。立碑，飽含着希望碑主行跡能夠萬古流芳的美好意願；碑文，往往是根據碑主行跡如實撰寫的。因此石刻中的法照史料，亦屬可信。

（二）敦煌文獻、方志中的釋法照史料

　　二十世紀初莫高窟藏經洞出土的敦煌文獻，為中古史研究提供了大量的原生態資料。敦煌文獻中的有些寫卷，涉及到法照生平事跡。施萍婷先生已率先關注到了P.2130、P.3792v④。但仍有一件寫卷被忽視，那就是P.2066。上述三件敦煌寫卷的物質特徵和文本結構如下：

---

① （宋）贊寧：《宋高僧傳》卷21《唐五臺山竹林寺法照傳》，中華書局1987年版，第542頁。
② 《聖寺記》的全文已不得而知，但《宋高僧傳》在法照傳文的末尾，載有《聖寺記》的部分內容，可惜所言與法照無涉。參見（宋）贊寧：《宋高僧傳》卷21《唐五臺山竹林寺法照傳》，中華書局1987年版，第542頁。
③ （清）董誥：《全唐文》，中華書局1983年版，第6267頁。
④ 施萍婷：《法照與敦煌文學》，《社科縱橫》1994年第4期，第12頁。

248　法藏敦煌《淨土五會念佛誦經觀行儀》寫卷兩種校錄

（1）P.2066，見《法藏》4/117A－131A①。22 紙。首尾完整，872 行，滿行 23—25 字。楷書。有烏絲欄及包首，包首題"歸西方贊一部"并有小字押署□②。包首為新補，用唐咸通六年僧福威牒補。內容可分為以下兩部分：第 1—8 行，原卷無題，《法藏》擬題"僧福威牒"；第 9—872 行，原卷題"淨土五會念佛誦經觀行儀卷中"并署撰者：南岳沙門法照撰。尾題"淨土五會念佛誦經觀行儀卷中"。IDP 網站③稱該卷長 1291.6 釐米、高 28.3—28.8 釐米。背面，有"念佛贊"三字雜寫。

（2）P.2130，見《法藏》6/211A－220B。16 紙。首殘尾全，少許污漬，475 行，滿行 28 字。楷書。有烏絲欄。內容可分為以下三部分：第 1—51 行，原卷無題，《法藏》擬題"唐五臺山竹林寺法照傳"；第 52—362 行，原卷無題，《法藏》擬題"淨土五會念佛誦經觀行儀"；第 363—475 行，首題"佛說觀佛三昧海經行品第八"，尾題："佛说观三昧海经一卷""就此灵窟记"以及另笔粗墨在行間空白處所寫"三界寺道真，经不出寺门"。可知此經由道真所收藏。IDP 網站稱該卷紙長 729 釐米、高 29.8—30.5 釐米。背面，有若干雜寫，其中可能与正面的《法照傳》有关的一行杂写"［此］房师僧并在南阎浮提娑婆世界"。

（3）P.3792v，見《法藏》28/74B－75B。7 紙。首尾均殘，少許污漬，58 行，滿行 21—23 字。字跡潦草。內容可分為以下三部分：第 1—36 行，首題"大晉河西敦煌郡釋門法律張氏和尚生前邈真贊"；第 37—52 行，首題"金光五禮本"；第 53—58 行，原卷無題，《法藏》擬題"南涼州禪師法照禮五臺山寺見聖菩薩略述"。IDP 網站稱該卷紙長 280 釐米、高 26.5 釐米。正面，為佛經

---

① "《法藏》4/117A－131A"指圖版出自《法藏敦煌西域文獻》第 4 冊第 117 頁上欄至 131 頁上欄。其中 A、B 分別代表上欄、下欄。下同。

② 押署單作某字，現已漫漶難識。

③ "IDP"為"國際敦煌項目：絲綢之路在線"網站的英文縮寫，網址為：http://idp.nlc.cn/。本文對於敦煌寫卷的描述與校錄，所據圖版均從該網站下載。

《四分律疏釋》。

P.2066《淨土五會念佛誦經觀行儀卷中》的撰者即為法照，其關於法照行跡的記載自然可信。P.2130、P.3792v 中涉及法照行跡的文本內容，原卷中都和佛經抄寫在一起①。這就說明，在寫卷的書寫者看來，它們和佛經一樣都是神聖的。因此，P.2130、P.3792v 中的法照史料，亦屬可信。

方志是宗教史研究中不可忽視的材料。但方志所載，常有作偽。因此，在運用方志開展研究時，需仔細辨別材料的真實性。

《（康熙）漢南郡志》卷18，載有一篇署名"邑紳閔文叔"的《念佛岩大悟禪師碑記》②。碑記開篇即敘述法照行跡：法照"姓張氏"，"興勢縣（今陝西洋縣）大灉裏人"，"嘗遊廬山，適南嶽得法而歸"；後來，唐代宗"遣使者以禮迎之"，至長安，"居章敬寺"，賜號"供奉大德念佛和尚"，又號"五會念佛法事般舟道場主國師"；圓寂後，"敕諡'大悟禪師'"③。據《（嘉慶）漢中府志》卷16中的記載，撰者"閔文叔"為洋縣鄉賢，北宋"崇寧中進士，歷官尚書"④。

這篇署名"閔文叔"的碑記，有多處疑點。舉例言之：一、碑記言法照乃"興勢縣大灉裏人"。興勢縣，為北魏延昌三年（514）置⑤，唐貞觀二十三年（649）改名"興道縣"⑥。在閔文叔乃至法照生活的時代，"興勢縣"之名早已棄用。閔文叔在撰寫碑記時，仍沿用早已棄用的縣名，不合常理。二，據碑記中的記載，法照東入長安後，天子賜號"供奉大德念佛和尚"。但"供奉大德

---

① P.2130 中的"唐五臺山法照傳"，原卷抄寫在佛經的前面；P.3792v 中的"南涼州禪師法照禮五臺山寺見聖菩薩略述"，原卷抄寫在佛經的背面。

② 碑石今已不存。

③ （清）滕天綬：《漢南郡志》，巴蜀書社2017年版，第372—374頁。

④ （清）嚴如熤主修，郭鵬校勘：《嘉慶漢中府志校勘》，三秦出版社2012年版，第553頁。

⑤ [北齊]魏收：《魏書》卷106《地形志下》，中華書局1974年版，第2616頁。

⑥ （後晉）劉昫：《舊唐書》卷39《地理志二》，中華書局1975年版，第1533頁。

念佛和尚"這個賜名，卻不見於其他任何文獻，令人疑惑。三，據僧史著作、石刻中的法照史料可知，法照曾北上五臺山。對於這一關鍵行跡，碑記卻隻字不提，殊難理解。

或許有的學者會認為，閔文叔既然花費心力撰寫了這篇碑記，那麼碑記中關於法照行跡的記載，就應當有幾分的可信度。本文以為，閔文叔撰寫這篇碑記的目的，是為了弘揚淨土五會念佛法門。閔文叔在這篇碑記的末尾言："以此法門示之眾人，傳之後世，使聞之者皆發信心而歸正覺。是故立石此岩，而述其事義以記焉。"① 這篇碑記的敘述重點，並非法照行跡。碑記中關於法照行跡的記載，可能是閔文叔從道聽途說中得來。對於這種來歷不明的法照史料，我們在使用時應極為慎重。

閔文叔的這篇碑記，並非一無是處。對於其研究價值，我們應給予正視。比如，閔文叔在碑記中言：當地有一處名為"念佛岩"的山岩，山岩上有一座神廟，神廟的墻壁上"有古所畫法照行像"，且"郡人每歲以仲夏六日，致祀於是岩。四眾集會是日，能使疑者信、慢者敬，斯亦威德神化所感而然也"。這段文字，揭示出唐宋時期陝西洋縣的佛教信眾對於法照的崇奉，同時也有助於我們探討淨土五會念佛法門在唐宋時期的流傳細節。

不過，碑記所記這位備受當地信眾禮敬的"法照"，是否即是中唐淨土宗僧"法照"？這還有待進一步討論。畢竟，閔文叔撰寫的這篇碑記，有頗多可疑之處。且法號為"法照"的唐代僧人，並非只有中唐淨土宗僧法照一人。《宋高僧傳》卷25，就載有另外一位同名唐代僧人②。閔文叔可能張冠李戴，誤將中唐淨土宗僧法照的行跡，應用到另一位同名僧人身上。

除上述僧史著作、石刻、敦煌文獻、方志中的法照史料以外，唐圓仁《入唐求法巡禮行記》、南宋王象之《輿地紀勝》，以及日

---

① （清）滕天綬：《漢南郡志》，巴蜀書社2017年版，第374頁。
② （宋）贊寧：《宋高僧傳》卷25《唐陝府法照傳》，中華書局1987年版，第636頁。

本德川時代刊本《淨土五會念佛略法事儀贊》中，亦有法照史料。其中，《入唐求法巡禮行記》是日僧圓仁根據自己在揚州、五臺山、長安等地求法巡禮時的見聞撰寫，自然可信；《輿地紀勝》中的記載，實為因循閱文叔《念佛巖大悟禪師碑記》而來，疑點頗多；《淨土五會念佛略法事儀贊》的撰者即為法照，故亦可信。

（三）釋法照的生平事跡

從上述可作"信史"的法照史料中，我們可以獲悉法照的生年、卒年、籍貫和大致行跡。

1. 卒年、籍貫

關於法照卒年，最可靠的史料是《章敬寺法照和尚塔銘》。可惜的是，塔銘的原石和銘文都已佚失。現在僅能從南宋金石著作《寶刻叢編》與《寶刻類編》的著錄中[1]，覓到塔銘的一些資訊，但兩書中的記載卻不盡一致。

南宋陳思編撰的《寶刻叢編》卷8載："《章敬寺佉照和尚塔銘》，鏡霜述並書。大中十三年，京兆金石錄。"[2] 而撰者已無從得知的《寶刻類編》卷8載："《章敬寺法照和尚塔銘》，鏡霜述並書。大中十二年，京兆。"[3] 其中，前者所載"章敬寺佉照和尚塔銘"中的"佉"字，應作"法"，應該是書丹時，因形近而致誤。

鏡霜書丹的時間，兩書記載有異。《寶刻叢編》言是在"大中十三年"，而《寶刻類編》言是在"大中十二年"。本文以為，當以前者為是。因為，《寶刻叢編》明言其對《章敬寺法照和尚塔銘》的著錄，轉引自《京兆金石錄》，其來有自、信而有征。而《寶刻類編》卻不言其來源，僅言這件塔銘位於京兆府，語焉不

---

[1] 據四庫館臣考證，《寶刻類編》的編撰時間，是在南宋末年。參見（清）紀昀：《欽定四庫全書總目》，中華書局1997年版，第1143—1144頁。
[2] （南宋）陳思：《寶刻叢編》，浙江古籍出版社2012年版，第513頁。
[3] （南宋）佚名：《寶刻類編》，中華書局1985年版，第260頁。

詳、令人生疑。

需特別提出的是，鏡霜書丹的時間，與法照圓寂的時間，兩者之間沒有必然關聯。書丹，是立碑的重要步驟。而立碑，不唯在碑主圓寂之後，也可以在碑主在世之時；不唯在碑主圓寂後不久，也可以在碑主圓寂多年以後。比如，現存於北京通州區文化局院內的"金延慶院圓照塔幢"，是大定十八年（1178）延慶院圓照在世時自建①；現存河南登封少林寺院內的"唐少林寺靈運禪師功德塔銘"，是天寶九年（750）靈運禪師的弟子賢順所立，彼時靈運禪師已圓寂21年②。

《入唐求法巡禮行記》一書，為我們推斷法照卒年提供了線索。該書卷二"開成五年"條中有："（五月）一日，天晴。擬巡臺去。所將驢一頭寄在停點院，囑院主僧勾當草料。從停點西行十七裏，向北過高嶺，十五裏，行到竹林寺斷中。齋後巡禮寺舍。有般舟道場。曾有法照和尚於此堂念佛，有敕諡為大悟和上（尚）。遷化來二年。今造影安置堂裏。"③ 這段文字告訴我們，開成五年（840）圓仁巡禮五臺山竹林寺時，法照已圓寂兩年；法照卒後，被敕諡為"大悟和尚"。那麼，法照卒年，應系於開成三年（838）。

法照籍貫，P.3792v《南涼州禪師法照禮五臺山寺見聖菩薩略述》言法照"本管（貫）涼州"；《淨土五會念佛略法事儀贊》稱法照為"梁漢沙門"，言其籍貫"梁漢"④。"涼州"、"梁漢"，名雖有異，實則為一。P.3792v《南涼州禪師法照五臺山寺見聖菩薩略述》中的"涼州"，應作"梁州"，"涼"乃"梁"之借字，這在

---

① 北京石刻藝術博物館：《新日下訪碑錄（大興卷、通州卷、順義卷）》，北京燕山出版社2016年版，第337—339頁。
② 張愛圖：《嵩山歷代碑刻選》，河南文藝出版社2011年版，第62—64頁。
③ [日]圓仁著，[日]小野勝年校注，白化文等修訂校注：《入唐求法巡禮行記校注》，花山文藝出版社1992年版，第269頁。
④ 林明珂、申國美編：《淨土宗大典》第8冊，全國圖書館文獻縮微複製中心2003年版，第509頁。

敦煌文獻中較為常見；《淨土五會念佛略法事儀贊》中的"梁漢"二字，"梁"指"梁州"，"漢"指"漢川郡"，亦是"梁州"①，因而"梁漢"即"梁州"。可見，法照籍貫，實為"梁州"。

2. 行跡

與法照處於同一時代的呂溫，在其所撰《南嶽彌陀寺承遠和尚碑》中言："有高僧法照者，越自東吳，求於廬阜。"②"越"，度也③；"東吳"，泛指太湖流域全境；"求"，索也④；"廬阜"，即廬山。可見，法照早年曾經經太湖流域，前往廬山參學。

呂溫在《南嶽彌陀寺承遠和尚碑》中又言："法照在廬山時，有一次'入觀積旬，至想傍達，見彌陀座下，有老比丘焉，啟問何人，答曰：'南嶽承遠，願告吾土。勝緣既結，真影來現。'照公退而驚慕，徑涉衡峰，一披雲外之塵，宛契定中之間。因緣昭晰，悲喜流涕。遂執摳衣之敬，願承入室之顧。"⑤上述文字雖然詭譎怪誕，但也隱晦地敘述了法照轉赴衡山、投師承遠的行跡。

與法照亦處同一時代的柳宗元，在其所撰《南嶽彌陀和尚碑》中言："在代宗時，有僧法照，為國師。乃言其師南嶽大長老有異德，天子南向而禮焉。度其道不可征，乃名其居曰'般舟道場'，用尊其位。"⑥法照在成為國師以後，曾因感念師恩，而向天子進言，天子因而給予承遠以格外的禮遇。可見，法照投師衡山承遠一事，是確鑿的。

---

① "漢川郡"，乃隋大業三年（607）改"梁州"置，唐武德元年（618）複名"梁州"。參見（後晉）劉昫：《舊唐書》卷39《地理志二》，中華書局1975年版，第1528頁。
② （清）董誥：《全唐文》卷630，中華書局1983年版，第6355頁。
③ （漢）許慎撰，（清）段玉裁注：《說文解字注》第2篇"走部"，鳳凰出版社2007年版，第112頁。
④ （梁）顧野王撰，呂浩校點：《大廣益會玉篇》卷28"裘部"，中華書局2019年版，第977頁。
⑤ （清）董誥：《全唐文》卷630，中華書局1983年版，第6355頁。
⑥ （唐）柳宗元著，尹占華、韓文奇校注：《柳宗元集校注》卷6，中華書局2013年版，第455頁。

那麼，法照何時來到衡山，並投師承遠的呢？法照在其編撰的《淨土五會念佛略法事儀讚》中自言："大歷元年夏四月中，起自南嶽彌陀臺般舟道場，依《無量壽經》作。"① 可見，至遲在大曆元年（766），法照已經來到衡州。上文雖未明言法照投師承遠一事，但所言"（法照）起自南嶽彌陀般舟道場"就已隱含此意，因為"般舟道場"即是承遠居所。

法照來到衡山、投師承遠之初，並沒有固定的居所。直到大曆二年（767），法照才駐錫雲峰寺，並在那裏勤加修持。大曆四年（769），法照曾在衡州湖東寺，起五會念佛道場。對於法照的這一行跡，《宋高僧傳》言之鑿鑿："釋法照，……大曆二年，棲止衡州雲峰寺，勤修不懈。""暨四年夏，於衡州湖東寺內有高樓臺，九旬起五會念佛道場。"②

大曆四年八月，法照由衡山啟程北上。歷時八個月，於大曆五年（770）四月，到達五臺山，並在華嚴寺停歇。在五臺山期間，法照先後三次巡禮金剛窟。第一次是在大曆五年四月十三日，法照與五十餘僧同往金剛窟；此後不久，法照又獨詣金剛窟，是為第二次；大曆六年正月，法照與華嚴寺崇暉、明謙等三十餘人一起，第三次巡禮了金剛窟。此行跡，《宋高僧傳》載之甚詳，為行文簡練，茲不引錄③。

法照後來被延請到太原，並在太原居住十七年。在太原期間，法照大力弘揚淨土五會念佛法門，並受到當地佛教信眾的熱烈敬奉。對於這一行跡，P.2130《唐五臺山竹林寺法照傳》中有言：

---

① 林明珂、申國美：《淨土宗大典》第 8 冊，全國圖書館文獻縮微複製中心 2003 年版，第 509 頁。

② （宋）贊寧：《宋高僧傳》卷 21《唐五臺山竹林寺法照傳》，中華書局 1987 年版，第 538—539 頁。

③ （宋）贊寧：《宋高僧傳》卷 21《唐五臺山竹林寺法照傳》，中華書局 1987 年版，第 539—541 頁。

"是時，太原地界所由告節度使薩薛□訓延入太原城內居住①。其年有敕天下置般舟道場。諸寺眾□申狀於節度使，請法照和尚為道場主，守頻詞說不放即道場，思惟修習，即作念佛法事並作般舟梵。未經旬日，即有數千人誓為法照念佛弟子，各請願聞，終身修行。於太原一住十有七年。"

貞元四年（788），唐德宗下詔，將法照延入京城②。P. 2130《唐五臺山竹林寺法照傳》有："去貞元元年，節度使馬遂（燧）入太原，奉敕知昨貞元四年正月廿二日延入京中。"此句雖然文義不貫通，但貞元四年法照被延入長安一事，應無疑義。柳宗元《南嶽彌陀和尚碑》所載法照在成為國師後，曾向天子進言一事，即為佐證。

此外，據 P. 3792v《南涼州禪師法照禮五臺山寺見聖菩薩略述》載：法照"年十一出家，至廿歲，在衡州山寺居。"法照是大曆二年始駐錫衡山雲峰寺的，彼時其年方二十。據此逆推，法照天寶六年（747）出生，乾元元年（758）剃度。

至此，我們可鉤稽出法照大致的生平事蹟：法照，原籍梁州，生於天寶六年，十一歲出家；出家後，曾經經由太湖流域，赴廬山參學；至遲在大曆元年，轉赴衡山並師從承遠；大曆二年，駐錫衡山雲峰寺；大曆四年，曾在衡山湖東寺，起五會念佛道場；是年八月，從衡山啟程北上；大曆五年四月，到達五臺山，並在華嚴寺停歇；在五臺山期間，三次巡禮金剛窟；大曆六年，法照被延入太原，並在太原居住十七年；貞元四年，奉詔入京，並被奉為國師；開成三年，卒於長安章敬寺；卒後，敕諡"大悟和尚"。

（四）餘論

厘清人物的生平事蹟，是宗教史研究的基礎工作。以本文所關

---

① "薛"，原卷僅存"艹"部，以及"白""辛"兩部之上半。
② 據此推斷，法照離開五臺山的時間，以及其被延入太原的時間，是在大曆六年（771）。

注的中唐淨土宗僧法照為例，考察法照的生平事蹟，有助於推動法照淨土思想研究、詩文著作研究，以及其他延展性研究。比如，在法照詩歌研究中，學界通常將《全唐詩》中的《寄錢郎中》、《送清江上人》、《送無著禪師歸新羅》[①]，以及《全唐詩續拾》中的《寄勸俗兄弟二首》[②]，皆視為法照之作。《全唐詩續拾》中的這兩首法照詩，是從影清光緒抄本張鵬翼修《洋縣誌》卷7"藝文志"中輯補而來。根據本文對法照行跡的考察，法照並沒有到訪過陝西洋縣。清人張鵬翼在編修《洋縣誌》時，卻將這兩首詩系於"法照"名下[③]，此兩首詩顯系托名之作。生平事蹟是個既舊又小的問題，但在對某些關聯問題的探討中，這個舊而小的問題，會提供關鍵線索。因此，對於宗教人物的生平事蹟問題，我們在宗教史研究中應予正視。

P.2130《唐五臺山竹林寺法照傳》局部

---

① （清）彭定求：《全唐詩》第23冊，中華書局1960年版，第9135頁。
② 陳尚君：《全唐詩續拾》，《全唐詩補編》，中華書局1992年版，第939頁。
③ （清）張鵬翼：《洋縣誌》，成文出版社1976年版，第789—790頁。

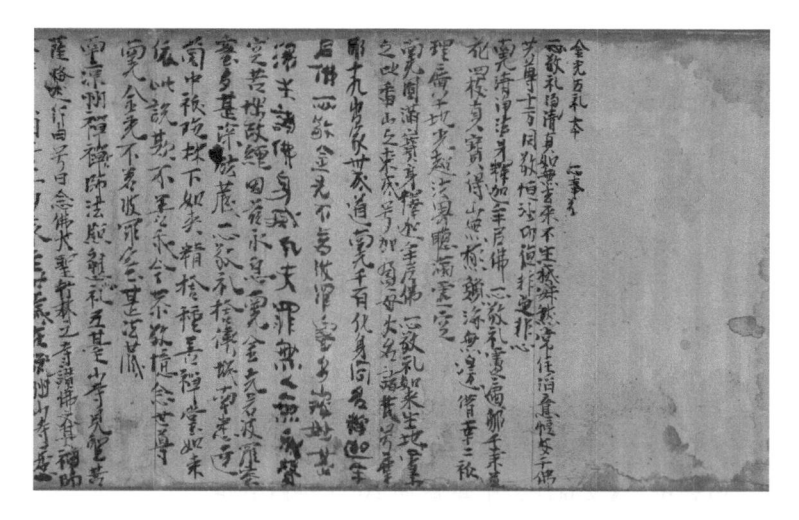

P. 3792v《南涼州禪師法照禮五臺山寺見聖菩薩略述》局部

主要參考文獻

（以作者姓氏首字母為序，先古後今、
先中後外、先世俗后方外）

（漢）司馬遷：《史記》，中華書局2013年修訂本。

（漢）班固：《漢書》，中華書局1977年版。

（漢）許慎著，（清）段玉裁注：《說文解字注》，上海古籍出版社1981年版。

（漢）許慎著，（清）桂馥義證：《說文解字義證》，中華書局1987年版。

（南朝）劉勰編，范文瀾注：《文心雕龍注》，人民文學出版社1958年版。

（南朝）蕭統編，李善注：《文選》，上海古籍出版社1986年版。

（南朝）顧野王：《原本玉篇殘卷》，中華書局2009年版。

（唐）李林甫：《唐六典》，中華書局2014年版。

（唐）柳宗元；《柳宗元集校注》，中華書局2013年版。

（唐）顏元孫：《干祿字書》，國家圖書館出版社2011年版。

（唐）釋道世編，周叔迦注：《法苑珠林校注》，中華書局2003年版。

（後晉）劉昫：《舊唐書》，中華書局1975版。

（北宋）歐陽修：《新唐書》，中華書局1975年版。

（北宋）薛居正：《舊五代史》，中華書局2015年版。

（北宋）歐陽修：《新五代史》，中華書局2015年版。

（北宋）司馬光：《資治通鑒》，中華書局2011年版。
（北宋）李昉：《太平廣記》，中華書局1961年版。
（北宋）釋贊寧：《宋高僧傳》，中華書局1987年版。
（北宋）釋道原，顧宏義譯注：《景德傳燈錄譯注》，上海書店出版社2009年版。
（南宋）洪適：《隸釋 隸續》，中華書局1986年版。
（南宋）劉球：《隸韻》，中華書局2009年版。
（南宋）釋普濟：《五燈會元》，中華書局1984年版。
（遼）釋行均：《龍龕手鏡》，中華書局1985年版。
（南宋）陳思：《寶刻叢編》，浙江古籍出版社2012年版。
（南宋）佚名：《寶刻類編》，中華書局1985年版。
（清）王念孫：《廣雅疏證》，江蘇古籍出版社2000年版。
（清）顧藹吉：《隸辨》，中華書局2009年版。
（清）董誥：《全唐文》，中華書局1983年版。
（清）彭定求：《全唐詩》，中華書局1960年版。
（清）紀昀：《欽定四庫全書總目》，中華書局1997年版。
（清）滕天綬：《漢南郡志》，巴蜀書社2017年版。
（清）嚴如熤：《嘉慶漢中府志校勘》，三秦出版社2012年版。
白化文：《敦煌學與佛教雜稿》，中華書局2013年版。
曹凌：《中國佛教疑偽經綜錄》，上海古籍出版社2011年版。
曹翔：《王梵志詩詞彙研究》，南京大學出版社2013年版。
陳尚君：《全唐文補編》，中華書局2005年版。
陳五雲：《佛經音義與漢字研究》，鳳凰出版社2010年版。
陳揚炯：《中國淨土宗通史》，鳳凰出版社2008年版。
杜朝暉：《敦煌文獻名物研究》，中華書局2011年版。
敦煌研究院：《敦煌遺書總目索引新編》，中華書局2000年版。
法國國家圖書館：《法國國家圖書館藏敦煌西域文獻》，1994—2005年版。

方廣錩：《敦煌佛教經錄輯校》，江蘇古籍出版社 1997 年版。
方廣錩：《中國寫本大藏經研究》，上海古籍出版社 2006 年版。
伏俊璉：《敦煌文學文獻叢稿》，中華書局 2011 年增訂本。
伏俊璉：《敦煌文學寫本研究》，上海古籍出版社 2021 年版。
伏俊璉：《敦煌文學總論》，上海古籍出版社 2019 年修訂本。
郭朋：《隋唐佛教》，齊魯書社 1980 年版。
郭錫良：《漢字古音手冊》，北京大學出版社 1986 年版。
郝春文、陳大為：《敦煌的佛教與社會》，甘肅教育出版社 2013 年版。
郝春文：《英藏敦煌社會歷史文獻釋錄》第 1—19 卷，社會科學文獻出版社 2001—2023 年版。
郝春文：《中古時期社邑研究》，上海古籍出版社 2019 年版。
黑維強：《敦煌吐魯番社會經濟文獻辭彙研究》，民族出版社 2010 年版。
黃永武：《敦煌古籍敘錄新編》，台北新文豐出版公司 1986 年版。
黃征：《敦煌俗字典》，上海教育出版社 2019 年版。
黃征：《敦煌語音文字學研究》，甘肅教育出版社 2002 年版。
黃征、吳偉：《敦煌願文集》，岳麓書社 1995 年版。
黃征、張崇依：《浙藏敦煌文獻校錄整理》，上海古籍出版社 2012 年版。
黃征、張湧泉：《敦煌變文校注》，中華書局 1997 年版。
姜伯勤：《敦煌藝術宗教與禮樂文明》，中國社會科學出版社 1996 年版。
蔣禮鴻：《敦煌變文字義通釋》，浙江大學出版社 2015 年版。
蔣禮鴻：《敦煌文獻語言詞典》，杭州大學出版社 1994 年版。
李德龍：《敦煌文獻與佛教研究》，中央民族大學出版社 2010 年版。
李芳民：《唐五代佛寺輯考》，商務印書館 2006 年版。
李富華、何梅：《漢文佛教大藏經研究》，宗教文化出版社 2003 年版。
李小榮：《漢譯佛典文體及其影響研究》，上海古籍出版社 2010

年版。

李正宇：《八至十一世紀敦煌世俗佛教》，甘肅人民出版社2021年版。

李正宇：《古本敦煌鄉土志八種箋證》，甘肅人民出版社2008年版。

梁曉虹：《佛教與漢語史研究——以日本資料為中心》，上海古籍出版社2008年版。

梁曉虹、徐時儀、陳五雲：《佛經音義與漢語詞彙研究》，商務印書館2005年版。

林聰明：《敦煌文書學》，台北新文豐出版公司1991年版。

林明珂、申國美：《淨土宗大典》，全國圖書館文獻縮微複製中心2003年版。

劉大新：《碑別字新編》，文物出版社1985年版。

劉淑芬：《中古的佛教與社會》，上海古籍出版社2008年版。

劉毅超：《漢文敦煌遺書題名索引》，學苑出版社2021年版。

羅常培：《唐五代西北方音》，商務印書館2012年版。

馬德、王祥偉：《中古敦煌佛教社會化論略》，中國社會科學出版社2010年版。

饒宗頤：《敦煌曲續論》，台北新文豐出版公司1996年版。

任半塘：《敦煌歌辭總編》，上海古籍出版社2006年版。

任半塘：《敦煌曲研究》，鳳凰出版社2013年版。

榮新江：《法國國家圖書館藏敦煌西域文獻》，上海古籍出版社2001年版。

榮新江：《歸義軍史研究：唐宋時代敦煌歷史考索》，上海古籍出版社2015年版。

沙武田：《歸義軍時期敦煌石窟考古研究》，甘肅教育出版社2017年版。

邵榮芬：《切韻研究》，中華書局2008年校訂本。

孫昌武：《中國佛教文化史》，中華書局2013年版。

湯涒：《敦煌曲子詞地域文化研究》，上海古籍出版社2004年版。
湯用彤：《隋唐佛教史稿》，中華書局2016年版。
童瑋：《二十二種大藏經通檢》，中華書局1997年版。
王文顏：《佛典疑偽經研究與考錄》，台北文津出版社1997年版。
王彥坤：《歷代避諱字彙典》，中華書局2009年版。
王鍈：《詩詞曲語辭例釋》，中華書局2005年增訂本。
王重民：《敦煌古籍敘錄》，中華書局1979年版。
王重民：《敦煌曲子詞集》，商務印書館1950年版。
溫金玉：《中國淨土宗研究》，宗教文化出版社2008年版。
項楚：《敦煌變文選注》，中華書局2019年增訂本。
項楚：《敦煌文學叢考》，中華書局2019年版。
項楚：《王梵志詩校注》，中華書局2019年版。
謝重光：《中古佛教僧官制度和社會生活》，商務印書館2015年版。
徐俊：《敦煌詩集殘卷輯考》，中華書局2000年版。
顏洽茂：《佛教語言闡釋——中古佛經詞彙研究》，杭州大學出版社1997年版。
楊明芬：《唐代西方淨土禮懺法研究》，民族出版社2007年版。
殷寄明：《漢語同源字詞叢考》，東方出版中心出版社2007年版。
於淑健：《敦煌佛典語詞和俗字研究：以敦煌古佚和疑偽經為中心》，上海古籍出版社2012年版。
於淑健、黄征：《敦煌本古佚與疑偽經校注：以〈大正藏〉第八十五冊為中心》，鳳凰出版社2017年版。
曾良：《敦煌文獻叢劄》，浙江古籍出版社2010年版。
曾良：《敦煌文獻字義通釋》，廈門大學出版社2001年版。
曾良：《俗字及古籍文字通例研究》，百花洲文藝出版社2006年版。
湛如：《敦煌佛教律儀制度研究》，中華書局2011年版。
張弓：《漢唐佛寺文化史》，中國社會科學出版社1997年版。
張金泉、許建平：《敦煌音義匯考》，杭州大學出版社1996年版。

張錫厚：《全敦煌詩》，作家出版社 2006 年版。

張相：《詩詞曲語詞彙釋》，中華書局 1985 年版。

張小艷：《敦煌書儀語言研究》，商務印書館 2007 年版。

張湧泉：《敦煌俗字研究》，上海教育出版社 2015 年版。

張湧泉：《敦煌寫本文獻學》，甘肅教育出版社 2013 年版。

張湧泉：《漢語俗字叢考》，中華書局 2020 年版。

趙和平：《敦煌寫本書儀研究》，台北新文豐出版公司 1993 年版。

鄭阿財：《敦煌佛教文獻與文學研究》，上海古籍出版社 2011 年版。

鄭阿財：《敦煌佛教文學》，甘肅教育出版社 2013 年版。

鄭阿財：《敦煌寫本高僧因緣記及相關文獻校注及研究》，四川大學出版社 2020 年版。

鄭炳林：《敦煌碑銘贊輯釋》，上海古籍出版社 2019 年版。

鄭炳林：《敦煌地理文書匯輯校注》，甘肅教育出版社 1989 年版。

鄭賢章：《〈龍龕手鏡〉研究》，湖南師範大學出版社 2004 年版。

中國文化遺產研究院：《中國文化遺產研究院藏西域文獻遺珍》，中華書局 2011 年版。

朱慶之：《佛典與中古漢語詞彙研究》，台北文津出版社 1992 年版。

［俄］孟列夫：《俄藏敦煌漢文寫卷敘錄》，上海古籍出版社 1999 年版。

［日］池田溫：《中國古代寫本識語集錄》，東京大學東洋文化研究所 1990 年版。

［日］大正一切經刊行會：《大正新修大藏經》，台北新文豐出版公司 1983 年版。

［日］圓仁：《入唐求法巡禮行記》，花山文藝出版社 1992 年版。

［日］塚本善隆：《唐中期的淨土教：以法照禪師研究為中心》，上海古籍出版社 2024 年版。

後　　記

　　這本校錄成果，是我博士後工作報告中的重要組成部分。

　　2020 年 12 月，在我的碩士生導師伏俊璉教授、博士生導師郝春文教授的共同推薦下，承蒙張劍光教授不棄，我得以進入上海師範大學人文學院中國史博士後流動站，開展博士後研究工作。進站伊始，我便選擇以 P. 2066、P. 2250 兩件法藏敦煌《淨土五會念佛誦經觀行儀》寫本為對象開展專題研究。具體思路是，將課題分兩個板塊漸次推進：首先，整理板塊，從校錄與箋注入手，對這兩件法藏敦煌寫卷進行文獻整理，最終形成一個校錄可靠、箋注翔實的校注文本；其次，研究板塊，從讚文作品研究、獨立寫本研究以及寫本群體研究等三重視角切入，開展綜合考察，試圖全面揭示出寫卷文本以及寫卷本身所蘊含的創新性文化內涵。在進站評審會上，我的這一想法受到了俞剛教授、戴建國教授等前輩學者的認可，他們的首肯給了我信心！

　　在此後的在站時間裏，我將主要精力投入到了對於 P. 2066、P. 2250 兩件法藏敦煌寫卷的校注與研究上，並大致完成了科研計劃，順利的通過了出站評審。記得在出站評審會上，陳大為教授與崔紅芬教授，分別在文字校勘與讚文研究上，提出了很好的修改意見。他們的中肯建議，讓我很是受益。在評審結束時，委員們將我的工作報告定為"優等"。這一結語，讓我感到很不好意思，因為我知道自己的這份報告依然問題多多。尤其是在文本箋注與理論研究上，還有很大的完善空間。

史學大師范文瀾先生，以治學嚴謹享譽學界，他的治學態度被形象地概括為"板凳需坐十年冷，文章不寫半句空"。這句話，見仁見智。我的看法，其要點有二：一是強調態度，不要急功近利，要甘坐冷板凳；二是強調行事，要捨得投入心力，如此方能產出精品。這是中國傳統學術的優秀品格，同時也是名宿親身踐行的金科玉律。我輩後學自然奉為圭臬。考慮到業已完成的文本箋注和理論研究還不成熟，思量再三，遂決定將校錄部分從中析出，單獨出版。待以後有所改進，再將箋注與研究呈現給讀者。

敦煌文獻校理，貌似簡單，實則極難，非親身經歷者不能體悟其中三昧。敦煌佛教文學文獻校理，更是如此。如要校理精湛，既要具備文學、佛學、寫本學、文字學等多學科的知識儲備，又要在寫本文獻校理方面具有扎實的實踐經驗。我是個學步者，浸潤敦煌文獻研究雖然已有十餘年的時間，但至今始終不敢慚言窺得步入學術堂奧之門徑。這份校錄整理成果，必然會有諸多不足。對此，我是有心理準備的。我只是希望，自己的這份校理，能夠為大家提供一個批評的標靶，進而從反面的立場，推動學術進步。

此外，我還想藉此機會向我的博士後合作導師張劍光教授致以謝忱。張老師是一位豁達長者，同時也是中國唐史研究領域的著名專家。博士後在站期間，每當我遇到瓶頸，就會向張老師請益。張老師也不論多忙，都會給予悉心指導。印象最深的，是 2022 年 6 月某天晚上，我在杭州，他在上海，由於無法見面，只能電話溝通。對於我提出的幾個問題，張老師逐一耐心解答。那次通話，時長近一個小時，刷新了我多年來的最長通話記錄。由此細節，可知張老師的認真以及他對於學生的關愛！

我是個平庸的人。從 5 歲上"學前班"（即現在的小學一年級）開始算起，到 37 歲博士後出站，砍頭去尾，滿打滿算，嚴格意義上的"上學"，幾近 30 年。30 年來，有幸遇到了太多的良師益友。如果沒有他們的教導與加持，我也絕對不可能一路向前，走完所有中國學制（夜深人靜之際，思及此處，自己也深感意外！）人生之路漫長，放眼未來，我堅信：自己的未來，一定會像過往一樣，師友相協、永遠平順！

"落其實者思其樹，飲其流者懷其源！"感恩所有！

侯成成

2024 年 5 月 18 日於嘉興京杭運河畔